一生言信

首届全国道德模范
2007年"感动中国"十大人物 | 谢延信先进事迹
感动中国"双百"人物

本书编写组 编

学习出版社

图书在版编目（CIP）数据

一生言信：首届全国道德模范　2007年"感动中国"十大人物　感动中国"双百"人物谢延信先进事迹 /《一生言信》编写组编. -- 北京：学习出版社，2023.7
ISBN 978-7-5147-1214-8

Ⅰ．①一… Ⅱ．①一… Ⅲ．①谢延信－先进事迹 Ⅳ．①K828.1

中国国家版本馆CIP数据核字(2023)第097183号

一生言信
YISHENG YANXIN

——首届全国道德模范　2007年"感动中国"十大人物
　　感动中国"双百"人物谢延信先进事迹

本书编写组　编

责任编辑：苏嘉靖
技术编辑：刘　硕
装帧设计：美　威

出版发行：学习出版社
　　　　　北京市崇外大街11号新成文化大厦B座11层（100062）
　　　　　010-66063020　010-66061634　010-66061646
网　　址：http://www.xuexiph.cn
经　　销：新华书店
印　　刷：北京盛通印刷股份有限公司
开　　本：710毫米×1000毫米　1/16
印　　张：30.25
字　　数：337千字
彩　　插：6
版次印次：2023年7月第1版　2023年7月第1次印刷
书　　号：ISBN 978-7-5147-1214-8
定　　价：97.00元

如有印装错误请与本社联系调换，电话：010-67081356

本书编写组

总策划：魏世义　赵社会

策　划：陶　鹏　曹其跃　杨树彬

总编审：陶　鹏

主　编：张嘉林

副主编：秦　鹏　白海霞

编　写：赵国堂　孟福生　杨志匡　王改萍
　　　　杨文豪　靳润林　李雪莹

● 谢延信与袁隆平合影

● 谢延信与钟南山合影

● 谢延信与杨靖宇的孙子马继民合影

● 谢延信与杨子荣的儿子杨克武合影

● 谢延信与草原英雄小姐妹合影

● 谢延信与狼牙山五壮士宋学义的儿子宋福保合影

● 谢延信参加全国道德模范评选表彰活动颁奖典礼

● 2009年9月28日，谢延信应邀参加国庆观礼

代 序

让道德的力量永恒

  我与焦作煤矿颇有渊源，曾多次到焦作探访百年矿区的文化根脉。2021年在焦作举行的"新时代煤矿传统革命精神传承与创新发展研究"课题研讨会，再次加深了我对焦作煤矿"特别能战斗"精神的认识和理解，也加深了我对焦作煤矿工人优秀精神品质的认知和感悟。近日，焦煤集团的同志把《一生言信——首届全国道德模范 2007年"感动中国"十大人物 感动中国"双百"人物谢延信先进事迹》一书初稿推荐于我，邀我作序，倍感荣幸并欣然应允。

  谢延信是践行社会主义核心价值观的道德模范，是煤炭行业千百万矿工中涌现出来的光辉典范。煤炭行业有着独特的自身特点和特殊的专业要求，生产过程复杂、生产环境差，工人劳动强度大、作业时间长。长久以来，这些独特的行业特点锻造了中国煤矿工人特别能吃苦、特别能忍耐、特别能奉献、特别能感恩的优秀精神品质。毛泽东同志在1925年12月发表的

一生言信

《中国社会各阶级的分析》一文中，将包括煤矿工人在内的工业无产阶级的这一宝贵精神品质概括为"特别能战斗"。从此"特别能战斗"精神薪火相传、历久弥新，与"石圪节精神""安源精神"等，共同构成了全国煤炭行业永放光芒的精神旗帜。

谢延信从"特别能战斗"精神的发源地之一——焦作煤矿走出，他的精神是"特别能战斗"精神的赓续和延伸，是千百万煤矿工人优秀品质的集中体现，是煤炭行业优良作风同中华优秀传统文化相结合产生的宝贵精神财富，彰显了社会主义核心价值体系的精髓要义，具有永恒的价值和长久的生命力。焦煤集团长期高度重视职工思想政治工作和社会主义道德建设，为"谢延信精神"的培育提供了不可或缺的沃土。

国无德不兴，人无德不立。道德是人间至善至美的力量，是中国精神的基石，为中华民族的接续发展种下了无穷的生命伟力。谢延信，人如其名，信守一生。面对亡妻的临终嘱托，他以强烈的社会责任感、家庭责任感和道德责任感，四十年如一日，无怨无悔地照顾岳父岳母和痴傻的妻弟，用实际行动彰显了中华民族的道德底蕴和人性光辉。正如《感动中国》组委会授予谢延信的颁奖词所言："当命运的暴风雨袭来时，他横竖不说一句话，生活的重担压在肩膀上，他的头却从没有低下！他就像是一匹老马，没有驰骋千里，却一步一步地到达了善良的峰顶。"谢延信的事迹经新华社、《人民日报》、中央电视台及《中国煤炭报》等主流媒体报道后，在社会上引起强烈反响，他的精神得到了人民群众的赞许。谢延信先后获得首届全国道德模范、"感动中国的矿工——十大杰出人物"、感动中

代序　让道德的力量永恒

国"双百"人物、2007年"感动中国"十大人物等荣誉称号，时任中共中央总书记、国家主席胡锦涛，时任中共中央政治局常委李长春，时任中共中央政治局委员、书记处书记、中宣部部长刘云山等党和国家领导人先后接见了谢延信。这不仅是谢延信个人的荣誉，也是整个煤炭行业的光荣，是对煤炭行业的激励和鞭策。

习近平总书记在党的二十大报告中指出，要提高全社会文明程度，实施公民道德建设工程，弘扬中华传统美德，弘扬诚信文化，发挥党和国家功勋荣誉表彰的精神引领、典型示范作用，推动全社会见贤思齐、崇尚英雄、争做先锋。谢延信精神的核心要义是大孝至爱、重诺守信，这一精神契合了新时代精神文明建设所倡导的人文情怀和价值理念。传承和弘扬谢延信精神有助于提炼展示煤炭行业的精神标识和文化精髓，讲述好、传播好谢延信的故事有助于展现质朴、担当、可敬、可爱的当代中国矿工形象，彰显煤炭行业广大矿工的精神风貌和群体品质，促进煤炭行业精神文明建设繁荣发展。

谢延信四十载如一日的坚持，为我们树立起一座大孝至爱、重诺守信的道德精神丰碑。面向未来，让我们传承和弘扬好谢延信精神，让道德楷模的事迹代代相传，以道德力量谱写奋进高歌，汇聚推动煤炭行业科学化发展的强大合力！

中国煤炭职工思想政治工作研究会会长

2023年6月16日

前　言

传承弘扬谢延信精神
汇聚百年焦煤出彩伟力

焦作煤矿堪称中国煤炭工业的活化石，自1898年建矿以来，已横跨3个世纪。在历经风雨、勇毅前行中锻造形成的"特别能战斗"精神，是企业文化最深厚的底色。一代代焦煤人坚守初心、砥砺奋斗，让百年焦煤成为一座"挖掘不尽的精神富矿"！

"谢延信精神"与"特别能战斗"精神一脉相承，是新时代"特别能战斗"精神的发展和延伸，生动诠释和践行了社会主义核心价值观，昭示出平凡铸就伟大的道理，也彰显出大孝至爱、重诺守信、勇于担当、自强不息的崇高道德品质，集中体现了焦作煤矿工人艰苦奋斗、无私奉献的伟大品格。

谢延信原名刘延信，原焦煤集团鑫珠春公司机电科职工。1973年4月，刘延信与安阳市滑县同乡谢兰娥喜结良缘。婚后第二年，妻子谢兰娥诞下一女后，不幸罹患产后风，生命垂危之际，将年迈的父母和天生痴傻的弟弟托付刘延信照顾。面对这一病一瘫一傻一幼的家庭窘境，刘延信以超乎常人的坚强毅力，义无反顾担负起爱人的临终重托，主动将名字改为谢延信，用四十载的光阴和岁月，悉心陪伴照顾岳父岳母和痴傻的内弟，凭借坚强的意志和勤劳的双手撑起了这个原本风雨飘摇的家庭，在怀川大地谱写了一曲感天动地、大孝至爱的时代赞歌。

"谢延信精神"是焦煤集团宝贵的精神财富，是新时代中华民族传统美德的赓续和传承。他的事迹经《人民日报》《光明日报》《中国日报》《中国煤炭报》《河南日报》及新华社、中央电视台等数百家中央、省、市级媒体报道后，在全国上下引起强烈共鸣。他本人曾荣获"中原二十四孝贤"、"河南省敬老楷模特别奖"、"感动中国的矿工——十大杰出人物"、"中华孝亲之星"、"全国五一劳动奖章"、首届全国道德模范、感动中国"双百"人物、2007年"感动中国"十大人物等称号，受到时任中共中央总书记、国家主席胡锦涛，时任中共中央政治局常委李长春，时任中共中央政治局委员、书记处书记、中宣部部长刘云山，时任全国人大常委会副委员长、全国总工会主席王兆国等党和国家领导人的亲切接见。河南省委、河南省人民政府以及焦作市委、焦作市人民政府先后作出向谢延信同志学习的决定，号召广大党员干部深入学习"谢延信精神"，把它作为推动和谐焦作建设、助力中原崛起的强大精神动力。

人无精神不立，国无精神不强。党的二十大报告指出："中国式现代化是物质文明和精神文明相协调的现代化。物质富足、精神富有是社会主义现代化的根本要求。物质贫困不是社会主义，精神贫乏也不是社会主义。"实现中华民族伟大复兴的中国梦，既需要高度发达的物质文明，也需要高度繁荣的精神文明。加强精神文明建设，弘扬优秀传统文化，坚定文化自信，增强文化共识，是建设社会主义文化强国的题中应有之义。谢延信用实际行动诠释了感恩与奉献、担当与责任、诚信与善良之间的关系，在怀川大地树立起一座令人景仰的道德丰碑。"谢延信精神"的实质是大孝至爱、重诺守信，集中反映了焦作煤矿工人建设美好家园、创造美好生活的热切愿望，是焦作煤矿"特别能战斗"精神谱系的重要组成元素，是中华优秀传统文化在焦作煤矿的创造性转化和创新性发展。传承好、弘扬好"谢延信精神"，对焦煤集团打造精神文明建设高地、助推中原文化繁荣兴盛具有重要意义。

萤烛末光，增辉日月；尘埃之微，补益山海。一个国家、一个民族不仅需要在危难时刻挺身而出力挽狂澜的时势英雄，而且需要千千万万个像谢延信一样崇德向善、甘于奉献的凡人英雄。谢延信的故事告诉我们，平凡铸就伟大，英雄来自人民。只要心怀感恩、诚信立身、恒志笃行，每个人都能在平凡的人生中创造出不平凡的业绩。

当前，正值我们党团结带领全国各族人民奋力开启全面建设社会主义现代化国家新征程、向第二个百年奋斗目标进军的重要时期。越是在关键时期，越需要精神引领。站位新的历史

一生言信

起点，我坚信只要我们每一位干部职工能够不断从"谢延信精神"中汲取力量、淬炼斗志，就一定能将涓滴之力汇聚成同心奋进新时代的磅礴伟力，实现第二个百年焦煤跨越式发展的宏伟蓝图！

焦作煤业（集团）有限责任公司党委书记、董事长

魏世义

2023年6月16日

一生言信

首届全国道德模范
2007年"感动中国"十大人物
感动中国"双百"人物

谢延信先进事迹

目 录

焦作矿区工会
  关于开展向谢延信同志学习的决定　1

中共河南省煤炭工业局党组
  关于开展向谢延信同志学习的决定　6

中共焦作市委　焦作市人民政府
  关于开展向谢延信同志学习的决定　11

中共河南省委　河南省人民政府
  关于在全省开展向谢延信同志学习活动的决定　15

一　发现谢延信
——感人事迹众口相传

爱心弥合一个破碎的家　21
  ——记焦作矿务局朱村矿工人谢延信

岳母病　岳父瘫　内弟傻　26
  ——32年他替亡妻照顾多难的家

一 生 言 信

好女婿 32 年真爱感天地　30

谢延信：演绎"非亲也是俺爹娘"动人故事　35

真爱人生　39

一诺至孝三十载　43

我的父亲谢延信　48

我心目中的谢延信　54

三十二年的承诺　59

二　第一次宣传热潮
——全国媒体集中采访

徐光春会见中央新闻单位谢延信事迹采访团
　　强调学习宣传谢延信大孝至爱的精神
　　大力推进社会主义和谐社会建设　69

这一回，53 家媒体聚焦谢延信　73

省委书记与谢延信五次握手　79

大孝至爱　81
　　——倾情照顾亡妻亲人的煤矿工人谢延信

谢延信进京记　90

好人谢延信　96

大孝至爱谢延信　107

好人谢延信　115

大孝至爱谢延信　124

谢延信：百善孝为先　132

目 录

中原大地传扬着一个普通人的名字——谢延信　153

好人谢延信，你是我们年轻人的偶像　162
　　——谢延信事迹在网上产生强烈反响

普通矿工谢延信大孝至爱事迹感动社会　165

三　第二次宣传热潮
——大孝至爱感动中国

寻找感动中国的矿工评选活动揭晓　173
　　——十大杰出矿工　十大杰出人物　三名特别奖荣誉
　　矿工名单出炉　历时一年多时间，组委会在500
　　多名参选人物中艰难遴选

谢延信当选"全国十大孝老爱亲模范"　175
　　——受到胡锦涛等党和国家领导人亲切接见

谢延信事迹展览馆昨日开馆　铁代生出席开馆仪式
　　并作重要讲话　178

徐光春在学习全国道德模范加强社会主义道德建设
　　座谈会上强调：高度重视切实加强社会主义道德
　　建设　为实现中原崛起提供强大的精神力量　182

大孝至爱　感动人心　188

电视连续剧《好人谢延信》开拍　191

道德模范谢延信在春晚　193

2007年度"感动中国人物"评选活动揭晓
　　谢延信当选　196

煤矿工人谢延信当选"双百"人物　198

四 第三次宣传热潮
——新闻媒体持续关注　纷纷回访

一肩扛起残破家　203

谢延信：伺候家里最后一个"宝"　206

好人谢延信：40年坚守见证人间大爱　209

还是那个谢延信　212

侍候老岳母不"退休"　217

谢延信：奉献孝心不分亲疏　220

谢延信：处实不华　222

戏曲电影《女婿》在我市开机　224

谢延信精神成为道德"火种"　226

五 各级领导关怀

10万元保险单送给了谢延信　233

中宣部、中央文明办慰问谢延信　234

中宣部、中央文明办慰问全国道德模范谢延信　236

市领导看望慰问全国道德模范谢延信　238

焦煤集团领导慰问全国道德模范谢延信　240

六 谢延信精神大家谈

被爱包围　243

体味谢延信的幸福生活　246

和谐社会的实践者　249

目 录

平民英雄　百姓楷模　251

有种爱，无法衡量　253

让我们以谢延信为一面镜子　256

弘扬社会主义道德的楷模　259

"第二眼美女"　262

温　暖　266
　　——采访矿工谢延信感怀

无法不感动的故事　269

七　文艺作品中的谢延信

血性男儿　273

一条大河的波浪　303

仁　者　306

大孝至爱　332

生命的重量　335

八　送别谢延信

全国道德模范谢延信同志病逝讣告　379

河南省委宣传部领导吊唁谢延信　380

河南能源领导吊唁谢延信　382

焦作市领导吊唁谢延信　384

焦煤集团领导前去吊唁谢延信　385

谢延信同志遗体告别仪式在市殡仪馆举行　386

中国煤炭职工思想政治工作研究会唁电　388

河南省总工会唁电　389

河南省能源化学地质工会委员会唁电　390

《当代矿工》杂志唁电　391

至善至孝　大爱无言　392
　　——写在首届全国道德模范、100位新中国成立以来感动中国人物之一谢延信病逝之际

平民英雄　百姓楷模　402
　　——追忆与谢延信相处的日子

老谢，永远的挚友！　407

谢延信大事记　410

后记　谢延信精神的丰富内涵、价值意蕴及时代传承　451

焦作矿区工会
关于开展向谢延信同志学习的决定

  2006年6月26日，河南省人大常委会副主任、省总工会主席李志斌对在《河南工会》第48期刊载的《矿工谢延信：平凡事迹实践社会主义荣辱观》一文作出重要批示："普通矿工演绎非凡故事，谢延信同志的事迹十分感人，有很强的时代性，值得宣传和学习。"6月27日，在国家煤矿安全监察局、中国煤炭工业协会等部门组织的"寻找感动中国的十大矿工"初评会上，在来自全国的400余名候选人中，谢延信以满票进入前20名。近日，工人日报、中国煤炭报、当代矿工、河南日报、大河报、河南工人日报、焦作日报、焦作矿工报等媒体对他的感人事迹进行了广泛的宣传报道。谢延信同志是鑫珠春公司机电科的一名普通职工。自1974年以来的32年里，他在前妻去世后，付出青春、理想、安逸和健康，矢志不渝地照顾瘫痪的岳父、丧失劳动能力的岳母和呆傻的内弟，用实际行动谱写了感天动地之歌，践行了中华民族的传统美德。他是焦煤集团广大职工的杰出代表，是"特别能战斗"精神在新时期的发展和延伸。为弘扬谢延信同志尊老爱幼、以孝为本、爱岗敬业、顾全大局、为企分忧的传统美德和崇高精神，贯彻落实社会主义荣辱观教育，提高职工队伍思想道德素质，构建和谐矿区，经矿区工会研究，决定在集团公司范围内广泛开展向谢延信同志学习活动。

一、学习谢延信同志，就是要学习他尊老爱幼的传统美德

善良的谢延信有着不幸的遭遇。32年前，谢延信的妻子因产后风去世，他就把患病的岳母和呆傻的内弟接到了自己家中。当时，岳父在原焦作矿务局朱村矿上班，1979年春，不幸中风偏瘫；岳母患有肺气肿、胃溃疡、低血压、关节炎等疾病，丧失劳动能力；和他年纪差不多的内弟自幼呆傻，吃饭穿衣都需人照顾。因岳母患病不能操持家务，谢延信便每天为一家人洗衣做饭。他怕岳父身上生褥疮，就经常给岳父翻身、擦爽身粉，每天背老人到室外晒一次太阳。岳父大小便失禁，延信每天洗一大盆沾满屎尿的衣服、床单。岳父卧床18年，从未生过褥疮，屋内也没有难闻的气味。自岳父患病后，大便时常干结，延信就用手一点一点地抠。岳父因肝硬化引起双腿浮肿，他就每天用热水给老人烫脚、按摩，直到岳父去世。"老吾老，以及人之老；幼吾幼，以及人之幼"，尊老爱幼是中华民族的传统美德，32年里，谢延信平凡的生活，正是这种精神的折射。

二、学习谢延信同志，就是要学习他以孝为本的传统美德

在32年中，谢延信的生活是清贫的，但他的精神世界却是富

有的。由于家境困难，咸菜成了他的一日三餐；4元钱一双的塑料凉鞋，他一穿就是6年；一件衬衣他穿了10年，白天穿脏了晚上洗，第二天再穿；在他简陋的家里，只点了一盏10瓦的节能灯，一台价值320元的二手小彩电是全家最值钱的东西。谢延信对自己的生活十分苛刻，但对岳父一家却十分包容：为给岳父治病，他经常用平车送岳父到十几公里外的医院就医；为使长年卧床的岳父不寂寞，1983年，谢延信在刚参加工作的第一个月，就花费半个月的工资为岳父买了一部收音机，还陪岳父跟着收音机唱豫剧；岳父喜爱听武侠小说，他就经常给岳父读小说，直到岳父去世。32年里，谢延信把中华民族的孝道演绎得淋漓尽致，这是对社会主义新型孝道的最好诠释。

三、学习谢延信同志，就是要学习他强烈的社会责任感

在照顾岳父母和内弟的过程中，他的3个哥哥多次来劝他回老家，都被他拒绝。他向哥哥们解释："我走了，俺这个家也就散了，叫俺的良心往哪儿放？"妻子去世后，曾有很多人给谢延信介绍对象。对方一听谢延信的家境，都不愿往"火坑"里跳。谢延信却"不合时宜"地公开了一个条件：结婚后，决不丢下这些亲人。1984年，农家女谢粉香一句"有难我们同当，有苦我们同吃"，让谢延信感动不已，谢延信与谢粉香再婚。从此，谢延信在焦作上班侍候岳父母，谢粉香则在老家担起抚养女儿、种地的担子。有人问谢延信30多年照顾岳父一家亏不亏？谢延信憨厚地说道："照顾自己父母的

事，有啥亏不亏的？"朴实无华的语言中闪烁着他的人生价值观。他把照顾好亡妻家人的责任当作自己的神圣职责，家庭是社会的细胞，关爱家庭不仅是个人的事情，更是一种社会责任感。我们开展向谢延信同志学习，就是要使每个职工对家庭、对单位、对社会负责，保证社会的稳定与发展。

四、学习谢延信同志，就是要学习他敬业爱岗的精神

谢延信参加工作后，在朱村矿掘二区当了一名掘进工，工作环境艰苦，但他从没有因家庭拖累而影响工作。1992年秋，岳父住院1个月，他白天上班，晚上到医院侍候岳父，没有一天影响工作。在井下工作的8年里，他像一台不知疲倦的永动机，苦活累活抢在先，累活险活冲在前，每年出勤都在300个工时以上。1990年他患了高血压等病后，组织上调他到井上瓦斯泵房工作，这个工作是单岗作业，机电科领导和工友评价他："谢延信就像是颗螺丝，只要把他拧紧了，就永远不会松动。"工作这多年来，他没有脱过一次岗，发生过一次事故，机电设备完好率年年都在90%以上。在谢延信身上集中体现了焦煤人特别能吃苦、特别能奉献、特别能忍耐的"特别能战斗"精神。

五、学习谢延信同志，就是要学习他顾全大局、为企分忧的精神

谢延信尽管家里经济困难，但他总是自己默默承受，从不把自

己的困难向别人诉说。在集团公司领导把他一家结为帮扶对子时，他没有向领导说过困难，提过要求；在鑫珠春公司领导对他慰问时，他没有向公司诉过苦，更没有向组织要过救济。有人说他傻，他却说："组织上年年来家看望俺，俺知足了，咋还能再给组织找麻烦呢？"在他身上体现出了煤矿工人朴实无华、顾全大局、理解企业和为企分忧的高尚情操。谢延信用自己的实际行动诠释了中华民族传统美德和社会主义荣辱观，体现出了他对家庭、企业和社会三者关系的正确理解，体现出了他对社会主义新时期道德规范的感悟和实践。今年是集团公司"十一五"规划的开局之年，也是集团公司企业文化建设年，我们要珍惜谢延信同志带给我们的精神财富，让我们用自己的实际行动深入开展向谢延信学习，为构建和谐焦煤、富裕焦煤、美好焦煤再立新功。

焦作矿区工会文件

焦工字〔2006〕15号

2006年7月17日

中共河南省煤炭工业局党组
关于开展向谢延信同志学习的决定

各国有重点煤业集团公司，省辖产煤市煤炭管理部门，局直煤炭企事业单位：

谢延信同志是焦煤集团鑫珠春工业公司机电科的一名普通职工。自1974年他刚结婚一年的妻子去世后的32年里，用自己超乎常人的坚强毅力，矢志不渝、默默无闻地照顾瘫痪的岳父、丧失劳动能力的岳母和呆傻的内弟，用真情真爱谱写了一曲新时代矿工"爱的奉献"，充分体现了新时期煤矿工人的优秀品质，是社会主义荣辱观的忠实实践者。谢延信同志的事迹被多家媒体宣传，河南省人大常委会副主任、省总工会主席李志斌给予高度评价并作出重要批示："普通矿工演绎非凡故事，谢延信同志的事迹十分感人，有很强的时代性，值得宣传和学习。"

为进一步弘扬谢延信同志尊老至孝、爱岗敬业、顾全大局、为企分忧的传统美德和崇高精神，进一步展现当代河南矿工的动人风采，提高职工队伍思想道德素质，激发全省煤炭系统广大煤矿职工为构建和谐小康矿区而勤奋工作的积极性、主动性和创造性，经省煤炭工业局党组研究，决定在全省煤矿职工中开展向谢延信同志学习活动。

中共河南省煤炭工业局党组　关于开展向谢延信同志学习的决定

一、向谢延信同志学习，就要学习他尊老至孝的传统美德

善良的延信有着不幸的遭遇。32 年前，谢延信的妻子因产后风去世，他就把患病的岳母和呆傻的内弟接到了自己家中。当时岳父在原焦作矿务局朱村矿上班，1979 年春，岳父不幸中风偏瘫；岳母患有肺气肿、胃溃疡、低血压、关节炎等疾病，丧失劳动能力；和他年纪差不多的内弟自幼呆傻，吃饭穿衣都需有人照顾。因岳母患病不能操持家务，谢延信便每天为一家人洗衣做饭。他怕岳父身上生褥疮，就经常给岳父翻身、擦爽身粉，每天背老人到室外晒一次太阳。岳父大小便失禁，延信每天洗一大盆沾满屎尿的衣服、床单。岳父卧床 18 年，从未生过褥疮，屋内也没有难闻的气味。自岳父患病后，大便时常干结，延信就用手一点一点地抠。岳父因肝硬化引起双腿浮肿，他就每天用热水给老人烫脚、按摩，直到岳父去世。"老吾老，以及人之老；幼吾幼，以及人之幼"，尊老爱幼是中华民族的传统美德，32 年里，谢延信平凡的生活，正是这种精神的折射。

在 32 年中，谢延信的生活是清贫的，但他的精神世界却是富有的。由于家境困难，咸菜成了他的一日三餐；4 元钱一双的塑料凉鞋，他一穿就是 6 年；一件衬衣他穿了 10 年，白天穿脏了晚上洗，第二天再穿；在他简陋的家里，只点了一盏 10 瓦的节能灯，一台价值 320 元的二手小彩电是全家最值钱的东西。谢延信对自己的生活十分苛刻，但对岳父一家却十分包容：为给岳父治病，他经常

用平车送岳父到十几公里外的医院就医；为使长年卧床的岳父不寂寞，1983年谢延信在刚参加工作的第一个月，就花费半个月的工资为岳父买了一部收音机，还陪岳父跟着收音机唱豫剧；岳父喜爱听武侠小说，他就经常给岳父读小说，直到1996年岳父去世。32年里，谢延信把中华民族的孝道演绎得淋漓尽致，并赋予了新的时代内涵。

二、向谢延信同志学习，就要学习他强烈的社会责任感

在照顾岳父母和内弟的过程中，他的3个哥哥多次来劝他回老家，都被他拒绝。他向哥哥们解释："我走了，俺这个家也就散了，叫俺的良心往哪儿放！"前妻去世后，曾有很多人给谢延信介绍对象。对方一听谢延信的家境，都不愿往"火坑"里跳。谢延信却"不合时宜"地公开了一个条件：结婚后决不丢下这些亲人。1984年，农家女谢粉香一句"有难我们同当，有苦我们同吃"，让谢延信感动不已。谢延信与谢粉香再婚。从此，谢延信在焦作上班伺候岳父母，谢粉香则在老家担起抚养女儿、种地的担子。有人问谢延信30多年照顾岳父一家亏不亏？谢延信憨厚地说道："照顾自己父母的事有啥亏不亏的？"朴实无华的语言中闪烁着他的人生价值观。他把照顾好前妻家人的责任当作自己的神圣职责，家庭是社会的细胞，关爱家庭不仅是个人的事情，更是一种社会责任感。我们开展向谢延信同志学习，就是要使每个职工对家庭、对单位、对社会负责，为保持稳定和发展的大好形势尽职尽责。

三、向谢延信同志学习就要学习他敬业爱岗的优秀品质和顾全大局、为企业分忧的奉献精神

谢延信参加工作后在朱村矿掘二区当了一名掘进工，工作环境艰苦，但他从没有因家庭拖累而影响工作。1992年秋，岳父住院一个月，他白天上班，晚上到医院伺候岳父，没有一天影响工作。在井下工作的8年里，他像一台不知疲倦的永动机，苦活累活抢在先，累活险活冲在前，每年出勤都在300个工时以上。1990年他患了高血压等病后，组织上调他到井上瓦斯泵房工作，这个工作是单岗作业，机电科领导和工友评价他："谢延信就像是颗螺丝，只要把他拧紧了，就永远不会松动。"工作这么多年来，他没有脱过一次岗，发生过一次事故，机电设备完好率年年都在90%以上。在谢延信身上集中体现了煤矿工人特别能吃苦、特别能奉献、特别能忍耐的"特别能战斗"精神。

谢延信尽管家里经济困难，但他总是自己默默承受，从不把自己的困难向别人诉说。在集团公司领导把他一家结为帮扶对子时，他没有向领导说过困难，提过要求；在鑫珠春公司领导对他慰问时，他没有向公司诉过苦，更没有向组织要过救济。有人说他傻，他却说："组织上年年来家看望俺，俺知足了，咋还能再给组织找麻烦呢？"在他身上体现出了煤矿工人朴实无华、顾全大局、理解企业和为企业分忧的高尚情操。

谢延信同志三十二年如一日，以尊老至孝为荣，以敬业爱岗为乐，以艰苦奋斗为荣，以无私奉献为乐，在平凡的生活中做出了不

一生言信

平凡的事迹，用自己的实际行动诠释了中华民族的传统美德和社会主义荣辱观，从他的生活、工作中体现出了他的社会主义世界观、人生观和价值观，体现出了他对家庭、企业和社会三者关系的正确理解，体现出了他对社会主义新时期道德规范的感悟和实践。

谢延信同志的事迹得到了多家媒体的关注。6月26日，《河南工会》以《矿工谢延信：平凡事迹实践社会主义荣辱观》为题，对谢延信的事迹作了报道。近段时间工人日报、中国煤炭报、当代矿工、河南日报、大河报、河南工人日报、焦作日报、焦作矿工报等媒体对他的感人事迹进行了广泛的宣传报道。

希望各单位要把学习谢延信同志的活动抓紧抓好抓实。要充分运用各种新闻传媒，采取生动有效的形式、广泛深入地宣传谢延信同志的先进事迹，精心安排好向谢延信同志学习活动，要把向谢延信同志学习活动同落实科学发展观结合起来，推动河南煤炭工业的健康和谐发展；与中国能源化学工会、中国煤矿文联等单位开展的"兖矿杯——寻找感动中国的矿工"活动结合起来，大力宣传煤矿工人的高尚情操和感人事迹，大力宣传煤炭企业文化建设的成果，让更多的人了解煤矿，理解煤炭工业，了解、理解、尊重和爱戴我们的煤矿职工。要通过开展向谢延信同志学习活动，在广大煤矿职工中形成学习先进、争当先进的良好氛围，让更多"谢延信式"的好矿工、好公民涌现出来，为煤炭争光、为中原增辉，为推动河南煤炭工业的可持续发展作出更大的贡献！

中共河南省煤炭工业局党组文件

豫煤党〔2006〕20号

2006年7月18日

中共焦作市委 焦作市人民政府
关于开展向谢延信同志学习的决定

谢延信同志是焦煤集团鑫珠春公司的一名普通矿工，现年54岁。自1974年以来的32年里，他全力照顾亡妻的3个亲人——瘫痪在床的父亲、丧失劳动能力的母亲、先天呆傻的弟弟，以自己的实际行动对"爱老敬老、重诚守诺、艰苦奋斗、无私奉献"的中华民族传统美德作出了诠释。2006年他被评为"河南省敬老楷模特别奖"，并入围2006年"感动中国十大矿工"前20名。他的先进事迹集中体现了中华民族优秀的道德品质和社会主义新型孝道观，展示了我市思想道德建设的成果和焦作煤矿工人"特别能战斗"的光辉形象，具有鲜明的时代特征和重要的现实意义。为了进一步表彰先进、弘扬正气，激励全市广大干部群众切实加强思想道德建设、认真践行社会主义荣辱观、扎实推进全市经济社会更快更好发展、努力构建社会主义和谐社会，市委、市政府决定，在全市城乡广大干部群众中深入开展向谢延信同志学习的活动。

一是要学习谢延信同志爱老敬老、大孝至爱的高尚情操。明孝道、知荣辱是中华民族的传统美德。谢延信同志三十二年如一日，用自己的实际行动把中华民族这一传统美德演绎得淋漓尽致。谢延

一生言信

信原名刘延信。32年前，结婚仅1年的妻子生下女儿后病逝，他主动承担起照料岳父母和呆傻妻弟的重担。为打消岳父母的顾虑，更好地伺候老人，他毅然改姓为谢。1979年10月，岳父突患脑中风，全身瘫痪，长期卧病在床，直至1996年8月去世的18年里，谢延信每天都要给老人翻身、擦背，不时背老人晒太阳，使长年卧床的老人从未生过褥疮、穿过湿衣服。为了减轻岳父的痛苦，他自学护理按摩；为了给岳父治病，谢延信依照偏方挖过茅草根、逮过蟾蜍，想方设法为岳父求医问药；为了给老人解闷，他时常给岳父读小说；他为岳父养老送终，让老人度过了平静的一生。谢延信始终对岳母敬如亲母，岳母多病，基本丧失劳动能力，他总是出门搀着，看病跟着，发了工资交给老人掌管。2003年，谢延信因脑出血落下了反应迟钝、行动不便的后遗症，可他想的仍然是如何照顾岳母的晚年生活。他也许说不完整孝道的内涵，但他在32年的坚守中，却对社会主义新型孝道和对知荣明辱作出了最深刻的注解。学习谢延信同志，就要像他那样深怀爱老之心、恪守敬老之德、力行孝老之举，以责任去体现孝道，从点滴小事做起，践行传统美德，为老人送温暖，为家庭谋和谐。

二是要学习谢延信同志重诚守诺、无私奉献的优秀品质。重诚守诺、无私奉献是中华民族传统美德。32年前，谢延信答应了妻子临终时将父母和弟弟托付给他的遗愿。32年来，谢延信以常人难以想象的耐心、爱心、孝心和责任心照顾着亡妻的父母和呆傻弟弟，真正做到了诚信为本、一诺千金。在妻子去世后的多年里，很多人给谢延信介绍对象，他开出的唯一条件就是：不能违背自己的承诺，决不能丢掉这个家。10年前，为解除弥留之际老岳父的后顾之忧，谢延信同样庄重承诺：只要自己有饭吃，就不会让岳母和内弟饿着；岳母百年后，让内弟跟着自己上班；退休了让内弟跟自己回老家，决不让内弟受委屈。32年来，谢延信以自己平凡的身躯和庄重的承诺庇护了一个和自己没有血缘关系的家庭，以自己无私的奉献换来了家人的幸福安康。学习谢延信同志，就要像他那样以诚待人、以信立身、重诚守诺、牢记责任，从一言一行、一点一滴做起，做家庭诚信成员，做单位诚信员工，做社会诚信公民。

　　三是要学习谢延信同志热爱生活、迎难而上的坚强毅力。生活的磨难是一种历练，这种历练需要有坚强的毅力来支撑。老岳父患病卧床后，为了缓解家庭生活的困难，他一边伺候岳父，一边还抽空到附近农村的砖窑、建筑队、搬运队打工，挣到的钱给老人买肉买水果补身子，而他的一日三餐吃的是自己腌制的咸菜。为省几元钱车费，每次给岳父看病，他都是用架子车送岳父去十几公里外的医院。即使在1990年自己患了高血压后，也舍不得花钱买药。4元钱一双的塑料凉鞋，他一穿就是6年，一件衬衣他穿了10年，白天穿脏了晚上洗，第二天再穿。有时候岳父心情不好，对谢延信无端发火，谢延信总是满面笑容地哄着岳父高兴。呆傻的内弟经常走失，谢延信总是不厌其烦到处寻找，从来没有过一句怨言。32年来，面对艰难的生活、面对困窘的家庭，谢延信没有怨天尤人，没有失去信心，更没有畏难退缩，他凭借自强不息、乐观向上的生活态度，凭借顽强拼搏、坚忍不拔的坚强毅力直面各种艰难困苦。学习谢延信同志，就要像他那样敢于承担责任，面对困难不低头，遭遇挫折不弯腰、顽强拼搏、自强不息，坚强地面对生活，做生活的强者。

　　四是要学习谢延信同志爱岗敬业、忠于职守的崇高精神。谢延

一生言信

信同志对家庭的责任同样表现在工作中。1983年7月，谢延信在焦作矿务局朱村矿掘二区当了一名掘进工，工作中他脏活累活抢着干，苦活险活冲在前，每年出勤都在300个工时以上。1990年他患了高血压后，矿上把他调到井上瓦斯泵房工作，他每天总是尽职尽责站好最后一班岗，坚持到最后一分钟，工作10多年，从未发生过一次事故。学习谢延信同志，就要像他那样立足岗位、忠于职守、兢兢业业，在平凡的工作中创造不平凡的业绩，实现自己的人生价值。

全市各级单位要充分认识开展向谢延信同志学习的重要意义，深入学习谢延信同志的先进事迹，迅速掀起活动高潮。在抓好教育活动的同时，要善于发现、推出群众身边的道德建设先进典型，树立学习榜样，用身边事教育身边人。全市各新闻媒体要深入宣传谢延信同志的先进事迹，营造浓厚的宣传舆论氛围，弘扬社会正气，引导和激励全市广大干部群众以谢延信同志为榜样，为进一步形成良好的道德风尚，弘扬中华民族传统美德，倡树社会主义荣辱观，构建社会主义和谐社会，建设富裕、文明、开放、和谐的新焦作而努力奋斗。

中国共产党焦作市委员会文件

焦文〔2006〕167号

2006年11月8日

中共河南省委　河南省人民政府
关于在全省开展向谢延信同志学习活动的决定

　　谢延信同志是河南省滑县人，1952年9月出生，1983年7月参加工作，现为焦煤集团鑫珠春公司的一名普通矿工。他在妻子病故后三十二年如一日，竭尽全力、无微不至照顾瘫痪在床的岳父和患有多种疾病的岳母以及先天呆傻的内弟。他大孝至爱，事迹感人至深，学习宣传他的先进事迹和崇高精神，对于教育和引导全省人民，知荣明耻，扬善抑恶，促使全省城乡形成健康向上的社会风尚，为构建和谐中原、实现中原崛起营造良好的舆论氛围，提供强大的精神动力具有十分重要的现实意义。为此，省委、省政府决定，在全省开展向谢延信同志学习活动。

　　学习谢延信同志，要学习他诚实守信、尊老敬老的高尚情操。谢延信同志继承和发扬中华民族的传统美德，以强烈的社会责任感、家庭责任感和道德责任感，模范践行社会主义荣辱观，在妻子病故后三十二年如一日，用爱心、诚心、孝心和奉献换来了家人的幸福安康。1979年谢延信同志的岳父中风住院3个月，他天天守在病床前，晚上就睡在冰冷的地板上。在他的悉心照料下，岳父偏瘫卧床18年，从未生过褥疮。妻子病逝后，有人给他介绍对象，他提出的唯一条件

一生言信

就是婚后必须与他一同照料岳父一家。学习谢延信同志，就要像他那样践行传统美德，牢记肩负责任，以信守承诺为本，以尊老敬老为荣，为家庭谋幸福，为社会创和谐。

学习谢延信同志，要学习他乐观向上、自强不息的拼搏精神。谢延信同志热爱生活，面对困窘的家庭、艰难的生活，没有怨天尤人，没有畏难退缩。他省吃俭用，勤俭持家，把节省下的钱给岳父、岳母看病。他利用业余时间到砖窑、建筑队、搬运队打工，想方设法挣钱贴补家用。他虽然生活拮据清贫，却从来没有要过救济。他1985年春节从矿上回滑县看望母亲，为省路费骑自行车走了170公里。

学习谢延信同志，就要像他那样面对困难不低头，遭遇挫折不弯腰，顽强拼搏、自强不息，努力做生活的强者。学习谢延信同志，要学习他爱岗敬业、忠于职守的优秀品质。谢延信同志1983年7月在焦作矿务局朱村煤矿当了一名掘进工，工作中他脏活累活抢着干，苦活险活冲在前，每年出勤都在300个工时以上，超额完成任务。他1990年患高血压被调到井上瓦斯泵房工作后，尽职尽责站好每一班岗，10多年从未发生过一次事故，连年被评为矿"先进生产者""四有职工"。学习谢延信同志，就要像他那样立足岗位、忠于职守、兢兢业业、勤奋工作，在平凡的工作中创造不平凡的业绩，实现自己的人生价值。

全省各级党组织要充分认识向谢延信同志学习活动的重要意义，把开展向谢延信同志学习活动同向其他先进人物学习结合起来，同本地本部门的工作实际结合起来，认真安排部署，精心组织实施。各级宣传部门和新闻单位要广泛宣传谢延信同志的先进事迹，营造浓厚氛围，推动学习活动深入开展。全省广大党员干部要以谢延信同志为榜样，求真务实，扎实工作，与时俱进，开拓创新，为建设和谐中原、实现中原崛起而努力奋斗！

中共河南省委文件

豫发〔2006〕33号

2006年12月18日

一

发现谢延信

——感人事迹众口相传

一生言信

1997年9月12日《焦作日报》周末扩大版刊登《爱心弥合一个破碎的家》，这是新闻媒体首次报道谢延信事迹。

挺起男人的脊梁，捧出女人的柔肠，朱村矿工人谢延信丧妻后住进了丈母娘家，与瘫痪在床的岳父、丧失劳动能力的岳母和痴呆的内弟风雨同舟。23年来，谢延信就像他挖出的煤炭一样，默默地燃烧着自己，把光和热送给别人。

爱心弥合一个破碎的家

——记焦作矿务局朱村矿工人谢延信

◆ 陈作华　唐　梨　赵国堂

1997年9月11日举行的焦作矿务局家庭美德赞演讲会，让一个人在听众的心目中树起了高大形象，这个人就是朱村矿工人谢延信。

现实中的谢延信是个身材敦实的中年汉子，浓眉大眼、勤做少言、朴实忠厚。探寻这位普通矿工的人生，我们看到了他像煤一样闪光的品格。

1973年春天，祖籍滑县的谢延信与同乡的一位农村女子谢兰娥喜结良缘。一年后他们有了爱情的结晶。但是，初为人父的谢延信尚未来得及享受爱女降生的喜悦，妻子在生产后不到40天就因产后风而撒手西去。眼瞅着刚刚建立起来的温巢这么快就破碎了，谢延信对着妻子的遗体和襁褓中的婴儿，欲哭无泪。

同样悲痛欲绝的还有妻子的娘家人。岳父岳母膝下只有一儿一女，儿子呆傻，岳母体弱多病，没有劳动能力。出殡的那天，看着痛不欲生的岳父岳母，看着在一旁傻笑的内弟，心如刀绞的谢延信扑通一声跪倒在两位老人面前："爹、娘，兰娥不在了，我就是你们的亲儿子，你们有病我伺候，百年以后我送终。"

那会儿，岳父还在焦作矿务局朱村矿上班，留在滑县乡下老家的岳母患有肺气肿、胃溃疡、低血压等多种疾病，平时怕风怕凉。内弟天生痴呆，吃饭穿衣都需人照顾。妻子病故后，谢延信挑起了伺候岳母、照料内弟的重担。

屋漏偏逢连阴雨，刚刚脱离悲伤的一家人，还没有真正走出困境，不幸的事情又发生了，1979年春，岳父因中风全身瘫痪。家里一瘫一病一傻一幼，4个人生活都不能自理，家庭的重担全压在了谢延信一个人身上。

从岳父瘫痪之日起，谢延信就带着岳母、内弟和女儿来到了朱村矿。在煤矿职工家属招待所两间9平方米的屋子里，谢延信开始了照料全家人的生活。

谢延信一边打零工，一边照料全家老幼病残4口人。岳父大小便失禁，岳母双手不能沾冷水，每天几大盆沾满屎尿的衣服床单，都由谢延信一个人来洗。但是不管脏衣服有多少，只要发现老人床单湿了都要立刻给换掉，决不让老人多躺一分钟湿被窝。冬天老人

一、发现谢延信

● 谢延信给岳母洗脚

尿湿被褥，谢延信整夜守着炉火烘烤；夏天屋里闷热，谢延信每天为老人洗身擦爽身粉。岳父长期卧床大便干结，他就用手一点一点往外抠。老人解不下小便，他照着偏方找来冬瓜皮，从地里挖来茅草根，每天给老人熬水喝。老人腿部浮肿，他天天给老人热敷和按摩。为了避免老人关节僵硬，他每天坚持给老人活动肢体。

谢延信不仅在生活上对老人精心护理，在精神上也想方设法为老人排忧解闷，他怕老人躺在床上寂寞，有空就陪老人说话，并经常找些报纸、杂志读给老人听。老人卧床期间，收音机就听坏了好几个。

岳父当初中风住院时，医生曾交代，像这样重度瘫痪的病人伺候好了还能活上几年，可是岳父卧床后仍活了18年，并且没生过一次褥疮。

这期间，岳父又先后患上了肝硬化、癫痫、咽炎等病。老人多次病重住院，谢延信都是整日整夜守在病床前。实在困了，病房的地板就是他的床铺。1995年5月，岳父肝硬化加重昏迷不醒，岳母看到家里实在拿不出钱，就劝谢延信别再借钱为岳父治病了，他不顾岳母的劝阻，从老乡手里借了钱，用架子车把岳父又送到医院，再次把岳父从死神手里救了回来。

1996年8月，69岁的岳父走到了生命的尽头。一天下午，已经昏迷了几天的老人家，突然睁开双眼盯着谢延信，嘴巴张了张发不出声。延信把岳父的头放到自己怀里，告诉老人："爹，您放心，只要我有一口饭吃，就不会让娘和弟弟饿着。娘以后不在了，我走到哪儿就把弟弟带到哪儿。"听罢谢延信的话，两行老泪从老人深陷的眼窝里流了出来。

1984年，谢延信走进了朱村矿的百米井下，当上了一名掘进工。当时他一个月的工资才有40多元，加上岳父的退休金，也不过百十元。岳母常年有病，每月光医药费就要花掉近百元。岳父还瘫痪在床，病一重就住医院。生活的重担压得谢延信喘不过气来。但是，谢延信没有唉声叹气。家里的菜，是大地无偿的恩赐——春天，端到饭桌上的是茵陈；夏天，盛到碗里的是马齿苋；秋天，下到锅里的是红薯叶；冬天，吃到嘴里的是别人扔掉的白菜帮。至于谢延信身上的衣服，从来没有到商店买过，收废旧衣服的人再卖出的旧服装，就是他的御寒之物。4元钱一双的塑料凉鞋，他一穿就是6年。一件衬衣他穿了10年，白天脏了，晚上洗洗第二天再穿。为了省几元车钱，岳父住院，他拉着平板车踩着被烈日晒得粘脚的柏油路，往返几十公里接送。他患有高血压，却不舍得买一片药，一剂土单验方一用就是 7 年。记者采访他时，在他的小屋里看到，他家除了灯泡外，就是一台小风扇。

朱村矿工会的领导告诉记者，这么多年来，谢延信没有向矿里申请过一次困难救济，同在一处干活的工长说，谢延信没有因为私事请过一天假，家里有事，实在放不下，他也是与别人换个班。他为岳父处理后事，用的也是探亲假。谢延信自己的生活非常清苦，但为了给岳父补养身体，老人的碗里天天有牛奶、鸡蛋。

1990 年，谢延信高血压久治不愈，医生提出让他归劳保，他一听急了："我归劳保就意味着返乡，可岳父一家人还在这里，那怎么行？"他说服了医生，只是把工作从井下换到了井上。

岳母不忍女婿为这个家误了自己的终身，一次次地劝他走，劝不动就骂，边骂边往外赶。延信含泪对岳母说："娘，您要是因为嫌我不孝顺撵我，我就走；要是怕我找不上媳妇往外赶我，那我是打也打不走的。"

1984 年 9 月，他终于找到了愿意与自己共同赡养老人、照顾内弟的生活伴侣，双方组成了一个 8 口人的大家庭。他与对方婚前约定：女方在老家农村耕种持家，他继续和岳父岳母、内弟住在一起，直至退休返乡。

《焦作日报》1997 年 9 月 12 日

2006年4月22日《大河报》刊登长篇通讯《岳母病 岳父瘫 内弟傻 32年他替亡妻照顾多难的家》,这是河南省级媒体首次报道谢延信事迹。

生活,把太多的不幸压到了谢延信头上;不幸,又教会了谢延信如何昂起头做人。采访中记者分明感到,谢延信对生活是豁达乐观的,他感谢矿务局领导和矿领导对他家的关怀,感激街坊和邻居给予他的帮助。他说他不会抛弃生活,他相信生活也不会抛弃他。

岳母病 岳父瘫 内弟傻

——32年他替亡妻照顾多难的家

◆ 郭长秀 赵国堂

1974年,谢延信的妻子生下一个女婴后得产后风去世,岳母患有肺气肿、胃溃疡等多种疾病,丧失劳动力,而唯一的内弟呆傻。面对着这样一个家,他向岳父母承诺:你们的女儿走了,我就是你们的亲儿子。你们有病我伺候,百年以后我送终!6年后岳父又中风偏瘫,女儿10岁时又失去了右眼,一连串的不幸与苦难始终没有打倒这位平凡而刚强的汉子。他以超常的爱心,在漫长的32年中,用实际行动演绎了一段感人的人间真情。

一声承诺:我就是你们的亲儿子

1973年4月16日,21岁的河南滑县青年谢延信与同乡姑娘谢兰娥喜结良缘。1974年9月,谢兰娥生下一个可爱的女儿,40天后,因产后风离开人世。

妻子不在了,谢延信面临着这样一个现实:岳母有肺气肿、胃溃疡,丧失了基本劳动能力,唯一的内弟先天呆傻,连生活都难以自理。

看着老人痛不欲生的样子,想着爱妻临终时的嘱托,善良的谢延信"扑通"一声跪在两位老人面前:"爹、娘,兰娥不在了,我就是你们的亲儿子,你们有病我伺候,百年以后我送终!"

给妻子办完丧事,岳父一个人去了300多里外的焦作煤矿上班。谢延信把岳母和内弟都接到家里,安顿下来。

一种坚持:决不放弃诺言

1979年春天,岳父在煤矿宿舍深度中风,被工友送到医院抢救,苏醒后却永远失去了站立的能力,成了瘫痪病人。

现在,家里一病、一瘫、一傻、一幼,没有一个不需要照料的。面对苦难,谢延信没有怨言,他用肩膀扛起残破的家。

为了方便给岳父治病,在岳父单位的帮助下,他们在职工临时

一生言信

● 母子乐

招待所找到两间 9 平方米的小房，开始了异地的艰难生活。岳父每月 60 多元的病休工资养活不了全家 4 口人，谢延信就一边伺候岳父，一边抽空到附近的砖窑场打零工。

老人患病后，大便时常干结，谢延信就用手一点一点地给岳父抠。岳父患肝硬化引起双腿浮肿，他每天用热水给老人烫脚、按摩。怕岳父躺久了得褥疮，他定期给老人翻身，每天背老人晒一次太阳。老人卧床 18 年，从未生过褥疮。

妻子去世后，谢延信尽可能地将爱倾注在女儿身上，以弥补女儿失去的母爱。如今照顾了老人照顾不了孩子，谢延信只有狠心把 4 岁多的女儿送回老家由年迈的母亲带养。女儿在乡下奶奶家长大，10 岁时和小伙伴们打土仗，被一块砖头误伤，造成一只眼睛永久失明，这又成为谢延信心中永远挥之不去的痛。

一、发现谢延信

1996年8月，69岁的岳父走到了生命的尽头。谢延信知道岳父还有两件事放心不下，他把岳父的头放到自己怀里，对老人说："爹，您放心，只要我有一口饭吃，就不会让娘和弟弟饿着。娘百年后，让弟弟跟着我，决不让弟弟受一点委屈！"听罢他的话，老人两行热泪从深陷的眼窝里流了出来，带着无尽的依恋和感激，安然地走了。

一个条件：婚后决不能丢下这个家

谢延信的妻子去世后，有很多人给他介绍对象，谢延信开出的唯一条件就是：决不能丢下这个家。

1984年9月，一位善良的农家女谢粉香走到了谢延信身边，他们组成了一个大家庭。谢粉香在滑县老家抚养女儿、侍奉双亲、耕种责任田，谢延信在焦作上班并伺候岳父母。

2003年，谢延信自己也因脑出血住院，后来虽然抢救过来，但落下了行动迟缓的后遗症。妻子谢粉香放下家里一应事务，从老家赶来全力打理伺候两个病人，从丈夫手中接过爱心的接力棒，就像对待亲妈和亲弟一样，照顾得无微不至。

如今83岁的老岳母身体比以往好多了，而谢延信的身体却每况愈下。谢延信说："我现在也不行了，好在有我妻子在。即使是我不行了，我相信我妻子也会像我那样继续照顾好老人。"

《大河报》2006年4月22日

2006年5月22日《中国煤炭报》四版刊登《好女婿32年真爱感天地》，这是《中国煤炭报》首次报道谢延信事迹。

在妻子去世后的32年里，他担起了伺候瘫痪的岳父、照顾丧失劳动能力的岳母及看护傻内弟的重担，用亲情、真爱谱写了一曲新时代矿工"爱的奉献"。他就是焦作煤业集团鑫珠春公司机电科职工谢延信。

好女婿 32 年真爱感天地

◆ 石远峰　刘　宏　新建国　赵国堂

在河南省焦作煤业集团鑫珠春公司的西沟家属区，一套40多平方米的住房里居住着一户普普通通的矿工家庭——矿工谢延信和妻子谢粉香、83岁高龄的岳母和52岁的呆傻内弟。但在这个家庭里，岳母不是谢粉香的亲生母亲，内弟也不是她的亲弟弟。这是怎么回事？

1973年4月，21岁的河南省滑县青年与同乡一位农家姑娘谢兰娥喜结良缘。婚后，他们营造了一个温馨的小家。然而，1974年

一、发现谢延信

9月，女儿刚刚出生，谢兰娥就因产后风，带着万般牵挂离开了人世。

谢延信望着襁褓中的女儿，回想着刚刚开始的幸福生活，他的眼在流泪，心在滴血。

可悲伤归悲伤，眼前还有一大堆的问题等他来解决。最重要的一个问题是：岳父一家怎么办？

当时，谢延信的岳父在原焦作矿务局〔现改制为焦作煤业（集团）有限责任公司〕朱村矿上班；在滑县乡下老家的岳母患有肺气肿、胃溃疡、低血压、关节炎等疾病，基本丧失了劳动能力；呆傻的内弟吃饭穿衣都需要人照顾。岳父母膝下只有一儿一女，女儿走后，只剩下一个呆傻的儿子。如果自己撒手不管，老两口今后的日子该怎么过？

"有我在就不能亏了他们！"谢延信这样对自己说。他跪在悲痛欲绝的两位老人面前说："爹、娘，您的闺女不在了，俺就是您的亲儿子。您的生活我来管，百年以后俺送终！"

为了照顾老人的生活，谢延信把岳母、内弟接到了自己家里，挑起了伺候岳母、照顾内弟的重担。为了给患病的岳母补充营养，平时省吃俭用、逢年过节才吃肉的谢延信，每周给岳母做一顿羊肉吃；岳母双手不能沾冷水，他就把每天洗衣做饭这样的事全包了。

屋漏偏逢连阴雨。1979年春，岳父在矿上集体宿舍中风后瘫痪。从此，家里的一根顶梁柱，变成了谢延信需要照顾的对象。

既要照顾老的，又要看护小的。"如果这样下去，自己累倒了，一家人该怎么办？"妻子去世后，谢延信非常疼爱女儿，希望用自己的爱来弥补女儿失去的母爱。可为照顾好两位老人，他决定把不到5岁的女儿送回到滑县老家，让年迈的母亲照料。在返回矿上的时候，听到女儿揪心的哭喊，谢延信这个硬汉甚至掉了眼泪。

岳父每月 60 多元的病休工资养活不了全家 4 口人。谢延信就一边伺候岳父，一边抽空到附近农村的砖窑上搬砖、到建筑队打小工、到搬运队当装卸工。只要钱多，活再累他也愿意干，为的是挣点钱贴补家用。

延信的 3 个哥哥看他过得实在艰难，多次悄悄来矿上劝他回家。他向哥哥解释："我走了，俺这个家也就散了，叫我的良心往哪放！"

延信怕岳父躺久了得褥疮，就定期给老人翻身、擦爽身粉，每天背老人晒太阳，往老人住的 9 平方米的小屋里洒花露水。老人卧床 18 年，从未生过褥疮，也从未穿过一件湿衣服。9 平方米的小屋内始终没有出现卧床病人的那种特殊气味。

延信不仅在生活上帮助老人，还在精神上给老人百倍的关怀。1983 年 7 月，焦作矿务局破例安排谢延信当上了一名掘进工。第一月领工资后，他走了 6 公里的路，到市区花了半个月的工资为老人买了一部小收音机。岳父高兴极了，抱着收音机哼起了豫剧。

延信还经常在单位找一些报纸、杂志读给岳父听。10 多年来，延信给岳父读过的小说不下百部。

1989 年春，岳父又先后患上了肝硬化、癫痫、咽炎等疾病。延信一个人在医院里日夜守着岳父，没人替、无人换，困了就趴在岳父的床沿上打会儿盹，实在顶不住瞌睡，就躺在病房的地板上睡一会儿。1 个月里，延信没睡过一个安稳觉，把岳父从死神手里拽了回来。

老人因肝硬化引起双腿浮肿，他每天用热水给老人烫脚、按摩；岳父长期患病解不下小便，吃药没有钱，他用冬瓜皮、茅草根每天给岳父熬水喝。

一、发现谢延信

　　1990年，延信患上了严重的高血压，医生让他安心休养。为了这个家，他没有时间能安下心来休息，听说中医偏方醋泡黑豆能降血压，他一吃就是13年，直到2003年因脑出血住院抢救。

　　1996年8月，69岁的岳父走到了生命的尽头。28日下午，已昏迷两天两夜的老人突然睁开眼盯着延信，嘴张了张却发不出声音。延信知道岳父还有两件事放心不下，他把岳父的头放到自己怀里，对老人说："爹，您放心，只要我有一口饭吃，就不会让娘和弟弟饿着。我上班，让弟弟跟着我；我退休了，让弟弟跟我回老家，决不让弟弟受一点委屈！"听罢延信的话，老人两行热泪从深陷的眼窝里流了出来，带着对延信无尽的依恋和感激，安然地走了。

　　妻子病逝后，延信的亲戚给他介绍对象，对方一听延信的家庭情况，要么嫌负担太重，要么表示不理解。

● 谢延信与妻子谢粉香一起照顾岳母和内弟

一生言 信

　　1984年9月，爱再一次降临到延信身上。谢粉香爱慕延信的善良与诚实，愿与延信共同赡养老人、照顾弟弟。他们组成了一个大家庭。妻子粉香在滑县老家替延信抚养女儿、侍奉双亲、耕种责任田，每隔两个月到矿上为全家拆洗被褥。

　　1983年参加工作后，延信的生活虽有好转，但延信与岳父的退休金加起来也只有100多元，两位老人吃药打针、一家人的生活费用，100多元钱远远不够。每月为省10元菜钱，延信挖野菜、拾红薯叶、红薯梗和白菜帮吃，自己腌制的10余种四季小菜成了他日常的三餐菜。

　　为省钱给两位老人看病，延信从岳父患病到去世，十几年来忘记了香蕉、苹果的滋味。全家人的衣服多年没到商店里买过。4元钱一双的塑料凉鞋，他一穿就是6年；一件衬衣他穿了10年，白天穿脏了晚上洗，第二天再穿。

　　延信参加工作26年，从没有迟到、旷工和脱过岗。他在井上泵房工作，没有发生过一次事故，连年被单位评为"四有"职工。

《中国煤炭报》2006年5月22日

2006年6月4日《工人日报》社会周刊头版头条刊登通讯《谢延信：演绎"非亲也是俺爹娘"动人故事》，这是国家级媒体首次报道谢延信事迹。这篇通讯引起了中央各级领导和媒体的广泛关注。

谢延信：演绎"非亲也是俺爹娘"动人故事

◆ 李元浩

有这样一位煤矿工人，结婚一年妻子就因病去世。在此后的32年里，他担起了伺候瘫痪的岳父、丧失劳动力的岳母、呆傻妻弟的重担，以自己的质朴、善良和美德支撑了一个多灾多难的家，演绎了一曲"非亲也是俺爹娘"的动人故事。他就是河南省焦作煤业集团鑫珠春公司的矿工，今年54岁的谢延信。5月30日，记者专程来到焦作，在谢延信那简陋得不能再简陋的家中探寻他爱心的轨迹，细听他的领导、工友、邻居及83岁老母对谢延信那一幕幕感人的追述。

"这么多年了，你不知道他有多么不容易。"谢延信的岳母对记者说。

一生言信

1973年4月，21岁的谢延信和同乡姑娘谢兰娥结婚了。1年后，他们有了孩子。然而，在女儿清脆的啼哭声中，妻子却因为产后风而永远离去。

妻子不在了，摆在谢延信面前的，不但有尚在襁褓中的女儿，还有妻子的家人：身患多种疾病的岳父、体弱的岳母、先天呆傻的妻弟。生活的重担，一下子全压在了谢延信的身上。

"爹、娘，兰娥不在了，俺就是您的亲儿子，非亲你们也是俺爹娘。你们有病俺伺候，百年之后俺送终！"面对痛失爱女的岳母岳父，深知中华民族传统孝道的谢延信跪在二老面前，说出了让老人都没想到的话。

为了全力照顾亡妻家人，谢延信把女儿送回了老家，默默维护着"家"的一盏灯光，一缕饭香，一句问候。全家四口，3个和他没有血缘关系，谢延信却硬是让"陌生"的亲人在他的帮扶下，享受着家的温暖。

1979年，在煤矿上班的岳父突然中风，失去了站立能力，生活无法自理。3位家人，一病一瘫一傻，谢延信感受到了命运的残酷。

没有了岳父的收入，谢延信独自一人挑起了生活的重担。打短工、干零工，为了多挣钱，再苦再累的活他都抢着干；为了给老人补身体，谢延信定期给老人做肉吃，而自己却靠自家腌制的小菜凑合了十几年；岳父瘫痪在床，谢延信定期给老人翻身擦背，每天晒太阳。在老人得病的18年中，就从来没生过褥疮。岳父喜欢听书，谢延信每天给他读章回小说，还用自己进煤矿挣的第一份工资给老人买了一部收音机，他自己的一件衬衣却穿了10年。他家的邻居吕国臣说："像谢延信这样的好女婿天下难找。"

一、发现谢延信

妻子去世后，曾有很多人给谢延信介绍对象。对方一听谢延信的家境，都不愿往"火坑"里跳。谢延信却"不合时宜"地公开了一个条件：结婚后，决不丢下这些亲人。

● 幸福的谢延信一家

善良和真情是最能打动人的。1984年，农家女谢粉香走进了谢延信的生活，没有过多的表白，一句"有难我们同担，有苦我们同吃"让谢延信感动不已。从此，谢延信在焦作上班伺候岳父母，谢粉香则在老家担起了抚养女儿、种地的担子。

1996年，69岁的岳父走到了生命的尽头。在老人弥留之际，谢延信对他说："爹，您放心，只要有俺一口饭吃，就不会让俺娘和弟弟饿着。"带着两行热泪，老人安详离去。

走进谢延信的家，屋里只点了一盏10瓦的节能灯。一台320元的二手小彩电是全家最值钱的东西,那是他专门给岳母买的。提起自己的女婿,如今83岁的岳母冯季花老泪纵横:"有这个女婿,真是俺们前世修来的福。老头瘫了十几年,直到走也没遭过罪,就是亲儿子也难做到啊!"

长年的辛劳终于让谢延信的身体撑不住了。2003年,谢延信患脑出血倒下了,落下了行动迟缓、记忆力减退的毛病。谢粉香从老家赶来,开始照顾两位老人和弟弟。她说:"大道理我不懂,我只知道儿女伺候老人天经地义。延信是好人,跟他在一起,不亏!"

■ 短评

他是一面镜子

谢延信的生活是清贫的,清贫到全家最值钱的东西只是一台320元的小彩电。

然而,谢延信又是最富有的,他的富有是积储了丰厚的孝道。

谢延信可能说不出今日孝道之内涵,但他在32年的坚守中,却把孝道演绎得淋漓尽致,这是对社会主义新型孝道的最好注解,也是对知荣明耻的最好诠释。

谢延信贫穷,但他没抛弃责任。对照那些亲情淡漠,只顾自己享乐、潇洒,不管老人是否需要赡养,只顾自己小家建设,不管老人精神是否需要慰藉的人来说,谢延信的内在美就是一面镜子。

《工人日报》2006年6月4日

2006年6月6日《河南日报》3版刊登通讯《真爱人生》，焦作市委常委、宣传部部长王长松读了这篇报道后作出批示："谢延信人品高尚、事迹感人，全社会都应学习弘扬这种精神，要宣传推出这个典型。"

真爱人生

◆ 王泽远　谭　勇　赵国堂

在黄河之滨，太行山下，流传着许多至善至孝的故事："二十四孝"中的丁兰"刻木事亲"，郭巨"埋儿奉母"，王祥"卧冰求鲤"……

听着这些故事长大的谢延信，是焦煤集团鑫珠春公司机电科的一名普通矿工。32年来，他用实际行动，演绎了现代版的"岳母如亲"的感人故事。

"俺就是你们的亲儿子"

1973年，21岁的滑县青年谢延信与同乡谢兰娥喜结良缘。第二年，产下女儿后，谢兰娥因产后风，带着万般牵挂离开了谢延信和褴褛中的女儿。

岳父母膝下只有一儿一女,儿子呆傻,岳母因为患病,丧失了劳动能力。悲痛欲绝的谢延信跪在哭昏的两位老人面前:"爹、娘,你们的闺女不在了,俺就是你们的亲儿子,生活俺来管,百年以后俺送终!"于是,他把岳母和内弟接到了自己滑县老家,挑起了伺候岳母和照顾内弟的重担。

为了给患病的岳母补充营养,平时逢年过节才吃肉的谢延信,每周给岳母做一顿羊肉吃。岳母双手不能沾冷水,延信每天洗衣做饭全包了。慢慢地,岳母从丧女的悲痛中解脱出来,高兴得逢人便夸:"俺女婿待俺比亲儿子还亲,要不是有这个'儿'的照顾,俺们一家早就化成灰了。"

伺候偏瘫岳父18年

屋漏偏逢连阴雨。1979年春,岳父脑中风住进了医院。谢延信在病床前整整守了7天7夜,老人苏醒了,却永远不能站立了。

一病、一瘫、一傻、一幼,家里4人生活不能自理,重担全部压在了谢延信身上。为了更好地照顾家,谢延信在矿上安了家,两间9平方米的小房。

为照顾好老人,谢延信狠了狠心,把不到5岁的女儿送回滑县老家,让自己年迈的母亲照料。他一边伺候岳父,一边抽空到附近农村的砖窑上出砖、建筑队打小工、搬运队当装卸工,挣钱贴补家用。3个哥哥看他过得实在艰辛,多次悄悄来矿上劝他回家。他却说:"我走了,俺这个家也就散了,叫俺的良心往哪放?"1983年,谢延信走进百米井下当上了一名掘进工。

1989年春，岳父又先后患上了肝硬化、癫痫、咽炎等病，住进了医院，谢延信一个人在医院守了一个月。老人患病后，大便时常干结，他就用手一点一点地抠。肝硬化引起双腿浮肿，他每天用热水给老人烫脚、按摩。

1996年的一天，昏迷两天两夜的老人突然睁开双眼盯着谢延信，嘴巴张了张却无语。谢延信知道岳父的心事："爹，您放心，只要俺有一口饭吃，就不会让娘和弟弟饿着。娘百年后，俺上班，让弟弟跟着我；俺退休了，让弟弟跟俺回老家，决不让弟弟受一点委屈！"带着对他无尽的依恋和感激，岳父安然地走了。

他用行动走出真爱人生

妻子病逝后，谢延信的亲戚给他介绍对象，对方一听他的家庭情况，要么嫌负担太重，要么表示不理解，都退却了。

直到1984年，爱才再一次降临到谢延信身上。谢粉香爱慕延信的善良与诚实，愿与他共同赡养老人、照顾弟弟。他们组成了一个大家庭，妻子在滑县老家替他抚养女儿，侍奉双亲，耕种责任田，每隔两个月到矿上为全家拆洗被褥。

多年来，每月为省10元菜钱，谢延信挖野菜，拾红薯叶、红薯梗和白菜帮吃，自己腌制的10余种四季小菜成了他日常的三餐菜。为省几元车费，每次给岳父看病，他都是用架子车送岳父去医院。

1990年，谢延信患了严重的高血压，听中医说用偏方醋泡黑豆能降血压，他一吃就是13年，直到2003年，谢延信脑出血3次住

一生言信

院抢救治疗，此前他没花一分钱给自己买药。

在连年被单位评为"四有"职工的谢延信家里，最值钱的东西是一台14英寸老式彩电。32年的苦难生活，谢延信用自己的行动走出了真爱人生。

《河南日报》2006年6月6日

2006年8月31日,《人民日报》在第五版《人生境界》专栏里,以《一诺至孝三十载》为题,报道了焦作矿工谢延信大孝至爱的感人事迹。同日,时任河南省委书记徐光春批示:"玉芳并张锐同志:读了这篇报道,心灵受到极大震撼,大孝至爱的谢延信,以其崇高的道德境界揭示了做人的真谛,是我们学习的榜样。全省媒体要广为宣传。"时任河南省委常委、宣传部部长孔玉芳作出批示:"请张锐同志(时任河南省委宣传部主管新闻宣传的副部长)安排宣传好谢延信感人事迹。"

一诺至孝三十载

◆ 曲昌荣　张卜元

诺言,风雨无悔

"爹、娘,兰娥不在了,俺就是您的亲儿子。你们有病俺伺候,百年之后俺送终。"32年前,谢延信跪在岳父母面前流着泪说下此言……32年来,他一直履行着他的诺言,靠微薄的工资,承担起伺

一生言信

候瘫痪在床的岳父、丧失劳动力的岳母和呆傻妻弟的重担。

谢延信原名刘延信。1973年4月，河南省滑县农民刘延信与同乡谢兰娥喜结良缘，第二年9月，产下女儿刚40天的妻子因产后风撒手西去。面对痛失爱女、只有一个呆傻儿子的岳父母，刘延信眼含热泪，立下赡养誓言。为使二老相信他的诚意，他把自己的姓改了，刘延信成了谢延信。

命运并没有对他有所眷顾，1979年10月岳父突然得了中风，经过7天7夜的抢救，与死神擦肩而过，但却终生与床为伴。就这样，一家五口，4个人生活不能自理，还要为两个老人寻医问药，家里唯一固定的经济来源就是岳父每月60多元的病休工资。没钱看病，没钱吃饭，挖过野菜、吃过红薯叶、捡过菜叶……谢延信咬着牙把这个家支撑了下来。

爱心，无微不至

为了给岳父治病，谢延信依照偏方挖过茅草根、逮过蟾蜍；为了给岳父减轻痛苦，他自学了护理按摩；每天都要给岳父翻身、擦背，不时背到外面晒太阳；为给岳父解闷，还时常给他读小说……

在谢延信照料下，躺在床上18年，岳父没生过褥疮，后来竟然奇迹般地能扶着凳子慢慢挪动了。1996年8月，69岁的岳父走到了生命的尽头。8月28日下午，已昏迷两天两夜的老人突然睁开眼睛盯着谢延信，嘴张了张却发不出声音。谢延信知道岳父还有两件事放心不下，他把岳父的头放到怀里，对老人说："爹，您放心！只要我有一口饭吃，就不会让娘和弟弟饿着。娘百年后，让弟弟跟着我，

一、发现谢延信

● 谢延信喂内弟吃饭

决不让弟弟受一点委屈！"听罢他的话，老人两行热泪从深陷的眼窝里流了出来，带着无尽的依恋和感激，安然地走了。

为支撑这个家，谢延信在附近的砖窑烧过砖、在建筑队打过小工，搞过搬运。挣到的钱给老人买肉买水果补身子，而他自己腌制的咸菜一吃就是十几年。为腾出精力，谢延信狠下心来，把女儿送回老家跟着自己的父母。女儿在乡下奶奶家长大，10岁时和小伙伴们打土仗，被一块砖头误伤，一只眼睛永久失明……这成为谢延信心中永远挥之不去的痛！

至孝，点亮爱情

1983年，谢延信进焦煤集团朱村矿当了一名掘进工。他的孝心，

一生言信

打动了老家同村女青年谢粉香，1984年，粉香和延信结了婚。有人问谢粉香，你不觉得太委屈吗？谢粉香说，延信靠得住，他能对这样的一家人奉献自己，对我还能差吗？从此，谢延信在焦作上班伺候岳父母，谢粉香则在老家担起抚养女儿、种地的担子。

　　1990年，过度劳累的谢延信患上了高血压，他没舍得买药，听说醋泡黑豆能降血压，一吃就是13年。2003年，厄运再一次降临，谢延信积劳成疾，因脑出血3次进医院抢救，虽说暂无生命之忧，却落下了反应迟钝、行动不便的后遗症。家庭的顶梁柱再次倾倒，谢粉香安顿好家里的事，匆忙来到焦作替丈夫照顾起了这个特殊的家。爱的接力棒又开始传递。

　　如今83岁的老岳母身体比以往好多了，而谢延信的身体却每况愈下。但谢延信很是自信："好在有我妻子。即使我不行了，我相信她也会像我一样继续照顾好老人。"

《人民日报》2006年8月31日

2006年8月23日，为了弘扬宣传谢延信的事迹，鑫珠春公司成立了谢延信事迹报告团，报告团成员由鑫珠春公司时任党委副书记、工会主席张明军，宣传科长赵国堂，职工娄红卫、王巧玲及谢延信大女儿刘变英组成。

2006年9月28日，谢延信先进事迹报告团在焦作市会议中心为市直机关工作人员作报告，焦作市五大班子领导及600余名干部参加。

● 2006年9月28日，焦作市委举行谢延信先进事迹报告会

一生言信

我的父亲谢延信

◆ 刘变英

● 变英与父亲合影

我叫刘变英,是谢延信的大女儿。30多年来,我与父亲在一起生活的时间总共还不到7年,但在我的成长中时时得到父亲的呵护、父亲的关爱,这么多年,父亲的精神一直鼓励着我,父亲的坚强一直陪伴着我。

一、发现谢延信

作为他女儿，参加这个报告会我感到是一种光荣，让我上台来讲父亲的事，我又感到心酸，父亲的一生没有得到多少物质享受，他的生活好像只有两个字，那就是"付出"。今天，在这个报告会上，我向关心、帮助我父亲和姥姥一家的各位领导和好心人说声谢谢！

为了对我母亲的承诺，为了我姥姥一家，为了我，父亲付出了一辈子，却是心甘情愿，从来没有后悔过，正是因为有了父亲的付出，才使我姥姥平安地走到现在，我舅舅能够健康地生活下去，也使我母亲在天之灵得以安息。

我出生40天母亲便病逝了，是我的父亲一口水一口饭把我喂大的，在我姥爷患病之前，我一直跟着父亲生活。姥爷患病后，父亲就把我送到奶奶家由大爷和大娘照顾我的生活。从我记事起，父亲这个称呼在我的印象里很模糊。小的时候，我跟别人家的孩子吵架，他们说我没有爸爸和妈妈，我就跟他们说："我有大爷和大娘。"在我的印象里，父亲也就是收麦和种秋回来住几天。平时，街坊邻居也知道我苦，每到吃饭，谁家做点好吃的，他们就喊我去，我的成长也离不开街坊邻居的照顾。

1984年，父亲再婚。第二年，我最小的妹妹出生，当时我们这个新组合的家庭姊妹4个，我11岁，最小的妹妹才几个月，父亲常年不回家，家里10余亩地。上小学四年级时我只好辍学在家帮我的妈妈照看最小的妹妹。当时我想，如果我的父亲不去焦作，就是在家干农活，最低也能供我上完初中，我的人生也许会改变。

我长到16岁，父亲从来没有给我们买过新衣服。我记得，父亲从焦作回来时，常常带来一大包邻居送的旧衣服，我们姊妹几个就是穿这些衣服长大的。当时，在我的印象里，父亲太小气。别人的父亲在外面工作，回到家又是给小孩买新衣服、又是捎好吃的，可我没有享受到过。有一年冬天，我到焦作看望姥姥和父亲，姥姥一家吃的是水煮白菜，还没有俺家里的生活好，住了不到一星期，我就回滑县老家了。为了照顾我姥姥一家的生活，早花干了父亲本来就不多的工资，为了实现他对我母亲的承诺，他没有多少钱能用到我们姊妹几个身上了。

　　1989年春节前，父亲回家里办事。我跟父亲要了几块钱与姐妹们到乡里去玩。这是我长这么大第一次向父亲张口要钱，父亲给了我5块钱。16岁的女孩子都爱美，同去的姐妹到集上有的买衣服，有的买各种化妆品。我没有多少钱，就狠狠心花2元钱买了一盒胭脂。回到家跟我父亲一说，父亲很生气，跟我说："妮儿，咱不能跟别人比，钱该花的花，不该花的不花。"从此以后，我再也没有用过化妆品。当时，我对父亲有些不理解，他有自己的亲生父母不去伺候、女儿不去养活，而去照顾没有血缘关系的人，我只花了2元钱，父亲就这样吵我，心里越想越委屈，不知道他这样做到底图点啥。现在我也成家了，也做母亲了，也能理解我的父亲了，父亲是把我姥爷和姥姥当成亲生父母来奉养。

　　10岁那年，我的右眼被一群玩耍的小孩误伤，因伤得太重，我们去到焦作看病，医生说需要住院治疗，父亲跟医生说没有带钱，明天来住。可我知道，当时父亲不要说交几千块钱的押金，他连500块钱也拿不出来。医院没住成，失去了最佳的治疗机会，现在我的右眼几乎是失明的。我从焦作回家时，父亲问我："妮儿，你恨我吗？"我能怎么回答，从我个人来讲，我是想让父亲给我把眼治好，

一、发现谢延信

可父亲当时实在是没有办法呀！世上哪有父母不疼孩子的，在我看病的几天里，常挂在父亲脸上的笑容没有了，他一个人躲在屋里长吁短叹，在我的印象里，父亲从来没有这样过。我现在可以告诉大家，我不记恨我的父亲，我理解父亲，他在承担两家人的生活重担面前，只有选择牺牲自己的女儿。

从一件小事上更让我了解了父亲。一次，我来焦作，姥爷大便干结，父亲让我出来在门外等，因我姥爷憋得难受吵骂我父亲。我扒着门缝往里看父亲正满头大汗地给我姥爷抠大便，我的眼泪止不住往下淌，父亲过得太难了，就是亲生儿子也不过如此。

结婚是人一生中的大事，1994年农历腊月二十二是我结婚的日子。腊月二十一下午，父亲回来了，把我叫到跟前说："妮儿，好女不争嫁妆衣，你结婚，叔叔也没啥送给你的（我平时称我父亲叫

● 刘变英一家与谢延信夫妇合影

51

一生言信

"叔叔"），送你一本织毛衣书，里面有我抄录的两首诗。"我给各位念一下："黄连虽苦，饮后舌根下却有甜的回味；糖精水是甜的，饮用过度则变成苦水。充分表明，有苦方有甜，甜与苦相连，甘愿常吃苦，方能长久甜。"还有一首是节约谚语："节约是幸福之本，浪费是贫困之苗；生产好比摇钱树，节约好似聚宝盆；克勤克俭粮满仓，大手大脚仓底光；艰苦奋斗记心上，勤俭节约细水长。"35年来，我的父亲没有给我带来多少物质财富，但这本书和他送给我的两首诗是我一生中最宝贵的精神财富。它是用任何物质财富也换不来的。父亲是很爱我们的，但他爱的方式不是娇生惯养，而是爱在心里，让我们从小养成节俭的好习惯。

现在，我们这个大家庭是由好几家人组合在一起的一个特殊家庭，虽然日子过得也清贫，但在我父亲的教诲下，我养成了勤俭持家、尊老爱幼的好习惯，我们姊妹4人，我与一个弟弟、一个妹妹没有血缘关系，虽不是亲生，但在农忙和困难时，我们姊妹几个相互帮忙，从没有因为家庭原因闹过纠纷。我的婆家姊妹5人，我下边还有3个弟弟，他们常年在外面打工，我公婆的地都是我和丈夫两个人帮助耕种，在村里我也没有跟别人红过脸、吵过架，邻里之间也相处很好。我的儿子今年也14岁了，我把父亲传给我的好传统经常教育我的儿子在家里尊重老人、爱护小朋友，在学校好好学习、尊敬老师。现在，我儿子无论在家里还是在学校里从没有乱花过钱，学习成绩在班里面都是前三名，这都与父亲的教育有关，我愿把父亲做人的好传统代代传下去。

父亲出名后，作为他的女儿，我从没有利用父亲的名气做有损我父亲的事、有损社会的事。我坚信一条就是老老实实做人、踏踏实实做事，虽然我的生活还不富裕，但我和丈夫会用自己的双手建设好自己的家园。

我父亲是位普通的人，他在 32 年的时间里，兑现对我母亲的承诺，我觉得他是伟大的，在我面前，他就是一座高山。可以说，我姥姥一家是不幸的，遇到了我父亲又是幸运的；我父亲的一生是不幸的，有了河南煤化集团、焦煤集团、鑫珠春公司领导的关怀又是幸运的；我从小到大比起别的孩子是不幸的，但我有这样善良的父亲又是幸运的。请大家放心，我会与我父亲一起把我姥姥和舅舅照顾好，不辜负各级组织和好心人对我们一家的帮助，让他们多享受一点生活的幸福、甜美。

我心目中的谢延信

◆ 赵国堂

我叫赵国堂，是焦煤集团鑫珠春公司的一名宣传干部，与谢延信做过多年邻居，作为延信的邻居和朋友。今天，能向各位领导、同志们汇报谢延信的事迹，我感到十分高兴，下面我向各位谈谈我心目中的谢延信。

我1985年年底与谢延信为邻，认识延信是在1987年春，对延信孝顺老人的事也知道，但不知延信是女婿。当时，每天听到延信喊岳父、岳母叫爹妈，他岳母也一口一个亮地叫（谢延信的乳名叫亮），我一直认为延信是儿子。一次，我与家人谈起老谢一家的事，我说，还不多见像老谢这样孝顺的儿子。我母亲说他是女婿，我感到很惊讶！俗话说："父子连着筋，死了媳妇断了亲。"像谢延信这样的女婿能做到这一步，我还没有听到和见到过。当时，我是焦作矿务局朱村矿宣传科的一名宣传干事，工作的责任感使我开始接触延信，收集他的事迹。

延信给我的印象是不爱说话，下班回到家做的第一件事是先到岳父屋里帮岳父翻翻身，再帮岳母倒水提桶水，吃过饭后陪岳父聊聊天。这些事做起来虽然很简单，1个月、1年，多数人可能坚持做到，但能坚持18年，即使亲生儿女恐怕也很难坚持做到，谢延信却做到了。提起延信孝顺老人的事邻居们总是十分感动和钦佩。

作为邻居，谢延信让我感受最深的是，他做什么事，首先考虑的不是自己，而是他人。延信怕内弟进错厕所给邻居带来麻烦，他拾砖块在垃圾堆上为内弟盖了一个厕所；给岳父母洗脏衣服，从来没有在公用水管洗过，都是提水在自己屋里洗；他陪岳父跟着收音机唱戏，即便夏天，也都是关着门，怕声音大影响邻居们休息。

在与邻居的相处中，延信也都是怀着真诚的心相待。一次，二楼居住的一名邻居往下倒水时，把一盆水泼到了延信岳父身上，他的岳母不愿意，与邻居争吵起来。延信从外面回来，问明情况后，把岳母岳父劝回了屋里，一场邻里纠纷被他的宽容化解了。

延信没有患病前，我曾问过他，为什么在妻子死后还要守着这个家？延信告诉我："我走了，这个家就散了。我良心难忍呀！"这朴实的话，使我深受感动。

作为20世纪70年代毕业的初中生，延信也是一个有理想、有追求的人，在农村他当过生产队的棉花技术员，带领群众搞过编织生意。命运让他选择了岳父一家，他也能怀着一颗坦荡的心去面对，他没有因人生的挫折而对生活失去希望。有一次，我问他，这一家人，你以后怎么办？延信告诉我："就是好好上班，一家人过得平平安安就行了。"他这个愿望让我们听起来很普通，但对于谢延信，这就是送给岳父一家人最大的幸福。面对一个这样的家庭，33年能让一家人平安地走到现在，这就是不平凡。

我认为，谢延信做的事与一些知名人士做的同样有意义，同样是为社会作贡献，同样也是伟大的。在我的心目中延信与其他人相比也是一位顶天立地、敢作敢为的男人汉。毛主席他老人家说过："一个人做一件好事不难，难的是一辈子做好事。"延信的可贵、高尚、伟大之处就是32年无论遇到什么困难都持之以恒地做下去，一辈子承担了这个责任，这才是世上最难最难的！

延信侍奉岳母一家的事，我们焦煤集团、鑫珠春公司多年来，也一直在弘扬、学习、宣传他的事迹。1997年6月，在焦作市总工会举办的"家庭美德"演讲中，我负责整理延信的事迹材料。许多职工和家属对这件事给予了很大的关注和支持，退休职工孟繁月，把自己的感受写满了6页纸送到矿上，并跟我说："国堂，一定得把延信的事写好。"这句话虽然只有短短的12个字，但是大伙的嘱托字字重如千斤，我感到压力很大。过去，与谢延信在一起住的时候，也没有感觉到谢延信有多难、有多么伟大。在写作中，我也想起了我的父母，想起了我的女儿，延信做的一件件事在我脑海里展现，震撼着我的心灵，整整一个晚上，20余张稿纸上留下了我感动的滴滴泪水，我撰写的长篇通讯《爱心撑起一个破碎的家》和《真情化彩虹　温暖一家春》演讲稿，谢延信作为焦作市家庭美德演讲中唯一的一位男成员，他的演讲引起了很大的反响。河南省总工会当年授予他家"文明家庭"光荣称号。

今年4月，在"寻找感动中国的矿工"活动中，延信的事迹引起了上级新闻媒体的重视。在采访中，延信回答记者最多的一句话是："我忘记了，想不起来了。"许多记者在采访谢延信后说："采访老谢，一提过去的事，他说忘记了，我们认为他不是忘记了，他是不愿回答过去的事情，谁愿回忆痛苦的往事？"我们这些了解谢延信的人知道，谢延信平均5年一次的家庭不幸，让他承载了比别人太多的苦难，32年的酸辣苦甜、悲欢离合和风风雨雨，一个"苦"字陪伴他半生，有苦、有难他都是一个人扛。

一些媒体记者在采访前问我，谢师傅这么多年做过什么让你难忘的事没有，我回答，他就是从家庭的琐事做起，干了32年。许多记者和朋友问我，谢师傅靠什么力量能坚持这么多年，我告诉他们，在谢延信身上用6个字来体现，那就是"做人要讲良心"。许多记者都是带着疑问和困惑去采访的。但他们接触到延信以后，都被他的诚信、被他的大孝、被他平凡中的伟大所感动。他们告诉我："作为一个男人，谢师傅这么多年太不容易了，一般人很难做到，他的事迹令人动容、令人钦佩。"

我作为谢延信困难帮扶小组的一员，这么多年，延信只跟我提过一次要求。去年，河南省授予他敬老楷模时，延信与我商量："兄弟，你嫂子几十年也没有去过郑州，能不能让你嫂子陪我一起去？"我说，可以。但问他有啥需要帮忙时，他回答只有两个字："没有。"但我从他的内心世界里，使我深深地感悟到延信这么多年唯一所求的是：无论充当什么角色，都要求自己做到问心无愧，对得起良心。对于岳父、岳母来说，他是称职的好女婿、好儿子；对于妻子和儿女来说，他是称职的好丈夫、好父亲；对于企业来说，他是称职的好职工。

我们鑫珠春公司有一幅标语："工作着是快乐的，奉献着是幸福的"。延信这么多年之所以快乐和幸福，他做到了对妻子的承诺，生活中虽然苦点累点，但他的内心是幸福的。在32年里，他以实际行动诠释了中华民族传统美德和社会主义荣辱观，体现了他对家庭、社会、国家三者关系的正确理解。

一 生 言 信

　　谢延信在我的心目中就是一位英雄，是一面镜子，也是一本书，他时时激励着我，做一个人不但要孝顺父母，还要对家庭、对社会、对工作负责，只有我们大家做到了这一点，社会才能和谐。

2006年10月20日中央电视台《夕阳红》栏目播出了《三十二年的承诺》，这是中央电视台第一个报道谢延信的栏目。

三十二年的承诺

◆ 邢　浩

● 谢延信与岳母

一生言信

【主持人】 观众朋友大家好,您现在收看的是夕阳红节目。我们今天节目的主人公,原来叫刘延信,结果42年前他自己把姓改了,改姓谢,叫谢延信了。那他之所以改姓,是为了谨守一个诺言,为了这个承诺他整整坚持了32年。那么这是一份怎样的承诺,让我们从头说起。

中国有句古话叫男儿膝下有黄金,只跪苍天和娘亲,但是画面上的这位堂堂男儿却主动向别人下跪,他为什么要向别人下跪呢?他这又是向谁下跪呢?这位男子叫谢延信,他是河南省滑县半坡店乡车村人。1973年,他经人介绍,和同乡的女孩谢兰娥相识了,当时,谢兰娥和她的妈妈对谢延信都很满意。

【同期】 谢延信的岳母冯季花:我看这个小孩(谢延信)可懂事。

就这样谢延信和谢兰娥确定了恋爱关系,两人恋爱了1年多之后,双方家长就给他们选择了一个良辰吉日举行婚礼。婚后的谢延信和谢兰娥相互恩爱,生活幸福。

【同期】 谢延信:和和美美的。

冯季花:他俩没吵过嘴,我对他也像亲儿一样,心里可爱见他了。

结婚1年多之后,他们又有了自己的女儿,这给家里增添无限的欢乐。但不幸的是,正当他们沉浸在幸福之中的时候,谢延信的妻子却得了产后风,而且出现了严重的症状。

【同期】 谢延信:她不吭不说话,一个劲儿地打滚,停不住。

冯季花:她心里热啊,心里光烧!

谢延信看到妻难受不堪的样子后,生怕她会出什么意外。赶忙放下刚满月的女儿,把妻子送到医院去治疗,但是,来到医院后妻子已经是生命垂危了。

【同期】冯季花：就那不中了，看不好。

医院经过紧急抢救，最终没能挽回谢兰娥的生命，年纪轻轻的谢兰娥就这样撇下丈夫孩子和年迈的父母离开了人世。白发人送黑发人，这让谢兰娥的双亲难过得痛不欲生。谢延信看到岳父岳母悲伤的样子，想到他们家里除了剩下一个患有痴呆的傻儿子以外，就再也没有孩子了。将来两个老人依靠谁，又有谁能照顾他们。谢延信当即跪在了岳父母的面前承诺，虽然没有了妻子谢兰娥，但是他以后会照顾老人一辈子的。

【同期】谢延信：我说妈，你不用管了，她（谢兰娥）在与不在，我照样照顾你，我照样养你到老。

冯季花：他说你不用伤心，我照顾你一辈子，照顾你到老。

谢延信为了让岳父岳母相信他，还将自己的姓改成了岳父的姓。本来谢延信不是姓谢而是姓刘，叫刘延信。但是从那个时候开始，刘延信就改名叫谢延信了。当时谢延信的岳父谢召玉，在焦作矿务局朱村矿工作。女儿去世以后，由于在家伤心，冯季花就离开家乡随着丈夫来到焦作生活。谢延信也来到了河南焦作中站区的一个砖窑厂打工，他经常会到岳父母家看看。

【同期】谢延信：反正来了看看，瞧瞧家里有啥活没有。

冯季花：有点啥事了一说他都干。

就这样，一家人在焦作生活3年多的时间，正当冯季花慢慢从失去女儿的痛苦中走出来的时候，1979年2月的一天，他们家却又发生了一场巨大的不幸。

【同期】冯季花：我家小孩在里间，我在外间，到清早我起来了，我去屋里头一开门，他那腿在床沿上耷拉着呢，我说这么冷，腿在床沿上搁着干啥。谁知道一瞧不会吭了。

原来在当天清晨，冯季花起床以后，来到丈夫谢召玉的床边，惊恐地发现丈夫已经不省人事了，冯季花连忙叫人去叫女婿谢延信。

【同期】冯季花：赶紧去叫俺的女婿，女婿在北面的窑上干活呢，说快点吧你爹有病了。

谢延信：我正在下边干活呢，她找我。

谢延信从砖窑厂赶到岳父家以后，连忙用平板车把岳父谢召玉送到了医院。医院经过检查后得知，谢召玉是深度中风，如果治疗不好将来可能会瘫痪。谢延信就立刻请求医生想办法给岳父治疗，他每天就守候在岳父的病床前。

【同期】冯季花：俺那个女婿就在地上睡，伺候他。

谢延信在医院照顾谢召玉一段时间之后，谢召玉终于清醒过来。

【同期】冯季花：有一二十天他就会说话了。

谢召玉虽然能说话了，但是他却只能躺在床上不能活动，医生建议，让女婿谢延信给他做一些按摩和康复锻炼，以便于他的身体康复，但是谢召玉却不愿意让谢延信给他活动。

【同期】谢延信：还骂我，他嫌活动疼。

冯季花：骂也不吭，他都说骂就叫他骂吧，他是个病人，他说我知道，骂也要给他活动，活动活动。

谢召玉在医院治疗了两个月以后，稍微有些好转就回家了，在家里继续进行康复锻炼。但是谢召玉在家锻炼一段时间之后，还是不能正常走路，大部分时间还是躺在床上。谢延信就一边在砖窑厂打工，一边照顾岳父。

一、发现谢延信

【同期】冯季花：女婿隔两天来看看，看看有事没，看看买药不买，弄啥不弄。

可是谢召玉在家恢复一段时间之后，不但身体没有康复，反而又得了肝硬化，使他们一家陷入了更加痛苦的深渊。一家人的生活到了难以维持的地步，有时候连吃饭都很困难。

【同期】冯季花：在树林里边弄点黄花菜丢锅里炒炒。女婿还在上边那地方种了一片油菜，吃油菜。

因为经济困难，家里也没钱给岳父买药治病了。这时候，谢延信就出去到处给岳父挖草药。

【同期】谢延信：就是到野地里去挖草药。

焦作矿务局的领导看到他们家实在没法维持，就照顾谢延信让他到矿上上班，从此，谢延信就一边上班一边给岳父治病，这个家主要是靠谢延信在支撑着。岳父岳母看到谢延信一个人太辛苦，也十分心疼，就劝谢延信再找一个对象，生活上也好互相有个照应。后来谢延信在岳父母的再三劝说下也找了几个对象。但人家一听说他要一直照顾前妻的父亲母亲，人家都嫌负担太重，就不同意了。就这样一直拖了两三年，最后别人又给他介绍了一个滑县老家的谢粉香。谢粉香知道谢延信的情况后，却意外地同意了这门亲事。

【同期】谢延信的妻子谢粉香：我就是因为他照顾前妻的父母我才信他的，我说他心眼好，他对俺小孩也不会咋着，我是这样想的，人的想法都不一样。

谢粉香和谢延信在滑县老家是一个村的，当时她的丈夫也已经去世了，自己带着两个小孩生活。谢粉香和谢延信都同意之后，互相交往的一段时间彼此都比较满意，就举行了婚礼。结婚后谢粉香就在老家继续照顾小孩。谢延信仍在焦作市照顾他的岳父谢召玉。

【同期】冯季花：他（女婿）都是秋收麦收时回家，春节放假回家几天，平常他没走过。

虽然谢延信在焦作尽力给岳父治疗，但是他的病情还是越来越重，终于在1996年治疗无效而离开了人世。岳父去世后，谢延信仍然在焦作和岳母一起生活，随着年纪的增长，冯季花老人的身体已越来越差了，加上她本来在老家的时候，就患有肺气肿、关节炎，在家也不能干太多的家务活。平常的家务大部分都是谢延信下班以后再做，有时候岳母有病了他还要请假照顾她。

【同期】冯季花：有一回感冒了他给我买点药，天黑了他弄个小床陪我。

谢延信：妈，你好点没。喝点豆奶粉吧。

就这样，谢延信一边工作一边照顾着岳母。可是谢延信年纪也越来越大了，身体也越来越差，终于在3年前，谢延信患上了高血压和脑血栓，他的身体也不行。

【同期】谢延信：当时就是脑血管堵塞，这是主要的，浑身麻得没劲。

谢延信得病以后也住进了医院，他的妻子谢粉香就从滑县来到焦作市照顾他。但是谢延信住院治疗了几次仍然没有康复。

【同期】谢延信：住了3次医院也不见效，说是好点了，说话还是不行，头脑都不清楚。

由于患有脑血栓，谢延信行动也不如以前方便了，更没有能力照顾岳母，他的妻子谢粉香来到焦作，看到一切情况后，不但照顾丈夫谢延信，还自愿承担起了照顾冯季花老人的责任，她这是要替丈夫完成 32 年前对老人的那个承诺。

【同期】谢粉香：我为了他落个好女婿，我也不会给他脸上抹黑，要给他脸上争光。我说只要老人知足，我不会说个不字，不会说不管她。她就是不知足我也得凭我的心，我的心也是肉长的，我也不是铁打的心，我会尽力而为继续下去。

【主持人】冯季花老人的女儿 32 年前就去世了，我们想想看白发人送黑发人真是痛苦难忍。这些年如果没有女婿的陪伴和照顾，两位老人真不知道该怎么继续生活。如今呢，又一位淳朴善良的好人来到了他们家，这没有任何血缘关系的一家人，虽然日子过得并不富裕，但他们的生活让很多人都羡慕。

中央电视台《夕阳红》栏目
2006 年 10 月 20 日

二

第一次宣传热潮
——全国媒体集中采访

一生言信

徐光春会见中央新闻单位谢延信事迹采访团
强调学习宣传谢延信大孝至爱的精神
大力推进社会主义和谐社会建设

◆ 河南日报记者

2007年1月23日下午,河南省委书记、省人大常委会主任徐光春亲切会见了以中宣部新闻局副局长刘汉俊为团长的中央新闻单位谢延信事迹采访团,以及谢延信模范事迹报告团。他强调,要学习好、宣传好谢延信同志的仁孝精神,大力推进和谐社会建设,为构建和谐中原、实现中原崛起营造良好的舆论氛围,提供强大的精神动力。

谢延信同志是焦煤集团鑫珠春公司的一名普通矿工。他在妻子病故后三十二年如一日,竭尽全力、无微不至赡养、照料瘫痪在床的岳父、患有多种疾病的岳母和先天呆傻的内弟。他大孝至爱的事迹经新闻媒体报道后,引起了社会各界的强烈反响,也引起了中央领导同志的高度关注。近日,中宣部、全国总工会、全国妇联组织中央和地方40多家媒体的60多名记者,赴焦作集中采访谢延信的模范事迹。

一走进会见厅,徐光春就紧紧握住谢延信同志的手,动情地说:"向你学习。虽然这是我们头一次见面,但你的名字早就在我心里

一生言信

了，你的模范事迹深深打动了我，你是我们学习的榜样，我代表省委、省政府向你和你的家人表示亲切的慰问和崇高的敬意。"随后，徐光春又拉着谢延信夫人谢粉香和女儿刘变英的手说："也要向你们学习，为这个家，你们也付出了很多很多，值得大家学习。"

会见中，徐光春首先代表省委、省政府，代表9800万河南人民向中央新闻单位谢延信事迹采访团的到来表示感谢。他说，谢延信虽然只是一名普通职工，但几十年来他孝心不变、守诺如山，表现出了崇高的品质。谢延信模范事迹中，有一点儿非常令人感动，当妻子去世后，谢延信跪在岳父、岳母面前立下誓言："虽然你们的亲生女儿不在了，但我要负责为你们养老送终。"他是这样说的，更是这样做的，岳父因中风半身不遂，岳母也一身病痛，在这种情况下，谢延信不仅没有遗弃他们，反而更加精心地照料他们，这种大孝至爱的精神，不仅是中华传统美德的充分体现，也是社会主义思想道德品质的集中反映。

徐光春说，中华民族传统美德倡导"仁、义、礼、智、信"，其中"仁"在五大传统道德中居第一位。仁即仁爱，仁的最早内涵是指家族、家庭和亲人之间的爱，随着社会的发展进步，这种建立在血缘关系基础上的爱逐步引申和扩展到整个社会，"仁"的含义也丰富和发展为人人都要相亲相爱，人人都要互相关爱。谢延信正是用自己的思想和行动，对"仁爱"美德作了生动的注脚和充分的体现。更为难能可贵的是，谢延信不仅自己这样做，而且用崇高的精神鼓舞和带动了全家都这样做。在谢延信的言行影响下，他现在的妻子谢粉香和他的女儿刘变英都自觉承担起照顾老人的责任，这种大孝至爱的美好情感感动着每一个知道他们名字的人。

二、第一次宣传热潮

徐光春强调，目前我们已经进入改革发展的新阶段，社会主义市场经济的迅速发展，现代化建设的不断推进，要求我们继承和发扬中华传统美德，身体力行社会主义荣辱观。只有这样，才能在获得物质文明大发展的同时，不断推进精神文明建设，促进和谐社会建设，创造美好的生活。谢延信身上体现出来的大孝精神，不仅值得广大人民群众学习，更为广大党员干部作出了表率。一个党员干部，只有孝顺父母、关爱家人，才会忠于国家和人民，才会关爱广大人民群众。谢延信身上体现出的这个"孝"字，反映了做人的起码品质，揭示了公民的起码义务，是一个含义非常深刻、意义非常广泛、作用巨大的字。一个人要写好这个字不容易，用行动实践好这个字更不容易。谢延信用30多年的含辛茹苦，写出了孝的本质，写出了孝的意义。孝的本质、孝的意义在于"爱"，就是要爱父母、爱亲人、爱家庭，进而爱人民、爱集体、爱国家。这正是谢延信精神的可贵之处、思想的崇高之处。学习好、宣传好谢延信同志的模范事迹，就要抓住谢延信同志的思想本质和精神核心，抓住"仁"字做文章，围绕"爱"字学精神，使他的这种大孝至爱的精神在全社会发扬光大。

谢延信同志是一个有广泛意义的典型，其模范事迹是一部生动的教材，无论是领导干部还是普通群众，都能从中受到教益。学习宣传他的模范事迹和崇高精神，对于教育和引导全省人民，认真践行社会主义荣辱观，知荣明耻，扬善抑恶，促使全省城乡形成健康向上的社会风尚，为构建和谐中原、实现中原崛起营造良好的舆论氛围，提供强大的精神动力，具有十分重要的现实意义。各地各部门要采取多种形式，深入持久、具体生动地把谢延信同志的事迹和思想品质学习好、宣传好，教育、感召和激励广大党员干部和广大人民群众在中原崛起

一 生 言 信

宏伟进程中书写光辉的人生篇章。相信在中央新闻媒体的大力宣传和支持下，向谢延信同志学习的活动一定能够取得实实在在的成效。

刘汉俊代表采访团一行对徐光春的接见表示感谢。他说，根据中宣部的统一部署，几天来采访团成员对谢延信同志的模范事迹进行了集中采访，大家普遍反映深受感动、深受教育，很多记者都是边采访边流泪。大家表示，一定要努力实践"三贴近"原则，把谢延信同志的模范事迹报道好、宣传好，使谢延信这一模范人物走向全国、引起共鸣，在社会主义和谐社会建设和社会主义荣辱观教育中发挥积极的促进作用。

省委常委、宣传部部长，副省长孔玉芳参加了会见。

《河南日报》2007 年 1 月 23 日

这一回，53家媒体聚焦谢延信

◆ 刘　宏　李国平

河南省委书记徐光春握住老谢的手亲切地说："你身体不好，不能干的活不要勉强，记住，一定要保护好身体。"这是省委书记感动后发出的叮咛。在中央新闻单位谢延信事迹采访团中，深受感动的不仅仅是省委书记，采访团近百位记者都发出了相同的感慨："不容易啊，在老谢身上，集中了忠厚、忠诚、朴实、善良……所有中国普通老百姓的优秀品质。"谢延信，河南焦作煤业集团鑫珠春公司一名普通的煤矿职工，感动了来自大江南北的媒体记者。

老谢事迹引发轰动

谢延信的事迹经本报及其他新闻媒体连续报道后，引起了社会各界的强烈反响，也引起了各级领导的高度关注。2006年10月12日，时任中共中央政治局常委李长春专门作出批示，要求做好典型宣传工作。这样一个大孝至爱的典型也在媒体中引起强烈反响，中宣部策划与全国总工会、全国妇联共同牵头组织谢延信事迹采访团，大声势大规模宣传谢延信，树立全国标志的百姓典型、平民典型。

一 生 言 信

河南省委书记徐光春批示：要求认真组织好，利用这个典型宣传传统美德，增强宣传效果，扩大宣传影响。

2007年1月22日起，中宣部、全国总工会、全国妇联组织和地方共计53家媒体的90名记者，赴河南焦作集中采访谢延信的模范事迹。其中有人民日报、新华社等13家国家级主流报纸、电视台和通讯社，中央电视台《新闻联播》《焦点访谈》《面对面》等名牌栏目，新京报、北京青年报、南方周末等主要报纸，《知音》杂志及河南、河北、山西、湖南等省主要媒体。采访行程共5天，5天来，记者们不畏严寒、不辞辛苦，进企业、社区，赴郑州、滑县，通过召开座谈会、走访有关人员、查找相关资料、聆听报告会等多种形式，对谢延信的感人事迹进行了深入细致的挖掘整理。

● 中央新闻单位谢延信事迹采访团新闻协调会

二、第一次宣传热潮

老谢的故事让记者回味

1月23日,中央新闻单位谢延信事迹采访团记者见面会在焦作市东方宾馆召开。满屋的记者焦急地等待着谢延信一家人的出现。新华社等几家媒体记者早已占领最佳位置,随着谢延信、谢粉香及其女儿刘变英来到会议室,记者们亢奋了,长枪短炮一拥而上,慈眉善目的谢延信哪见过这阵势,急得他一个劲地说:"散了吧,散了吧。"但记者们还是紧紧围在他身边。中宣部领导只好出来解围,记者们才逐渐平静下来。

河南日报记者陈更生是众多记者中的一位,见面会当天,他说:"第一眼见到谢延信,就感觉到他平凡之中的不平凡,社会需要这样的人,我希望能拍到传神的照片展示谢延信。"

"我是谢延信,我认为孝敬老人是应尽的责任,做人要讲良心,我以前这样做,以后还要这样做……"老谢简短的开场白赢得记者们热烈的掌声。

见面会上,看了浓缩32年艰辛的20分钟短片,听了谢延信的女儿刘变英讲述的谢延信故事,在场的很多记者不由得为之动容、潸然泪下。河南工人报记者赵丹已多次采访过谢延信,但听着谢延信的事迹,仍禁不住红了眼圈。见面会结束了,许多记者跑上前去和谢延信一家人合影,江南都市报记者说:"这不仅是我采访所需要的内容,也是让我感动一生的珍贵记忆。"

采访团团长、中宣部新闻局副局长刘汉俊说:"诚信和孝心是中华民族传统文化的宝贵财富,也是当前社会缺失的财富。在谢延信身上，我们重新找回了社会急需的两样'宝贵财富'。这次集中采访安排在春节前阖家团圆的日子，谢师傅大孝至爱的典型事迹催人泪下，是所有家庭和职工学习的榜样。几天来，采访团成员普遍反映深受感动、深受教育。此次中宣部、全国总工会和全国妇联组织新闻采访团来到焦作，采访一个非共产党员的百姓典型、平民英雄，是中宣部创新人物报道的一种尝试。这么多年新闻媒体同时采访报道一个普通的矿工，也体现了我们党的群众观。"他希望记者们要深入采访，用朴实的文风、生动的语言和真实的感情写出一个大孝至爱的谢延信，将其感人的事迹推向亿万个家庭。

记者了解到，刘汉俊副局长到谢延信家慰问后，当即给中央电视台《面对面》和《新闻会客厅》栏目组打电话，让两个名牌栏目赶紧派编导来焦作体验并拿出宣传方案。刘汉俊说，谢延信家庭的经济状况以及生活环境是中国亿万个家庭的缩影，通过名牌栏目把谢延信家最真实的情景展现给大家，更能引起大家的共鸣。

记者们边采访边落泪

在这次采访中，焦煤集团董事长杜工会介绍的集团"对得起奉献者"的核心价值观以及正在进行的企业文化建设引起了记者们的关注。丰厚的文化底蕴、长期坚持的文化建设正是产生谢延信这个人物典型的厚重土壤。

在随后的家访中，很多记者边采访边落泪，非常投入，真实的事件、真实的环境深深感动了大家。中国纪检监察报记者黄辉没忘记向谢延信讨要墨宝，他说："谢延信生活在这样艰苦的环境中，还能做到精神不倒是特别不容易的。作为记者，见过的典型人物很多，我是不容易轻易被感动的，但是这次我被深深地感动了。我认为，谢延信身上表现出的忠厚特别难得，做个忠厚的人不容易，做好更不容易，而谢延信做到了。"

新华社记者姜雪丽说："谢延信让我想起一句话，'生活永远不会向弱者低头，却必将被强者打败'。我最感动的是他对生活的信念，这对转变现在社会上很多年轻人的消极生活态度很有意义。"

《知音》杂志记者高汉武认为，假如生活给他同样的难题，他也许同样能做到，但持之以恒做32年他肯定做不到。他说："这看起来并不惊天动地，真的，只是年复一年用那双挖煤的手洗衣、做饭、煎药、照料病人，无论多艰难都用爱和乐观来回应，在这灵魂萎靡的时代，总要有旗飘扬，好人谢延信就是一面大旗。"

南方都市报记者贺信说："老谢在我心中是立体的，他绝非一个简单的平面人物，他的伟大不仅在于战胜困难、笑对人生，还在于他为处理好这个特殊家庭所散发的人性光辉。"

武汉晚报记者王丹妮说："幸福在谢延信心中自有定义。他一天到晚总是乐呵呵的，看他每天都是快乐，从不怨天尤人，在沉重的负担下还不时哼几句小曲、练几笔书法，更可贵的是他随时准备帮助别人，不了解的人谁能想到他受到的挫折。现在他成了名人，我觉得再多的物质财富也替代不了他心中巨大的精神财富，因为他心中幸福自有定义。"

1月25日采访团到安阳滑县半坡店车村采访，当听完刘延胜（谢延信的三哥）含泪讲述老家的亲人如何帮助谢延信照顾年幼的女儿，以及从老家给他送花生、黑豆治病时，人民日报记者曲昌荣对他说：

一生言信

"你们真是帮了老谢的大忙,出大力了。"看到老谢与谢粉香老两口的儿媳马海霞为老谢家做的一堆布鞋,中国妇女报记者苏建军感慨地说:"谢延信让我们这些做女婿的感到了压力,我们要向他学习,你们女记者也应该向老谢的儿媳妇学习啊。"也有记者独辟蹊径采访谢延信的老师、亲属、邻居,面对媒体他们都一样的朴实无华,一样的羞涩。记者的采访引来街坊邻居的关注,85岁的邵素梅老人激动地说:"还是好人好,孝顺老人得好报啊。"一个小学生对记者说:"我们要像谢爷爷那样守信用,作出承诺的事就要尽力去办!"

王志与老谢面对面

1月26日,采访团中的大多数记者都踏上了返程,但中央电视台《新闻联播》栏目组还在焦作、滑县之间紧张地制作节目,几名记者说,老谢身上有太多让人感动的东西。除中央电视台外,还有几家媒体记者没有离开,他们还用心地从老谢身上挖掘自己所需要的素材,想独辟蹊径作出不一样的报道。一位记者说,毕竟,老谢的事迹已经报道了那么多,要报出新东西,找到新角度才对得起读者,这也是我们采访团记者此行的最大心愿。

1月27日,中央电视台著名节目主持人王志风尘仆仆来到焦作,到达目的地后,他没有休息,立刻投入到与谢延信的面对面采访中。他说,他为真实的老谢而感动,大家都应该把采访焦点对准老谢,而不应该是他。他诚恳地对本报记者说,老谢是煤炭系统成千上万默默无闻奉献者中的典型一员,感谢煤炭系统培养了这么优秀的典型。

《中国煤炭报》2007年1月31日

省委书记与谢延信五次握手

◆ 刘　宏　何延生　王艳萍

1月23日下午，河南省委书记徐光春在郑州会见了中央新闻单位谢延信事迹采访团部分成员和谢延信一家。一见面徐光春就紧紧握住谢延信的手，动情地说："虽然这是我们头一次见面，但你的名字早就在我心里了，你的事迹深深打动了我，你是我们学习的榜样，我代表省委、省政府向你和你的家人表示慰问和崇高的敬意。"

座谈中，徐光春高度评价了从谢延信身上反映出来的大孝至爱的优良品质和精神。他说，这种大孝至爱的精神，不仅是中华民族传统美德的集中体现，也是社会主义思想道德品质的集中体现，谢延信用自己的思想和行动诠释了"仁爱"的含义。

徐光春说，在谢延信身上体现出的"孝"的精神，普通群众应该有，广大党员干部应该具备。一个人如果连孝顺自己的父母都做不到，就不可能忠于国家、忠于人民，也就不可能去关爱社会、关爱群众。从谢延信身上体现"孝"字，是做人应该具备的品质，是一个公民应该履行的义务。谢延信用自己的实际行动写出了这个字的本质、意义，这就是谢延信的可贵之处。

说着，徐光春起身离座，走到谢延信面前，深情地握住谢延信的手向他表示衷心感谢。座谈会一结束，徐光春再次起身来到谢延信身边，紧紧握住老谢的手，连声道谢，并叮嘱老谢要多保重身体。

在贵宾厅门口，徐光春第四次握住老谢的手说："你身体不好，不能干的活不要勉强，记住，一定要保护好身体。"在大厅，徐光春招呼着谢粉香和女儿刘变英合影留念，他高兴地说："如果每一个家庭都能像谢延信一家一样和谐，我们的社会就更美好了。"说着，他又握着老谢的手，扶着老谢走出贵宾厅。

《中国煤炭报》2007年1月29日

大孝至爱

——倾情照顾亡妻亲人的煤矿工人谢延信

◆ 曲昌荣

● 人民日报记者曲昌荣（右一）采访谢延信

33年前，面对弥留之际放心不下的妻子，他如果不许下诺言，或许此后的日子会轻松许多。

33年中，面对一瘫、一病、一傻、一幼的家，他如果不为了兑现诺言，或许早就卸掉了沉重的包袱。

然而，谢延信就是谢延信！诚信就像他的名字。

一诺值千金，一践卅余载，河南煤矿工人谢延信以他默默的行动，叙述了一个催人泪下、感天动地的故事，演绎了一个千古孝道、传统美德的现代新版。

面对妻子的临终嘱托，他给岳父母"咚咚咚"连磕3个头："我就是你们的亲儿子，有病我伺候，百年我送终！"

在河南省安阳市滑县半坡店乡，有一个2000多口人的大村——车村，村里谢姓和刘姓居多。1952年，一个取名叫延信的男孩子出生在刘家。有3个哥哥和2个姐姐的延信，小时候没吃过多少苦，他忠厚听话，勤奋好学。1973年，曾是延信小学同学的同村女青年谢兰娥经人介绍，与他正式相亲"见面"。兰娥相中了延信的敦厚老实，延信喜欢兰娥的文静贤惠。当年，两个年轻人便欢欢喜喜走进了洞房。1年后，随着令人欣喜的啼哭声，一个可爱的女儿呱呱坠地。

然而，不幸突然降临在这个平静和美的小家庭。刚生下女儿40天，谢兰娥得了产后风，医生尽了最大努力，仍无法挽救年轻母亲的生命。兰娥自知将不久于人世，一件事情始终堵在心里放不下。

一天，极度虚弱的兰娥攥着延信的手，泪水涟涟："孩子她爹，俺知道，你是个好人，俺怕没福分和你一起看孩子长大了。俺死后你再找个能对咱孩子好的媳妇。俺最放心不下的是俺爹娘和那呆傻的兄弟。我这一走，俺那一家子人可咋活啊！"说到此，兰娥哽咽着："看在咱夫妻一场的情分上，帮俺照顾他们。俺起不了身，没法给你磕头，九泉之下也会感激你！"

一席话说得满屋子的人无不动容，延信更是泪流满面，他紧紧握住妻子的手，"别操心，你的病会好的，岳父岳母也是俺爹娘，内弟就是俺的亲兄弟，我会好好待他们，你放心吧！"

丈夫的承诺让兰娥脸上浮现了久违的笑容，没过几天，她带着无尽的牵挂离开了人世。

料理完妻子的后事，延信才喘口气，想想兰娥交代给他的这个残破的家庭：岳父常年下井挖煤，身体不好；岳母体弱多病，胃溃疡、肺气肿、哮喘、关节炎等折磨得她生活几乎不能自理；更令人揪心的是那个仅比自己小两岁的痴呆内弟，不仅自己无法进食，还经常跑丢，让人满大街地找。

白发人送黑发人，谢兰娥的父母沉浸在无尽的悲痛中，在他们的心中，乖巧孝顺的女儿走了，这个家也就没有希望了。尽管延信一直陪着他们劝慰着，二老仍不吃不喝，几乎陷入绝望。

延信急在心头。一天，他"扑通"一下跪倒在地，给岳父母"咚咚咚"磕了3个头："爸爸，妈妈，兰娥走了，我就是你们的亲儿子，有病我伺候，百年以后我送终！"

普普通通的几句承诺，延信践行了33年！

妻子走后，岳父去300里外的焦作朱村煤矿上班，延信就把岳母和内弟接到家里来。他每天忙里忙外挣着工分，岳父也捎点钱来，女儿一天天成长，家里又有了笑声。

然而，屋漏偏逢连阴雨，命运又一次考验了这位汉子。

1979年春的一天晚上，岳父在煤矿职工宿舍内突然中风，昏迷不醒，被工友紧急送到医院抢救。消息传来，延信马上赶到医院，

一生言信

整日整夜守在病床前。在与死神顽强搏斗了7天7夜后，老人奇迹般地苏醒过来，却永远失去了站立的能力。

面对这个几乎陷入绝境的家，延信作出决定：把家搬到焦作照顾老人。矿上伸出了援助之手，给他们找了两间小房。

为了这个家，延信狠狠心把女儿送回老家，让年迈的母亲照料。离别时，女儿的声声哭喊，揪着这位年轻父亲的心。此后20多年，他再没有与自己的女儿生活在一起。

刚到焦作时，延信没有固定工作，他在砖瓦窑烧砖、去工地当搬运工，挣钱补贴家用。

滑县老家的亲人一直挂念着他。一天，病中的老母亲实在忍不住了，叫来延信的三哥刘延胜："快去把小亮（延信的小名）叫回来吧，他才20多岁，这样下去，咋才能寻个媳妇啊？"

三哥跑了300多里地，去找了他两次，目睹这四口人的生活窘况，忍不住掉下泪来，但延信每次的回答都是："我一走，这个家就散了。"

其实，当时也有人给延信介绍媳妇，可他提出的条件是"愿意共同伺候双亲、抚养弟弟"。这个条件吓退了好几位姑娘。岳母不愿看到女婿为了这个家再受连累，一次次劝延信走，劝不动就骂，边骂边往外赶。延信含泪问岳母："娘，您要是嫌我在家是个累赘我就走，要是怕我找不上媳妇往外赶，您天天骂我也不走。"岳母听后，抱着女儿的遗像哭起来了。

为了表达自己成为这个家庭一员的决心，延信思忖再三，作出了一个决定。一天，他风尘仆仆赶回滑县老家，向家里人提出一个请求：为了让岳父母放心，自己改姓为谢。

二、第一次宣传热潮

此言一出，立刻在家里炸开了锅，改姓可是个大事情！晚上，刘家挤满了家族的人，大家情绪激烈："你不能为了亡妻就忘了本啊！"不善言辞的延信低着头，就重复着那几句话："兰娥走后，两位老人那么可怜，我改姓是为让他们真把我当成亲儿子，安心度过晚年。改了姓，我还是咱刘家人啊。"

时间一分一秒过去，烟头踩满了一地，最后大家都静默不语，一位长者说："小亮，你是个好人，我们同意你的决定。"

面对岳父临终感激的目光，他再次承诺："爹，您放心，只要有我一口饭，就不会让俺娘和弟弟饿肚子。"

1989年春，谢延信的岳父又先后患上肝硬化、癫痫等病。别的老人住院大都由儿女轮流伺候，可延信却是一个人在医院里夜夜守着岳父，没人替，无人换，困了就趴在床沿打个盹，实在顶不住，就和衣躺在病房的地板上。

为了给岳父治病，延信遍寻偏方。拔茅草根时，他的双手被勒得出血；找不到给岳父治病用的白眉豆，他就买来种子自己种。岳父因肝硬化引起双腿浮肿，他每天用热水给老人烫脚、按摩。因为疼痛，岳父在按摩时忍不住叫骂，延信始终笑着安慰老人："爹，别急，一会儿就好的。"

日子一天天过去，岳父瘫痪在床整整18年。18年间，延信每天坚持给岳父翻身、擦爽身粉，每天背老人晒一次太阳，往老人住的小屋里洒一次花露水。18年来，岳父从未生过褥疮，也从未穿过一件尿湿的衣服。就在这18年里，延信硬是靠着偏方和按摩，让岳父由卧床不起到能扶着凳子慢慢走路了。

1995年春,岳父病情加重,岳母看到女婿没日没夜地操劳,不让他为岳父继续治疗了,可延信硬是借了1000元钱,用平板车把岳父拉到10公里外焦作市最好的医院去治疗,又一次把岳父从死亡线上拽了回来。

1996年8月的一天,69岁的岳父要走了。这天下午,已昏迷了两天两夜的老人突然睁开双眼盯着延信,嘴张了又张却发不出声音。延信知道岳父的心事,他再次跪下承诺:"爹,您放心,只要有我一口饭,就不会让俺娘和弟弟饿肚子。"听罢延信的话,老人两行眼泪流了下来,安然离世。

送走了岳父,延信把主要精力转到对岳母和内弟的照顾上。1983年,他接替岳父成为朱村矿的一名煤矿工人。此后,他们一直

● 谢延信为家人做饭

住在矿上照顾给他们的两间不足20平方米的平房内。岳父去世后，因平房拆迁，谢延信一家搬到了50平方米的楼房内。为了让多病的岳母经常晒太阳，他把朝阳的一间房让给岳母住，怕岳母冬天屋里冷，他又花700多元给岳母屋里装上了暖气，这在全楼都是第一家。而谢延信自己住的屋子里却一直没有通暖。

为了给岳母补充营养，平时逢年过节才吃肉的延信，经常买来羊肉、羊杂让岳母吃；岳母双手不能沾冷水，家人的衣服全是延信洗；老人头疼脑热患病后，延信守在病床前喂水喂饭、端屎端尿。今年84岁的岳母，眼不花、耳不聋，乡邻们都说，老太太有福气，找了个比儿子还亲的女婿。

内弟彦妞每次外出都找不到回家的路，几乎都是延信满大街去找回。延信牵着傻呵呵笑着的内弟回家，成了邻居们熟悉的场景。有时内弟解完大便后不知道擦，弄得满身是屎，延信帮着换洗衣物，从来没有对内弟呵斥过半声。尽管内弟痴呆，但每当有人问他："彦妞，谁对你好？"他都会嘿嘿一笑："俺亮哥！"

延信在自己生活上能省就省，4元钱一双的塑料凉鞋补了又补，一穿就是6年；一件衬衣白天穿脏了，晚上洗洗第二天再穿，整整穿了10年。1985年春节前，为了省3元路费，他骑车340多里，从矿上回滑县老家看望母亲，到家后累得倒在床上不会动了。

日子一天天过去，谢延信越来越觉得有些力不从心，常常感到头晕眼花。1990年，他因高血压晕倒，住院抢救过一次。病好后，医生让他安心休养，矿上也把他照顾到井上工作。谢延信舍不得花钱治病，听说中医用偏方醋泡黑豆能降血压，他一吃就是13年，没花一分钱买过一片药。

一生言信

他积劳成疾，一年间3次被送进医院抢救，当救护车启动时，白发苍苍的岳母抓住车门喊："我的儿啊，你可要挺住呀！"

积劳成疾，延信终于撑不住了。2003年，他突发脑溢血不省人事。当救护车即将开动的刹那间，80岁的岳母紧紧拉住车门，发疯似的对躺在担架上的延信喊："我的儿啊，你可要挺住呀！你要是有个三长两短，可咋办呀！"

2003年8月到2004年8月，因患高血压，谢延信3次被送进医院抢救。脑溢血不仅造成他步履蹒跚，更严重损伤了他的记忆功能。如今，他对以前的事情多数都不记得了，甚至说不出父亲的名字。问他什么问题，他大多嘿嘿一笑，摆摆手，有些歉疚地说："说不好，不记得了。"

或许是孝心感动了上苍，前妻去世将近10年后，幸福终于降临到谢延信的身上。1984年9月，同村的谢粉香走进了这个家。

谢粉香的前夫也是位煤矿工人，因病去世后，撇下了一男一女两个孩子。粉香的姨妈给说媒时特别介绍，延信在岳父住院的几个月中，夜里都是睡在病房的水泥地上，就是亲生儿子恐怕也难做到。这些话深深打动了粉香的心，"一个能对亡妻父母那么好的人，对我能差吗？"

再婚后，夫妻俩聚少离多。延信在焦作煤矿伺候岳父岳母和傻内弟，谢粉香在老家替延信抚养女儿、侍奉4位老人、耕种10多亩责任田，每隔一段时间还要到矿上为丈夫的岳父岳母一家拆洗被褥，去时还要带上粮食。

谢粉香和谢延信又生了一个女儿。1985年年初，延信兄弟分家，他们分得了5斤油和3间破瓦房。就这5斤油，粉香和4个孩子吃了整整一年。日子再难也要过，为了不让丈夫分心，粉香利用庄稼地每年的微薄收入以及儿子外出打工挣下的钱，在10年后，硬是拆掉了旧房，一砖一瓦建起了3间两层楼房，3间配房。

儿女们长大成家了，延信的身体也慢慢不听使唤了，善良淳朴的谢粉香接过了孝心接力棒。她现在陪一家人住在焦作，像对待自己的亲人一样伺候起延信前妻的母亲和弟弟。延信的岳母也把她认作了续闺女，"这闺女好，和小亮对俺一样，有这样的女婿和闺女，俺这老婆子真是前世烧了高香啊！"

采访结束，记者问谢粉香，为啥生活这么难，还要跟着老谢？粉香快人快语："俺就图他一个人品好！如果天天闹别扭，就是一天吃三顿肉也不香。像我们这天天乐呵呵的，一天喝三顿糊涂粥都觉得香。"

记者问谢延信，将来的日子还有什么打算？延信慢慢地说："我身体不中了，还有粉香，粉香身体不中了，还有我们的女儿、儿子、儿媳，我相信他们也会像我那样继续照顾好老人和弟弟！"

孔子的一位弟子曾问他什么是"孝"，孔子说了两个字："色难"。意思就是，要始终和颜悦色地面对父母，很难。而延信面对亡妻的父母，是难上加难。但他做到了，而且一做，就是30多年。

这个故事绵延了30多年，这个故事还将继续下去。

《人民日报》2007年2月11日

谢延信进京记

◆ 朱继东　姜雪丽

2007年2月4日、5日、6日这三天，用谢延信的话来说是他"一生中最幸福的日子"。应几家中央新闻单位记者的邀请，谢延信第一次走出河南，第一次坐火车，第一次到北京……

● 谢延信（左四）在北京人民大会堂前

谢延信是个不善言辞的人，这几乎是所有采访谢延信的记者印象最深刻的。

但正是这位言语木讷的河南焦作煤矿工人，三十三年如一日照顾已故前妻患病的父母和弟弟，其大孝至爱的事迹感动了中原大地。

终于登上天安门城楼

2月4日21时14分，谢延信和他的老伴谢粉香坐上了由长治北开往北京的火车。这次陪同谢延信来京的焦煤集团党委宣传部副部长薛长明告诉记者，在开往北京的火车上，谢延信一夜没有入睡，车一停下来，他就问随行的工作人员："到北京了吗？""没有，到了北京叫你。"

"咱去天安门吧！"刚下火车，谢延信不顾旅途的劳顿，就提议去天安门广场。

来到天安门城楼前，仰视高悬的毛主席画像，谢延信久久没有说话，晶莹的泪花强忍在眼中。足足凝视有5分钟后，他向着毛主席像深深鞠了个躬。

站在天安门城楼上，记者指着眼前的景物向谢延信介绍：那是人民大会堂，那是毛主席纪念堂，那是国家博物馆……谢延信全神贯注地听着，快乐得像个孩子。

随行人员将刚买的一枚毛主席纪念章挂在谢延信的胸前。

戴上毛主席像章，他让大家给他拍照留念，一张又一张，幸福洋溢在脸上。焦煤集团鑫珠春公司党委副书记、工会主席张明军告诉记者："从来没见他这么开心过。"

一生言信

　　在购买纪念品的柜台前,谢延信盯着一尊毛主席半身塑像不愿离去。随行人员为他买下了这一塑像,谢延信爱不释手,看了又看。

　　走下天安门城楼,问谢延信有什么感受,他憨厚淳朴地笑着回答:"感觉太好了,这一切,我做梦也没有想到过。"

北海写"孝"感动游客

　　在刚登上天安门城楼时,谢延信曾问记者:"不是还有个大白塔吗?"记者知道他指的是北海公园。从天安门城楼上下来,谢延信一行就到了北海公园。

　　在北海公园广场上,一位老同志用一支大毛笔蘸着水在地上练书法。喜爱书法的谢延信站在那里看,许久不愿离开。也许是猜透

● 谢延信在北海公园广场地面上写下一个大大的"孝"字

了他的心思，薛长明、张明军很快给他买来一支蘸水练字的大毛笔。

接过大毛笔，谢延信没有多想，挥笔写下的就是一个大大的"孝"字，引来很多游客驻足观望。

当听记者简要介绍了谢延信的事迹后，围观的游客报以热烈的掌声，纷纷过来和他握手问好、合影留念。那位练书法的老同志拉着谢延信的手说："好啊，您做得好啊！您不仅字写得好，做人做得更好！"

得知在跟踪采访谢延信时，有游客拉住记者的手说："孝道是中华民族的传统美德，记者应该多宣传一些像谢师傅这样的平民楷模。"

根据有关安排，2月5日下午，谢延信与同样也是33年赡养了6位无血缘关系老人的河北省衡水市枣强县王常乡南臣赞村农村妇女林秀贞相逢在中央电视台新闻会客厅录制现场，两个人的手紧紧握在了一起。林秀贞握着谢延信的手说："我看到了您的事迹，很受感动。33年，不容易啊！"她对谢延信现在的妻子谢粉香说："老弟妹也不简单啊！"

民政部社会福利和社会事务司副司长张世峰握住谢延信的手说："谢师傅，我们都应该向你学习。""应该做的，应该做的！"谢延信微笑着这样回答。

回去告诉孩子好好做人

2月6日，谢延信一大早就起来，赶往毛主席纪念堂去"见"毛主席。在毛主席纪念堂外排队时，谢延信神情专注。记者问了他几

一 生 言 信

句话，他都没有回答。但是，当看到一位80多岁的老人排在队伍后面时，谢延信迅速走过去让老人排到自己前面，并一直搀扶着老人。

终于进入纪念堂，谢延信和谢粉香把两枝黄菊花放在毛主席塑像前，恭恭敬敬鞠了3个躬，两个人的眼睛都湿润了。走出瞻仰大厅，他是那么恋恋不舍："怎么时间这么短啊！"

在纪念堂南大厅，谢延信看着大理石墙面上镌刻的毛泽东诗词，默默地念着。当问他熟悉毛泽东的什么著作时，谢延信马上给记者背诵了毛泽东在《纪念白求恩》一文中对共产党员的号召——做一个高尚的人，一个纯粹的人，一个有道德的人，一个脱离了低级趣味的人，一个有益于人民的人。"虽然我不是共产党员，但毛主席教会了我怎么做人，给予我宝贵的人生财富。"

在纪念堂门口，谢延信夫妇又买了几枚毛主席像章。他说："把像章带回去给孩子，我要告诉孩子好好做人。"

只想到给岳母和内弟买好吃的

这次到北京，除了几枚毛主席像章，谢延信什么都没有给自己买，但特意为岳母买了一份北京烤鸭和一盒"稻香村"的点心。

谢延信到北京后，一直惦记着去买些有北京特色的食品，并且是老人喜欢吃的。他告诉记者："我想给老人带回软和点的东西。我岳母没来过北京，她年纪大了，也不容易来了，我一定要让她尝尝北京好吃的。"

"老谢就是老谢，来北京还没有忘记自己的岳母。"听着谢延信的话，采访他的一位女记者哽咽了。

二、第一次宣传热潮

陪同谢延信买烤鸭和点心时，记者问他，吃过烤鸭吗？他有些不好意思："见都没有见过。"记者便劝他多买一些，谢延信摇摇头："买多了就太花钱了，只要我岳母、内弟能吃到就行。"

如今的谢延信出名了，但他依然和以前一样：孝敬老人、帮助别人……当记者问他："你现在和以前相比有什么变化呢？"谢延信的回答是："我没什么变化，以前怎么做，今后还会怎么做。最大的变化是，在社会各界的关心帮助下，我们的生活好了很多，我想尽力去帮那些更需要帮助的人。"

新华社北京 2007 年 2 月 13 日电

好人谢延信

◆ 姜雪丽　古文洪

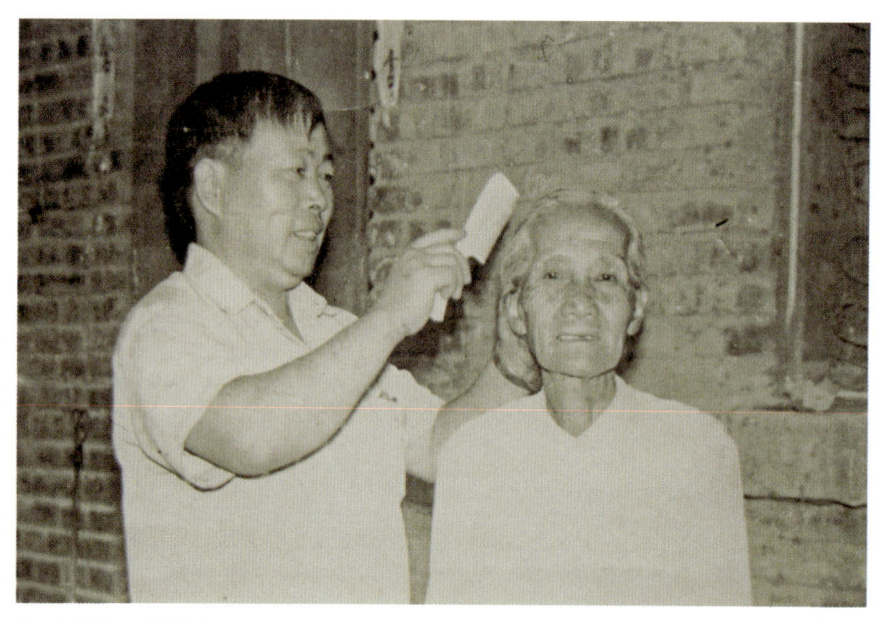

谢延信为岳母梳头

这个家没有他就碎了

说到谢延信,邻居和同事们用得最多的一句话就是:"亮儿(谢延信小名)是个好人。"

二、第一次宣传热潮

谢延信本姓刘，后改随岳父姓谢，是河南焦煤集团鑫珠春公司的一名普通矿工。

邻居们在很长的时间里都不知道老谢的原名，心里早就把他当作谢家的儿子而不是女婿。毕竟，即使是儿子，能够像他那样照顾老人的也不多。

邻居于乃秀回忆老谢照顾岳父的情景：夏天把老人背到屋外阴凉里，透透气，再背回家里。到冬天背到太阳地里晒晒太阳，再背回屋里。"就是自己的亲儿也不会这么整天背来背去。"

岳父瘫痪在床近18年、照顾岳母和傻内弟30多年，老谢承担的辛苦比邻居们看到的要多得多。

33年前，新婚1年的妻子谢兰娥生下女儿40天后，患产后风。当时并不完备的医疗卫生条件无法挽救妻子的生命。作为长女，妻子临终前将自己的父母和弟弟托付给了谢延信。

岳父一家的情况并不乐观：岳母因患有肺气肿等疾病，基本没有劳动能力，唯一的内弟先天呆傻，生活难以自理，只有岳父一人在300多里之外的焦作煤矿上班。再加上襁褓里的女儿，照顾这一家的担子有多重可想而知。

为了安慰失去爱女的岳母，强忍着悲痛的谢延信流着泪向老人承诺："娘，俺永远不离开恁，照顾恁，照顾恁三口。"

现在已80多岁的岳母坦言："当时我一直怕亮儿就是说说，万一有一天亮儿走了，我们这一家人就没着落了。"

为使老人放心，谢延信把自己的姓从刘改成了谢。改姓在农村是大事，家族的人为此开了个家庭会议，讨论了大半夜。"你改了姓还续不续媳妇？"家里人为老谢的将来着想而不同意。"续不续以后再说吧，他们家现在这种情况我不能撒手不管。"老谢话不多，但是个有主意的人，最后大家还是拗不过他。

改姓只是第一步，更难的事情在后面

1979年，岳父突然中风住了院。谢延信尽心尽力照顾岳父，其他病人的陪护还有个替换，而谢延信只能一个人顶着。晚上就睡在病房冰冷的水泥地上。

现在说起这些，岳母冯季花眼里噙满了泪水，"寒冬腊月，亮儿一个人天天晚上躺在病房的凉地上，一躺就是3个月啊。"

岳父的命保住了，但从此要与床为伴。以前，尽管自己难，可还有岳父帮着撑，现在，这根柱子也倒了！家里4个人的生活都需要他照顾，生活的重担全部压在了老谢一人身上。

老谢狠下心把不满5岁的女儿送到老家让老母亲和哥哥照顾。

老家的母亲不忍心看着20多岁的儿子就这样过，让老谢的三哥劝他回老家，"去把亮儿叫回来吧，他不能总是这样，以后总得再娶个媳妇。"

三哥刘延胜说："我那时到了城里找到俺弟住的地方，看到他们住在离公共厕所不远的破屋，我就落泪了，就是俺在家里种地日子也比那好过呢。"

老谢没跟三哥回去。"哥，你也看到了，我要回去了这里谁管？人得有良心，我要回去了就太没良心。"谢延信的话让三哥无言回答。

岳父瘫卧在床，四肢僵直，遵照医生的建议，谢延信每天都要为他活动活动四肢。刚开始，老人疼得受不了，就会骂谢延信。谢延信总是笑着说："爹，你看你说得像个啥？"

在老谢的精心照顾下，4个多月后岳父竟然能在院子里扶着凳子挪步了。谢延信牢记医生交代的话，给老人常翻身，擦爽身粉。每天都把老人背出来，晒几小时太阳。

给岳父治过病的张清波说："老谢（谢延信岳父）在床上躺了18年，没有得褥疮，真是不多见，多亏他女婿。"

卧床不活动的病人，大便常常干结，谢延信就戴上手套，给老人一点一点往外抠。听说冬瓜皮、茅草根可以利尿通便，他就到野地去挖，每天给老人熬水喝。

岳父每月60多元的病休工资养活不了全家4口人，老谢就抽空到附近农村的砖瓦窑打零工，挣钱贴补家用。为了能省几元菜钱，他还在垃圾堆上开荒种起了油菜，嫩的时候凉拌吃，长老了炒着吃，收了菜籽再榨成油吃。

岳父吃的中药里有一味药是蝎子。为了省钱，谢延信依照医生的建议自己带着干粮到离家40多里路的山上找，第一天居然找了半斤多。

1983年，谢延信顶替岳父，成了朱村矿掘一区的一名工人。

上班第一月发工资，从不舍得乱花钱的谢延信给岳父买了一台收音机解闷。久卧病榻的人，最受不了的是寂寞。岳父喜欢听武侠章回小说，谢延信就从图书馆借来小说，有空念给岳父听解解闷。18年下来，他念给岳父的小说竟达百部之多。

1989年，岳父患了肝硬化。岳母知道家里困难，就劝谢延信别送丈夫去住院："人活多大是个够啊！"平时对岳母百依百顺的谢延

一生言信

信，却坚决不同意：不管咋说，这是条命啊。再穷，咱们也不能在家等死啊，传出来，我成什么人了？"谢延信从老乡那里借了1000元钱，把岳父送进了医院。

1996年8月，岳父走了。谢延信跟岳父说："爹恁放心，只要俺自己有饭吃，就不会让俺娘和彦妞（内弟）饿着。"

"老谢一到吃饭就找彦妞，为这他跑了多少路啊，可他从来不烦彦妞。"和老谢年纪差不多的呆傻内弟经常一个人乱跑，老谢总是在吃饭前找他回来。邻居们对这都有目共睹，也帮了老谢不少忙，让老谢省了不少心。

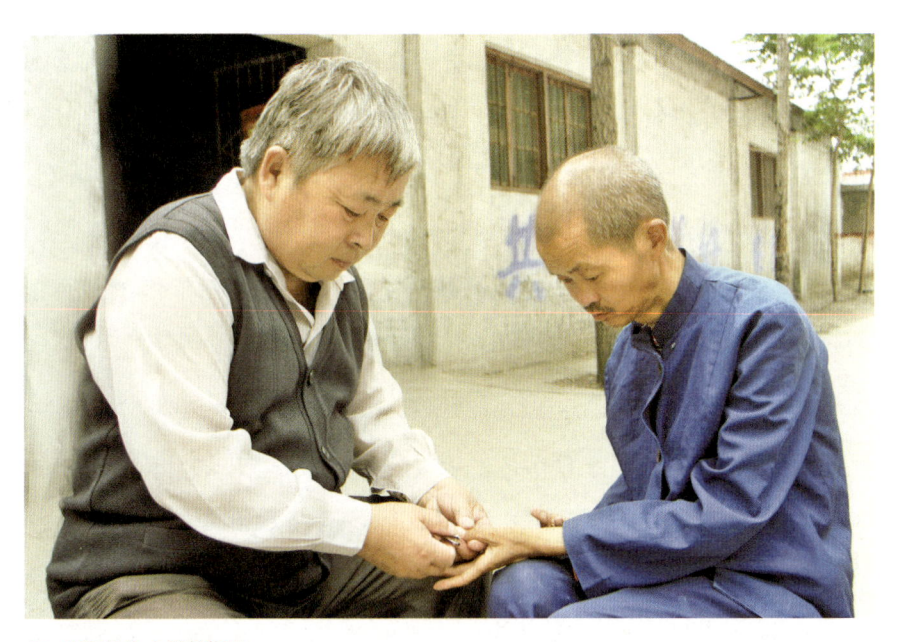

● 谢延信为内弟剪指甲

内弟生活不能自理，老谢耐心伺候。内弟的指甲总是给剪得整整齐齐。内弟虽然傻，但问起来也会说："俺亮哥最好。"

岳父放心地走了，82岁的岳母身体也硬朗，而老谢的身体却每况愈下。谢延信患了严重的高血压，为了省钱，听说醋泡黑豆能降血压，他连吃了13年，直到2003年因脑出血才不得不住院抢救。

老岳母充满怜爱地看着满头白发的女婿说："这个家啊，就像是扁担上立着一个鸡蛋，没有他早就碎了。"

岳母说自己脾气不好，有时会吵女婿两句，可女婿总是笑笑就算了，"从来不惹我生气，连句别扭话也没说过。当年也有人说闲话，说是不能指望女婿，可我靠的就是女婿！"

贫穷的父亲也富有

老谢说自己最对不起的人就是女儿刘变英。说到女儿几乎失明的右眼，始终乐呵呵的老谢沉默了……

不论贫穷与富有，世界上所有父母对儿女的感情都是一样的。为了照顾岳父，谢延信把不满5岁的女儿留在老家。不是狠心，是他实在没有办法。

在变英的记忆中，16岁之前她没有穿过一件新衣服。变英16岁那年春节前，父亲回家办事。她有生以来第一次向父亲要钱，想和姐妹们去乡里玩，父亲从口袋中掏出了5元钱。

16岁正是姑娘们爱美的花季。同去的姐妹们有的买过节的新衣服，有的去买各种化妆品，而变英手中攥出汗的5元钱，什么也不敢买，最后花2元钱买了一盒胭脂。

回到家里，父亲很生气。她也是第一次看见父亲生气。吃过饭后，父亲把她叫到跟前说："妮儿，咱不能跟别人比，钱该花的花，不该花的不能花。"

刘变英说:"当时我不完全理解父亲的话,在心里还是怨他。别人在外上班的父亲,过年总能给孩子买几件新衣服,我的父亲怎么这么小气?"

变英10岁那年,一群孩子晚上在村里玩耍,一块石头正砸在变英的右眼上,天黑也找不到是谁打伤的。母亲谢粉香(继母)带着她连夜去乡里检查,医生说,眼伤得太重,必须到大医院治疗。第二天,在焦作矿务局五官医院检查,医生说,需要住院治疗。老谢对医生说没带够钱,明天再来办住院手续。

晚上,回到家里,常挂在老谢脸上的笑容不见了,吃过饭,他把自己关在房间里。变英在外面听得见,父亲在里面一声声地长吁短叹。在变英的记忆中,再难再苦,父亲都是含笑面对,这一次,他真的太难了。

第二天,父亲送变英回家。临上车时,父亲突然问她一句:"妮,你恨我吗?"变英不置可否地摇了摇头。就是因为这住院押金,使变英失去了最佳的治疗时机,至今变英的右眼几乎失明。

在焦作,吃着父亲做的简单得不能再简单的饭菜,看着矿上送给父亲的家具,感受着一老、一瘫、一傻同室生活的窘境,变英说:"我知道父亲不是不想给我治,他是实在拿不出这几千元的住院押金!"

从这之后,变英开始理解了父亲。如今她已做了母亲,也逐渐明白了父亲的苦衷。

"他太难了,自己没享过什么福。"刘变英说到父亲眼眶就红了。父亲没有给变英太多物质上的满足,更多的是精神上的言传身教。

1994年农历腊月二十二是变英出嫁的日子,母亲谢粉香早早地把嫁妆准备好了。腊月二十一的下午,父亲回来了,他把变英叫到跟前,对她说:"妮,好女不争嫁妆衣,你结婚,我也没啥送你的,送你一本织毛衣的书,里面有我抄录的两首诗。"

变英接过了父亲手中那本没有封面的书,只见上面工工整整地写着:"黄连虽苦,饮后舌根下却有甜的回味;糖精水是甜的,饮用过度则变成苦水。充分表明,有苦才有甜,甜与苦相连,甘愿常吃苦,才能长久甜。"另一首是这样写的:"节约是幸福之本,浪费是贫困之苗;生产好比摇钱树,节约好似聚宝盆;克勤克俭粮满仓,大手大脚仓底光;艰苦奋斗记心上,勤俭节约细水长。"

两段话里朴实、简单的生活道理是老谢在艰辛生活中的体会。变英说,这两段话是他们家的传家宝。

用心体会的爱

妻子去世后,亲戚们给谢延信介绍对象,对方一听他的家庭情况,要么嫌负担太重,要么不理解。就这样,谢延信一个人带着岳父一家过了10年,直到同乡谢粉香的出现。

"乡亲们都知道他的事,他对岳父母那么好,对我肯定也差不了。过日子心里先得舒坦。"谢粉香这样解释自己嫁给老谢的原因。嫁给一个可靠、有良心的人,谢粉香心里踏实。

成家后,谢粉香在滑县老家照顾孩子、侍奉老人、种田,老谢在焦作照顾岳父一家,每隔一段时间,粉香到焦作的家为全家拆洗被褥。

一 生 言 信

　　回想起来，从结婚到粉香2003年到焦作照顾生病的丈夫，粉香说自己和丈夫待在一起的时间不到一年。老谢总跟她说："我照顾好岳父母，你照顾好我父母，为儿女们做榜样。"

　　谢粉香和前夫有一儿一女，加上老谢与前妻的女儿，还有她和老谢的一个女儿，这个大家庭的构成在别人眼里很是复杂，但全家人相处融洽，不富裕的日子也过得和和睦睦。

　　老谢亏欠妻子和孩子的太多，但谢粉香和孩子们不计较。粉香在家里和老谢的哥哥们一起照顾他的父母，替老谢尽孝心，日子过得在村里也不算差。

　　"乡亲们都觉得老谢这个人不管多苦、多难都会面带笑容，我也不能给他丢人，得把日子过好。"谢粉香和老谢一样也是个要强的人。

　　"老谢从来不会说宽心话，不过他心里有这个家。"谢粉香说。

● 谢延信夫妇与大女儿、小女儿合影

　　每次回老家，老谢一进门能干的都干，抢着帮妻子干活。新房刚刚盖好，没有门窗，墙面也没干，谢粉香带着孩子们搬了进去。谢延信听进城的邻居说了后，嘱咐邻居给妻子捎话："铺床不要挨着墙，免得大人孩子受潮落下病。"

　　朴素的语言、简单的爱，全家人在这爱中互相支持，用心体会。

二、第一次宣传热潮

苦中有乐

日子苦，心不苦。30多年的苦日子，老谢苦中有乐。

老谢是个心灵手巧的人，一有空就用塑料条帮邻居编提篮。邻居都夸他编的提篮比市场卖的好。

老谢喜欢豫剧。岳父在世时，他闲下来就陪岳父听听广播，傍晚，常常从谢家传出爷俩和着广播哼唱豫剧的声音。

老谢喜爱书法。一个笔记本，他先用蓝笔写再用红笔写，一个本子顶两个用。生活的拮据与延信相伴了30多年。1983年参加工作后，生活虽有好转，但延信与岳父的退休金加起来也只有100多元，是两位老人吃药打针、一家人的生活费用。每月为省10元菜钱，延信挖野菜，拾红薯叶、红薯梗和白菜帮，自己腌制的10余种四季小菜成了他日常的三餐菜。

为从嘴里省点钱给两位老人看病，延信从岳父患病到去世，十几年来忘记了香蕉、苹果甚至西瓜是什么滋味。至于延信与家人的衣服，他从来没到商店里买过。4元钱一双的塑料凉鞋，他一穿就是6年，一件衬衣他穿了10年，白天穿脏了晚上洗，第二天再穿。为省几元车费，每次给岳父看病，他都是用架子车送岳父去十几公里外的医院。

为了省下买菜的钱，老谢在自己看的泵房院里开了一片菜地，不大的菜地种了几种菜。妻子看他种得密密匝匝的油菜，说他种得太密了。老谢笑着说："这就是你不懂了吧，嫩苗时可以剐着吃；大一点，可以汆一下拌着吃；油菜开花时，可以炒着吃；最后结籽可

一生言信

以榨油吃。这可是个绿色小银行啊！"

谢延信的家庭情况，工友们是从侧面了解到的，老谢在班上从不提家事，他给人的印象就是每天乐呵呵。延信参加工作 20 多年，无论在什么岗位，干一行，爱一行，精一行，从没有因家庭拖累而影响工作。1992 年秋，他岳父住院一个月，延信白天上班，晚上到医院伺候岳父，没有影响一天工作。

单位工会领导赵善通在一次家访中看到老谢家里的情况很吃惊：十几平方米的房子，用两块木板拼的床……赵善通编了个顺口溜描写当时谢家的情况："有老有少，有病有残，有个傻儿望着天，铁石心肠也会软。"

回来后，领导找老谢谈话，要为他提供救济金，被他拒绝了。他说："自家的日子自家过，好的我不攀比，他人的我不眼馋，困难的人多了，不只是我一家。"

新华社北京 2007 年 2 月 10 日电

大孝至爱谢延信

◆ 崔志坚　刘先琴

● 谢延信与岳母

一位普通的煤矿工人，用自己的孝心、爱心、责任心，在漫长的33年中，履行着对亡妻的承诺：照顾多病、没有劳动能力的岳母，一个呆傻的内弟，伺候瘫痪的岳父。

三十载春秋更替，一个精壮的小伙如今已是满头白发，一张永远没有变的笑脸，依然充满善良和真诚……

他就是河南省焦煤集团鑫珠春公司工人谢延信。

作出了一生最重要的决定

谢延信本不姓谢，而是姓刘。缘何改姓？这正是谢延信感人事迹的重要一点。1974年9月，悲怆的阴云笼罩着河南省滑县半坡店公社车村刘延信的家庭，好心的村民走了一拨儿，又来一拨儿，大家都是到刘家去安慰突遭不幸的刘延信和他父母的。

一年前，刘延信与本村姑娘谢兰娥结婚，建立了幸福的小家庭。婚后，两人恩恩爱爱沉浸在甜蜜的生活之中。1974年9月，谢兰娥生下了他们可爱的女儿，就在婴儿刚过满月时，兰娥不幸得了产后风，命如悬丝……

谢兰娥对守在病床前的丈夫说："延信，我怕是不中了。要是真有那一天，你要照顾好咱爹妈和咱那苦命的傻弟弟。以后再找人家，只要对咱闺女好就行。"

一对结婚刚刚1年的新人，四目相视，泪流满面。刘延信双手捧着脑袋，他不知此时是该点头，还是摇头……

刘延信的真情并没有挽留住兰娥的生命，在女儿出生40天后，谢兰娥带着留恋和牵挂，离开了这个世界。

望着棺木中的妻子，看着悲痛欲绝的岳父、岳母，还有跑来跑去不知发生什么事的傻内弟，刘延信作出了一生最重要的决定。

他"扑通"一声跪倒在岳父岳母面前，磕了3个响头："爹、娘，兰娥不在了，从今以后，俺就是您的亲儿子！您放心，今后的生活俺来管，俺替兰娥为你们二老养老送终。"

这一跪，跪出的是男子汉字字千钧的承诺；这一跪，跪出的是他心昭天日的忠贞孝心；这一跪，跪出的是一个大孝至爱、感天动地的刘延信……

改刘为谢当老人的亲儿子

一句"兰娥不在，俺就是您的亲儿子！百年之后俺送终"，使刘延信承担起了谢兰娥家的全部责任。多病的岳母、痴傻的内弟令这个家负担沉重，但是刘延信并没有退却。

谢兰娥去世的时候，刘延信才22岁，再组家庭是早晚的事情。可是，这却让岳父、岳母担心不已：延信再婚就会有自己的小家庭，多病的二老、痴傻的内弟，谁来照顾？没有延信，这个家谁来管？

二老的担心，延信看在眼里，记在心上，为了让老人放心，他做了一个谁都没有想到的决定——改姓！

在中国传统文化里，一个人特别是男人的姓氏，就是家庭宗族的代名词，改姓在农村是个了不起的大事。为了这事，谢延信把11家的"延"字辈兄长叫在一起商量，商量的结果，大多数兄长都不同意。可是谢延信却铁了心，"兰娥去世后，岳父、岳母很担心我再婚后就不照顾他们了。我肯定会侍奉老人直到为他们送终，既然有这个决心，就不如把姓改了，让他们放心。"听到这里，兄长们除了同情，更多了一份理解，原来最反对的堂兄，亲自帮谢延信办了改姓手续。

改姓后，谢延信成了这个家的顶梁柱。为了支撑这个家，他一

一生言信

双解放鞋一穿就是 12 年，一件衬衫白天穿、晚上洗，一穿就是 10 来年；家里买的水果从来舍不得吃一口，全都留给岳父母和内弟。直到现在，他买过的最贵的衣服也才 30 多元钱。老人心疼地问谢延信苦不苦，他乐呵呵地说："和爹娘在一起，苦日子也是甜的！"

数十年如一日实践承诺

承诺一件事相对是容易的，数十年如一日地实践承诺则是难以想象的考验。1979 年，岳父谢召玉在朱村矿患脑中风，瘫痪了。在岳父长达 18 年卧床的日子里，夏天，谢延信背他到荫凉地透风；冬天，背他到门外晒太阳。谢延信还经常给躺在床上的老人翻身，擦爽身粉。18 年来，谢召玉从没有得过褥疮。

一家 4 口人的生活，仅靠谢召玉一个人的病休工资捉襟见肘，为了生活，谢延信经常到地里挖野菜，到菜市场捡别人不要的菜叶，回到家里，洗干净，腌起来，这就是一日三餐的菜了。为了省 3 块钱路费，谢延信有一次回老家，从焦作到滑县 170 多公里的路都是骑自行车，一大早出发，到了晚上才骑到家，一进门累得动都动不了，一头就扎到炕上，心疼得老母亲失声痛哭；为了省钱，至今他没有坐过火车。1990 年，过度劳累的谢延信患上了高血压，他不舍得买药，听说醋泡黑豆能降血压，一吃就是 10 多年。

这是怎样的一个家：一病、一瘫、一傻、一幼，没有一个不需要他照料。面对苦难，谢延信没有怨言，为腾出时间和精力照顾老人，谢延信狠下心来，把见了生人就抱着他的腿不放的女儿刘变英，送回老家跟着自己的母亲生活。女儿在乡下与奶奶相伴，奶奶去世后，在三伯家长大。10岁时，刘变英和小伙伴们打土仗被误伤，一只眼睛失明……这成为谢延信心中永远挥之不去的痛！

瘫痪在床的岳父又患肝硬化引起双腿浮肿，他每天用热水给老人烫脚、按摩。在谢延信的照料下，岳父竟然奇迹般地能扶着凳子慢慢挪动了。为了给岳父治病，谢延信依照偏方挖过茅草根；为了给岳父减轻痛苦，他自学了护理按摩；为了给岳父解闷，他还时常给他读小说……

这一切都留在了邻居吕国成的记忆里："咱们的土话常说，床前百日无孝子，人老了以后，儿女能伺候你100天都不容易，谢延信伺候30多年没有血缘关系的老人，天下少有。"

1983年，谢延信进焦煤集团朱村矿当了一名掘进工。他的孝心，打动了老家同村女青年谢粉香的心，第二年，粉香和延信结了婚。婚后，谢粉香在滑县老家替延信抚养女儿、耕种责任田，每隔一段时间便到焦作为全家拆洗被褥。

1996年8月，69岁的岳父走到了生命的尽头。岳父临终前，谢延信对老人说："爹，您放心，只要我有一口饭吃，就不会让娘和弟弟饿着。娘百年后，让弟弟跟着我，决不让弟弟受一点委屈！"

2003年，厄运再一次降临，谢延信积劳成疾，因脑出血3次进医院抢救，虽暂无生命之忧，却落下了反应迟钝、行动不便的后遗症。适逢企业破产重组，焦作煤业（集团）鑫珠春公司留下了谢延信的工作岗位，将他从井下调整到了瓦斯泵房工作。他也在大家的帮助下，于一年前买下了公司家属院的一套45平方米的旧房，安上了新家。

家庭的顶梁柱再次倾倒，谢粉香安顿好家里的事，匆忙来到焦作替丈夫照顾起了这个特殊的家，爱的接力棒又开始传递。

一 生 言 信

特别的爱感动中原大地

谢延信与女儿刘变英

谢延信的女儿刘变英如今已是一个 11 岁男孩的母亲，她从父亲身上看到了一个人正视困难、克服困难的勇气和智慧，汲取了特别的力量。

她听奶奶和三伯说，母亲刚去世的时候，最伤心的就是父亲。她刚刚出生 40 天，是父亲经常抱着她，在村子里找奶水吃。情急之下，父亲想到：从亲戚家借来一只刚产过羔羊的母山羊，挤山羊奶给她吃；羊奶膻味大，她不愿喝，就往奶里掺白糖。那会儿，白糖轻易买不到，全村有白糖的人家，他家人几乎借了个遍。

她记得 16 岁那年，春节前父亲回家办事。她有生以来第一次向父亲要钱,和姐妹们去乡里玩,父亲从口袋中掏出了5元钱。

16岁正是姑娘们爱美的花季。在半坡店乡同去的姐妹们有的买过节的新衣服,有的去买各种化妆品,而她手中攥出汗的5元钱,什么也不敢买。父亲再婚后,又生了一个小妹妹,长得十分可爱,她想把妹妹打扮得漂漂亮亮的,给她额头上点个红胭脂点,于是狠狠心,花2元钱买了一盒胭脂。

回到家里,父亲很生气。她也是有生以来第一次看见父亲生气。她委屈的泪水在眼里打转,硬是没让它流出来。父亲吃过饭后,把她叫到跟前:"妮,咱不能跟别人比,钱该花的花,不该花的地方不能花。"当时变英并不完全理解父亲的话。别人在外上班的父亲,过年总能给孩子买几件新衣服,而自己的父亲怎么这么小气?

她难忘出嫁前一天,父亲回来了,把她叫到跟前,对她说:"妮,好女不争嫁妆衣,你结婚,我也没啥送你的,送你一本织毛衣的书,上面有我抄录的诗。"

变英接过父亲递过来没有封面的织毛衣书,只见上面工工整整地写着:"黄连虽苦,饮后舌根下却有甜的回味;糖精水是甜的,饮用过度则变成苦水。有苦才有甜,甜与苦相连,甘愿常吃苦,才能长久甜。"这本从旧书摊上花1元钱买的旧书,曾让刘变英委屈得流过很多次泪,但她逐渐明白了,这份嫁妆虽然显得太寒酸了。但这是父亲传给自己的一笔丰厚的精神财富,他在教女儿如何生活,如何做人;他馈赠给女儿的治家箴言,更是对一诺至孝无怨无悔人生选择的诠释。

谢延信的事迹被媒体发现,立刻引起重视,2006年8月31日,河南省委书记徐光春在关于谢延信事迹的报道上作出批示:"读了这篇报道,心灵受到极大震撼,大孝至爱的谢延信,以其崇高的道

一生言信

德境界揭示了做人的真谛，是我们学习的榜样，全省媒体要广为宣传。""要认真组织好，利用这个典型宣传传统美德，宣传社会主义荣辱观，增强宣传效果，扩大宣传影响。"

特别的爱感动了越来越多的人

从正在兴起的现代工业旅游城市焦作，到蓬勃崛起的中原大地，谢延信掀起的冬日里的暖风，正在吹遍各个角落。谢延信也享受着越来越多的党的温暖。

在国家煤矿安全监察局、中国煤矿工业协会、中国煤矿文联、中国能源化学工会全国委员会联合举办的"兖矿杯——寻找感动中国矿工"评选活动中，谢延信入围"感动中国十大矿工"之一，他还获得2006年河南省"十大敬老楷模"特别奖、入选由河南省文明委等七部门组织评选的"中原二十四孝贤"。

2007年1月23日下午，河南省委书记、河南省人大常委会主任徐光春，出差回来刚下飞机，就在省委会见厅会见了谢延信和他的妻子谢粉香、女儿刘变英。徐光春紧紧握住谢延信的手，向他表示慰问和敬意。徐光春说：谢延信不仅值得广大人民群众学习，更为广大党员干部作出了表率。一个党员干部，只有孝顺父母、关爱家人，才会忠于国家和人民，才会关爱广大人民群众。要继承和发扬中华传统美德，在获得物质文明大发展的同时，不断推进精神文明建设，促进和谐社会建设，创造美好的生活。

《光明日报》2007年2月11日

好人谢延信

◆ 徐丽莉　李晓周　姚文利　朱　虹

第一集　好人谢延信：一人温暖一家心
中央电视台记者　徐丽莉　李晓周　姚文利　河南台　焦作台

【导语】谢延信，河南焦煤集团的一名普通矿工，为了年轻妻子

● 2007年1月30日，中央电视台《新闻联播》记者徐丽莉（左二）采访谢延信一家

一 生 言 信

临终前的托付，从22岁的小伙子，到55岁两鬓斑白，他用自己的善良和孝心，撑起了一个和自己没有任何血缘关系却永远也拆不散的家。

谢延信就是眼前的这位中年人。52岁的妻弟彦妞先天智障，出门就找不着回家的路，每天吃饭前，都得他出来找，这双手，已经牵着这个没有血缘关系的弟弟走过了33年。

【同期】谢延信的妻弟彦妞：亮哥（谢延信）要我，亮哥最好。

其实，谢延信的本名叫刘延信，刘延信为什么要改姓叫谢延信呢？1974年9月，刚结婚1年的刘延信和妻子喜得千金，没想到孩子满月没多久，妻子就因为产后风去世了，刘延信面对的是嗷嗷待哺的女儿、多病的岳父岳母，还有一个天生呆傻的妻弟。当时，刘延信就对岳父岳母说，他要照顾他们一辈子。

【同期】谢延信：当时他们一家人都走到绝路上来了，我不管谁管？

但是，几近绝望的岳父岳母不相信女婿刘延信会真的照管他们一家的生活，天天以泪洗面。

【同期】谢延信：我就是（为了）让他们死心塌地地相信我，我才改姓的，做人要讲良心。

【同期】谢延信三哥刘延胜：俺妈就不同意，就哭了。她说养了你20多（年），你一改姓不成人家的人了吗？俺弟兄4个，他（对俺母亲）说家有俺哥哥伺候着您，我（岳父岳母）那边真是没办法。

就这样，刘延信改成了谢延信，那一年，他22岁。守着一句"讲良心"的承诺，谢延信把岳父岳母和妻弟接到了自己家，一直照管到如今。由于2003年中风过3次，原本爱说爱笑的谢延信现在记忆力严重衰退，问起往事，他常常回答"记不起了"。但83岁的老岳母在他的精心照料下，耳不聋眼不花，现在还能做针线活儿，30多年来的事情样样记在心上。

【同期】谢延信的岳母冯季花：跟我30多年，没惹过我一回，没有红过脸，我看这（整个）焦作市也挑不出来。

老人告诉记者，为了照顾他们一家人，谢延信在建筑工地上做过小工，在砖窑学过烧砖，后来又到焦作煤矿上做了一名掘进工，再苦再累的活儿都不嫌，虽然收入微薄，但谢延信仍然坚持每周给身体不好的她做一顿羊肉吃，来暖胃。

生活刚刚有了一些生气，没想到在前妻去世五年后的1979年冬天，岳父中风瘫痪了。家里5口人，一瘫、一病、一傻、一幼，所有的担子都落在了谢延信的身上。

当年和他一起上工的工友告诉我们，矿上发的班中餐他从来不舍得吃，每次都换成鸡蛋给岳父母吃。下井一回家就洗衣做饭，把岳父背进背出晒太阳。这么累，也从来没有见他苦过脸，总是笑呵呵的。

【同期】谢延信的邻居：当时医院已经让（他岳父）回来休息了，含义就是已经治不了了。最后在谢延信的精心照顾下，他起码多活了十几年。（他）给老人洗洗脚，洗洗头啊，老人的大便有时候解不下来，他就下手抠。最后他（岳父）能拿着板凳慢慢一步一步往外挪晒太阳了。

1996年，瘫痪了18年的岳父安然地闭上了眼睛。

【记者现场】谢师傅的家非常简朴，但在这个简朴的家中，每一件物品都记载着爱心故事，这是他花了10多年的时间为岳父岳母收集的治病偏方，当年照着这些偏方，他四处采草药为岳父治病，而这几本书，也是当年他怕岳父躺床上闷得慌，初中文化的谢师傅到处借书，有空就给老人念,像《杨家将》《岳飞传》这样的书一共念了100多部。

家里还有两件大件,记录着谢延信对岳父岳母的孝心。

【同期】谢延信的岳母冯季花:我说我怕冷,他说我知道你怕冷,就给你买个暖气片吧。他怕他岳父闷得慌,给他买了个收音机,听听戏、听听小说,他也可高兴。

老人告诉我们,这个土暖气是谢延信花光了所有积蓄为她安的,在焦作一带,家家过冬都是不安暖气的。而这个他花了半个月的工资买的收音机,现在也一直在用,岳父去世后,每天岳母睡午觉醒来,谢延信都伴着这个收音机给岳母唱豫剧听,中风之后,他还是天天唱,记不住词了,就让岳母提示。

【同期】唱豫剧:

啥呀?

你难忘你叫我看董存瑞,你不知道了?

你难忘你叫我看董存瑞。我记得……

我记得你叫我看刘胡兰,董存瑞为人民粉身碎骨……

呵呵,你又不会唱了。

中央电视台《新闻联播》2007年2月10日

第二集　好人谢延信:真情传递胜血亲

中央电视台记者　徐丽莉　李晓周　姚文利

河南台　焦作台记者　朱　虹

【导语】河南焦煤集团职工谢延信,在妻子去世后带着女儿与岳父母一家共同生活，相依为命。10年后，他和第二任妻子谢粉香结婚，谢粉香带来一儿一女。后来，他们又生了一个小女儿。在这样一个血缘关系复杂的大家庭里，却充满了浓浓的亲情和欢乐。如今，4个儿女都已成家立业，但都深深依恋着他们共同成长的大家庭。

快过年了，谢延信的儿子和女儿从百里外的滑县来到焦作家里拜年，姥姥听说后，一大早就找出平时舍不得戴的漂亮帽子戴上，等着孙辈们的到来。

自打出嫁后，大女儿刘变英都会在每年回家拜年这一天，为继母谢粉香送一张对养育之恩表示感谢的贺卡，今年已经是第13张了。

【现场同期】谢延信的大女儿刘变英：在我出生40天的时候就失去了妈妈，是您的到来让我叫出了人生第一声妈妈，您带我长大，教育我成人，为这个家操碎了心，黑发也变成了花白，我代表我的姥姥、舅舅和我的亲生母亲，向您说声谢谢，谢谢妈妈！

刘变英叫妈妈的这位中年妇女是谢延信的第二任妻子。第一任妻子去世后，一直有好心人给谢延信介绍对象，但他只有一个要求：带上岳父一家人。直到亡妻去世10年后的1984年，一个叫谢粉香的同村人，嫁给了他。2003年以前，谢延信身体一直很好，谢粉香就在老家滑县种地，隔三岔五过来帮帮忙。后来谢延信中风了，谢粉香就承担起照顾老人和弟弟的责任。

【同期】谢延信的妻子谢粉香：我就看他是个好人，看他一片好心，才嫁给他的。

谢粉香无怨无悔地和谢延信一起为这个家操劳了23年，在这个血缘关系复杂的大家庭里，凝聚人心的是相互之间的爱。刘变英告诉我们，在她眼里，几十年来父亲过的都是苦日子，但父亲却一直

一生言信

说日子是甜的。她出嫁时，父亲送的嫁妆就是这本旧书摊上花1元钱买的有关毛衣编织的书，上面写着他送给女儿的话：黄连水虽苦，饮后舌根下却有甜的回味；糖精水虽是甜的，食用过度则变就苦水。有苦才有甜，甜与苦相连，甘愿常吃苦，才能长久甜。

【同期】 谢延信的大女儿刘变英：他（谢延信）经常说，人心换人心，五两换半斤。

1990年谢延信所在的焦煤集团鑫珠春公司为了照顾他，将他从井下调到了井上瓦斯泵房工作，并且派专人与他一家结为帮扶对子，给予生活上的帮助，但谢延信对自己仍然十分苛刻。这双解放鞋，他一穿就是12年。得了高血压以后，他没舍得买过一颗药，听人说吃醋泡黑豆的偏方可以治病，一吃就是十几年。曾经为了省3元钱车费，谢延信骑车340多里，回滑县看望母亲，一天没吃没喝，回到家就一头倒在床上动弹不了。

【同期】 谢延信的儿媳妇马海霞：家里穷是穷，（但是）都过得可好，过得可开心。

就连这块菜地也见证了一家人和和美美的日子。当初谢延信一个人的工资不够全家人吃饭，他总是四处挖野菜补充，后来谢粉香就帮他开了这块荒地。过完年就到春天了，夫妻俩正盘算着房前的那块菜地今年种点什么。

【同期】 种点辣椒，栽点茄子，种点油菜，油菜从小就剔剔丢面条锅里吃，再大点了，焯焯、调调吃，炒炒也可以吃，老得没法吃，开花以后再榨成油吃。

在很多人的眼里，谢延信这几十年过得很艰辛，但在采访中谢延信却一直都对我们说，家里老人长寿，妻弟身体健康，爱人谢粉香和他相敬如宾，4个子女个个都懂得孝敬老人，这样的日子就是幸福。

【同期】谢延信：这样的日子过得很幸福。

在谢延信的老家河南滑县，他的故事已经被编成了童谣，成了学生思想品德课的必读。

【同期】小学生：学延信，讲孝道……

中央电视台《新闻联播》2007年2月11日

第三集　一家带来万家春

中央电视台记者　徐丽莉　李晓周　姚文利

河南台　焦作台记者　朱　虹

【导语】谢延信33年如一日全心全意照顾岳父母一家的事迹不仅感动了他身边的人，也打动了中原大地的很多老百姓。

在采访谢延信的时候，记者发现了他生活中很多动人的细节，他的邻居说，和谢延信做了十几年邻居后，才知道他不是老人的儿子，而是女婿。为了哄只比他小两岁的呆傻弟回家，谢延信的兜里总要装一颗糖，这习惯一直保持了10多年。由于工资不够一家人吃饭用，一年四季他都要出去挖野菜补充，荠菜、苦菜、野韭菜等他能认出十几种。

【记者现场】生活虽然艰苦，但谢师傅总把生活调剂得丰富多彩，唱豫剧、练钢笔字都是他的爱好。

这个菜篮儿是谢师傅得病前编的，几十年里，他经常在有空儿

一 生 言 信

的时候编菜篮儿，编完就送给街坊邻居。在采访中，这些点滴的小事，告诉了我们一个最真实的谢延信：无论生活多么艰辛，他总能安排得井井有条，充满温馨；无论工作多么枯燥，他总能做到尽职尽责，不出一点差错。

谢延信的工友告诉记者，刚参加工作时，谢延信是一名掘进工，在井下工作的8年里，每年出勤都在300天以上，在岳父住院的那段时间里，他白天上班晚上伺候岳父，没影响过一天的工作。后来他调到了一个人守机器的井上瓦斯泵房工作，工作这么多年，他没脱过一次岗，没发生过一次事故。工作了近30年，他没张口跟组织说过一次难事。

【同期】焦煤集团鑫珠春公司负责人：在谢延信的身上，孝道、仁义、对生活的情趣，他都有，如果没有一颗乐观向上的心，没有一个平和的好心态，是根本做不到的。

谢延信一诺千金33年的故事，感动了一方群众。

【同期】焦作市民：我说俺那闺女，（在婆家）你就别当自己是媳妇，你就是（婆婆的）闺女，给我买啥就给你婆婆买啥。

【同期】郑州市民：以他为榜样去学习他。

【同期】郑州市民：看了以后很受感动，不是自己的爹娘，比自己的爹娘照顾得还好。

在谢延信的老家滑县车村，当年他改姓的时候，村里没一个人理解他，刘姓的兄弟中更是没有一个同意的，但33年后，当再提起这件事，村民们对他的称赞众口一词。

【同期】河南省滑县车村村民：车村的群众都很赞扬这个事啊。

人民日报、新华社以及国内各大网站等50多家媒体也报道了谢延信的事迹，很多人在看了报道后，在网上发表了自己的感想：

1. 谢延信，大孝至爱，国人楷模！
2. 您用行动诠释了诚信、孝义、责任。
3. 没有孝心，人只能有卑微的幸福。
4. 大孝至爱可以提升人的灵魂，使人知荣明耻。
5. 谢延信，你是真正的男子汉，是我们年轻人真正的偶像。

中央电视台《新闻联播》2007 年 2 月 12 日

大孝至爱谢延信

◆ 刘 涛

　　谢延信是河南省焦作市焦煤集团一名普通的采煤工人。早在1974年，刚刚结婚1年的妻子患上了重病，谢延信向妻子承诺要好好照顾妻子一家人。就是这句承诺，让谢延信在妻子去世后一直信守了33年。在33年里，谢延信先后侍候长期卧床的岳父、年迈的

● 中央电视台《焦点访谈》记者采访谢延信

岳母，还要照顾有智力障碍的内弟。在谢延信身上，充分体现了中华民族几千年来推崇的品德：朴实、守信、节俭、注重孝道。周围人告诉记者，谢延信的岳父去世前住院和在家养病共18年，谢延信无微不至地照顾着老人。谢延信的女儿至今忘不了当年从门缝里看到父亲蹲在地上为姥爷掏大便的情景。

走进谢延信的家，谢延信现在照顾的是84岁高龄的岳母和有智力障碍的内弟。此时的谢延信由于脑血栓后遗症，许多往事已经回忆不起来了，可唯独当年对妻子的承诺，他仍然牢记在心。多年来，谢延信一方面要下井挖煤挣钱养家，一方面还要照顾家人，周围人看到老谢仿佛总有干不完的家务事，在人们记忆中，这些年不管面临多大困难，从来见不到他愁眉苦脸，他总是乐观地对待生活、乐观地对待困难。

谢延信的行动感染着周围的人。谢延信现在的妻子就是看到了他的善心孝举后，决定与他共同分担这份沉重的家务。谢延信所在单位逢年过节前来慰问，帮助他解决家中困难。平日里，单位和街道的热心人还组成帮扶小组帮助他料理家务。谢延信在付出爱心之后，也收获着越来越多来自社会和他人的关爱。

张羽（演播室主持人）：我们今天的节目要为您讲述一个普通人的故事。故事的主人公叫谢延信，今年55岁，是河南省焦作市焦煤集团的一名采煤工。33年前，刚刚结婚1年左右，他的妻子就因病去世了。从那时起，谢延信就义无反顾地承担起了照顾瘫痪的岳父、体弱的岳母，还有痴呆的内弟的责任。他用几十年的时间，演绎了一段大孝至爱的真情故事。

这是河南省焦作市的一个普通矿工的家。时值午饭时间，家里

一 生 言 信

的男主人谢延信先是伺候年迈的岳母，后又忙着给生活不能自理、有智力障碍的内弟喂饭。这样的情景至今已延续了33年。

【记者】老人家今年多大年纪了？

【冯季花】（谢延信的岳母）84了。

【记者】身体怎么样？

【冯季花】身体好，全靠女婿。

【记者】全靠女婿？

【冯季花】嗯，他照应我。

【记者】伺候得好吗？

【冯季花】好。伺候得不好，能活这么大吗？

这是听起来很随意的几句家常话，可这话的背后是这个家庭一段不平凡的漫长故事。原来，老人的女儿早在1974年刚刚结婚1年，在生女儿时得上了重病，女婿谢延信当时为了安慰病重的妻子，承诺要照顾好她们一家人。可谁也没有想到，这句一时安慰人的话，却让谢延信在妻子去世后一直信守了33年。

【记者】这个承诺对您来说，意味着什么呢？

【谢延信】河南省焦煤集团鑫珠春公司采煤工：答应了就要办好。

【记者】这个对你很重要吗？

【谢延信】嗯，是重要。

眼前的谢延信，由于脑出血后遗症，许多往事已经回忆不起来了，可唯独当年的承诺他却仍然牢记在心。他为承诺付出的究竟是怎样的艰辛呢？他身边的许多人对此都有着清晰的记忆。

乔燕章（河南省焦煤集团鑫珠春公司原工会副主席）：谢延信他岳父在医院住院，家里没有其他人，他一个人跑前跑后，端屎端尿，

二、第一次宣传热潮

伺候他吃饭，伺候他打针、吃药。因为医院的房间比较狭窄，又没有地方住，他就躺在地板上，饿了就吃口馒头，渴了就喝口凉水，伺候他岳父连住院带在家养病一共有 18 年。

据周围人的回忆，谢延信在他岳父住院的前 3 个月时间内，基本上是衣不解带，一直睡在病房的地上，昼夜看护老人。而在老人卧床不起的 18 年时间里，他的照顾更是无微不至。

郑宝珍（谢延信邻居）：经常搀着他老岳父到外面晒太阳，一手拿着板凳，一手搀着他，叫他晒太阳。不时地有时候中间喝水、端茶，或者要啥东西，给他伺候着。18 年，身上连一个褥疮都没有。

谢延信的女儿在很小的时候就搬到了爷爷、奶奶家住，而不愿意跟父亲住在一起。每次卧床不起的姥爷解手时，她都要被赶出屋外，她忘不了当年偶然从门缝里看到的那一幕。

刘变英（谢延信的女儿）：我姥爷坐在那儿，他是用一个方凳挖了一个圆圈，我姥爷就蹲在那儿，他就一条腿跪到那个地上，为姥爷掏大便。

【记者】当时看到这一幕心里什么感受？

【刘变英】心里不舒服，不好受。

【记者】感觉到你父亲不容易？

【刘变英】嗯。

实际上类似让人动情的场面，在漫长的岁月中何止这一幕。老谢既要挣钱养家，又要照顾老小，周围的人看到的老谢仿佛总有干不完的家务事。

张建良（谢延信的工友）：我和谢师傅住的地方是共用一个水龙头，我经常看见谢师傅端着成盆的衣服在那里洗，在那里涮。见

一 生 言 信

的次数多了，我问谢师傅你咋经常在这里洗衣服？咱矿上大老爷们在这儿洗衣服不多，都是见女同志，没有见过男同志在这儿洗衣服，他说没办法，俺爹把屎又拉到了裤里了，我只有洗了。

【记者】像这种情况，你见得多吗？

【张建良】我见老谢同志见得多了。

自从妻子过世后，谢延信一直希望再娶个媳妇，组成一个新的家庭。单位和他身边的好心人为此也花费了不少心思来撮合，先后介绍了好几位。

乔燕章：我们工会的女工会委员也曾为他介绍过对象，可是谢延信说我这个条件，我这个家庭，谁跟我呢？后来给他介绍了两个，别人一看他家庭是这种情况，给他提出你脱离这个家庭，我们可以结婚。谢延信听了这话以后，说那不行，我不能舍弃我这两位老人，我的前提条件就是要照顾我的岳父，照顾我的岳母，和我一块照顾我的傻内弟，如果这个条件不答应，我宁愿单身过一辈子。

一般的女人不敢登这个门，是因为谢延信有一个拖累人的家。可一个名叫谢粉香的女人却偏偏从这份拖累中，看到了谢延信的善心孝举，从此与他开始共同分担这份沉重的家务。

谢粉香（谢延信的妻子）：他的姨说他心眼好，我说你凭啥说他心眼好？她就说俺的外甥心眼可好了，你凭啥呢？她说他老岳父1980年阴历11月瘫痪病床上，住院住了3个月，老岳父在医院上躺3个月，他在洋灰地上躺3个月。她说打这件事上，看到我这个外甥心眼好，她说到这儿，我就想他能伺候他老岳父那么好，他能对我跟两个孩子咋着呀！我就是想到他这个，觉得他是个好心人，我才跟他的。

二、第一次宣传热潮

1996年，谢延信的岳父在卧床18年后，安然地离开了人世。按情形说，谢延信的家庭担子应该轻松一些了，可实际上他将更多的心血放在了照顾内弟和年迈的岳母身上。

【记者】他这个内弟是不是老在外头溜达？

【谢延信的邻居】这不是刚才还在这儿转，他来回在这儿转，他发迷糊，他不知道东南西北。上两三个月，他跑到石埧那儿，老谢可着急了，天黑了找不着，后来我问找着了吗？找着了，在哪儿找的？在北门那边的转盘那儿，跑到转盘那儿找回来的。

【记者】得找几个小时？

【谢延信的邻居】起码4个小时到5个小时。

如果说照顾好岳父一家人，是谢延信几十年来为了信守诺言，而主动挑起的一副重担，那么单靠他每月几百元的工资收入要养活这个家，则是时时刻刻让他捉襟见肘的事儿。谢延信所在的单位焦煤集团的鑫珠春公司，尽管单位的人逢年过节常常要来慰问，平日里还有帮扶小组帮助他料理一些家务，可要真正过好自己的日子，需要的是他算计着花好每一分钱。

胡广林（谢延信的工友）：这块菜地是谢师傅平常他自己抬土、运土给它开发出来的。别看这地方小，这可是谢师傅一家人，吃菜全部都从这地方出来的。这是小白菜。小白菜在当地刚上市的时候，一毛钱就能买一捆，但是谢师傅从来没有买过，这地里长一棵，他家吃一棵。

在人们的印象中，从来没有见过谢延信乱花过一分钱。他唯一的一次奢侈的举动是花了半个月的工资，给老岳父买了一台半导体收音机。

一生言信

【记者】谢师傅,还认识这个吗?

【谢延信】认识。这是半个月工资买的。这都磨了,没颜色了,不行了,半响半不响的,一会儿磕磕、拍拍它就响了。

在人们的记忆中,这些年不管谢延信的生活面临多大的困难,从来见不到他愁眉苦脸,他总是乐观地对待生活,乐观地对待困难,生活中的他总是笑呵呵的。

【记者】如果再让您活一次,您还会选择这样的路吗?

【谢延信】照样选择这样的路。

【记者】这是脑子里头根深蒂固的?

【谢延信】嗯。

谢延信的善心孝举,固然与他朴实的本性有着直接的关系,同时还有着传统文化的影响,也有着企业文化、社区文化的影子。

冯秀丽(河南省焦作市中站区西苑社区主任):多年来,他就像我们社区居民中的一面镜子。居民们一谈起孝敬老人,就要拿谢延信作比较,在家教中也是以他为榜样,教育自己的子女去如何做人,如何孝敬老人。

张长明(河南省焦煤集团鑫珠春公司党委书记、董事长):因为家庭是社会的一个细胞,也是我们企业的一个细胞。所以在我们员工当中,掀起了一种热爱社会、热爱家庭、笑对生活、奉献人类的这种高尚情操。

铁代生(河南省焦作市委书记):谢延信这个典型,从平凡中孕育了伟大。谢延信他所讲的、他所做的,应该是一般人都应该做,也能够做。但是要真正做下来,又很不容易的事情。所以谢延信是一个平民的典型、百姓的典型,咱们在他的身上看到了我们中华民族的传统美德，而且又有很强的时代意义。

张羽（演播室主持人）：朴实的谢延信不善言辞，但是几十年来，他用自己的实际行动，默默体现着诚实、守信、节俭、孝顺这些中华民族的传统美德。人们呼唤这些美德，因为它们可以让我们的生活变得更加踏实、温暖和快乐。也许我们不曾经历谢延信这样生活上的困顿，但我们都可以从他身上去汲取这样美德的力量。

中央电视台《焦点访谈》2007 年 2 月 10 日

谢延信：百善孝为先

◆ 王惠东

【导视】一个屡遭不幸的家庭，一位特殊的上门女婿。

【谢延信】我当成是亲生父母了。

【谢延信岳母冯季花】比个儿都强，我说。妻子去世，内弟智障，岳母重病，岳父瘫痪。

● 中央电视台主持人王志采访谢延信

【谢延信】 我的决心就是照顾他们。

三十三年如一日，是什么样的信念让他支撑起这个家庭。

【王志】 图什么呢？

【谢延信】 不图啥。

【王志】 不做到又怎么样？

【谢延信】 良心难忍啊！

《面对面》王志专访河南矿工谢延信，感受最平凡的人生带给我们最大的感动。

人物介绍：

谢延信，55岁，焦煤集团矿工，三十三年如一日赡养岳母一家人受到关注。

【解说】 邻居们习惯称谢延信为老谢，在焦煤集团，老谢的口碑很好，很多人都知道他赡养岳母一家人的事。

【同期】 一组邻居采访。

【邻居】 那是一个好女婿。

【邻居】 不是亲人胜似亲人。

【邻居】 比较孝顺。确实有爱心。

【邻居】 那千里不挑一个，万里也挑不出一个。

【解说】 关于老谢的好，每个邻居都能说上几句，老谢的岳母冯季花感触最深。

【谢延信岳母冯季花】 谁都知道我遇到个好女婿。

【王志】 你多有福气。

【谢延信岳母冯季花】 他可是没坏良心。

【王志】 你看你这个女婿多好。

一生言信

【谢延信岳母冯季花】我说可不是，我都叫他小名，我说俺亮比个儿都强，都没惹过我生气。

【解说】那么是什么样的上门女婿比亲生儿女还亲？老谢到底是什么样一个人？他有什么的故事呢？

谢延信原名叫刘延信，是河南滑县的一位农民。34年前，他和本村的姑娘谢兰娥结婚了，一年后生下一个女儿，正当全家人沉浸在喜悦之中的时候，一场灾难却突然降临在这个温馨的小家庭。

在生下女儿40天后，兰娥因患产后风离开了人世。

【王志】她临终前跟你说什么呀？

【谢延信】这些话我都忘记了，全都忘了。

【解说】因为3年前突发脑出血，老谢已经忘了33年前那场撕心裂肺的生死离别，可是至今他却记得自己对妻子作的承诺。

【谢延信】我跟她说过，以后照顾老人。

【解说】原来，妻子兰娥有她不放心的事，那就是母亲长年患病、唯一的弟弟先天呆傻，父亲长年在焦作当矿工，她走之后，母亲和弟弟由谁来照顾呢？老谢理解妻子的担心，在妻子临终前作出了替她照顾家人的承诺。

妻子离去了，面对悲痛欲绝的岳父岳母，老谢又双膝跪地，诉说了要为他们养老送终的决心。

【谢延信】我就跟岳母说过，我一定要照顾他们。

【解说】也就是在这样的承诺下，老谢担负起了照顾岳母一家人的重担。料理完妻子的后事，老谢把岳母和内弟接到了自己家里生活，后来又带着岳母、内弟和年幼的女儿来到了焦作岳父工作的地方，一边打工挣钱，一边照顾岳母一家人。

【王志】妻子已经没了，在当地这种情况也有过，那就可以断亲了。

【谢延信】我说过这样的话。

【王志】说过这些话就一定要做到，不做到又怎么样。

【谢延信】主要是讲良心，良心难忍啊！

【谢延信三哥刘延胜】当时他岳母难过，为了让她开心他就来了。

【王志】站在延信那个角度来说，不来焦作不就慢慢断了亲嘛，也很自然啊。

【谢延信三哥刘延胜】他原来是准备伺候一段时间就回去，原来是这个情况，不知道他是什么意思，家里面是这样想的。延信有没有考虑过，他来了以后就可能脱不开身了，那最后没有想到回不去了。

【解说】做起了上门女婿。可是谁也不知道他会在这个家待多久，女儿已经去世，女婿真的能留在身边吗？望着愁眉不展的岳父岳母，老谢猜出了他们的心事，于是作出了一个大胆的决定，老谢决定把自己的姓从姓刘改成姓谢，也就是岳父的姓。

【王志】为什么要改姓呢？

【谢延信】那是为了取得老岳父岳母的信任。

【王志】你对他们那么好，他们还不信吗，非要改姓吗？

【谢延信】我对他们好是我从内心做的，我没有说出口。

【解说】在传统观念极强的北方农村，上门女婿就容易遭人歧视，改姓更是让人难以接受的事情。既做了上门女婿，又要改姓，家里人会同意吗？

【谢延信三哥刘延胜】我母亲想不通，母亲父亲都想不通。

【王志】怎么想不通呢？

【谢延信三哥刘延胜】他们认为，一个儿养这么大了，一改姓成人家的人了，就成人家的了，他们认为不是啥好事。

【王志】就没人去劝劝延信吗？

【谢延信三哥刘延胜】说他呢，他还坚持按照他的思想办。

【王志】他是不是很犟？

【谢延信三哥刘延胜】那是啊，他说我决定的事我不再变。

【解说】从此刘延信就成了谢延信，有了老谢在身边，岳父岳母的心情慢慢地从悲痛中走了出来。然而，不幸并没有放过这个特殊的家庭，5年后的一个冬天，灾难再次降临，岳父因为重度脑中风住进了医院。

【谢延信岳母冯季花】我这个女婿，把他从厂里送到医院，住了3个月，就在地上睡，我这个女婿。

【王志】在地上睡？

【谢延信岳母冯季花】那可不是，没有床，在急救室，就是一个小床，中间就铺个草垫子。我隔两天去看看，我也可心疼他。我说亮，你在这地上睡，这么冷的天，中吗？中！

【王志】延信会照顾人吗？

【谢延信岳母冯季花】他会。

【王志】咋照顾的？

【谢延信岳母冯季花】他有工夫，洗洗涮涮，喂喂饭，这都是他，他不叫我去医院，他说，你在家吧，你睡在地上受不了。

【解说】岳父瘫痪了，家里失去了主要的经济来源，一瘫、一病、一傻、一幼都需要照顾，更大的生活压力摆在了老谢面前，时间已经过去了5年，老谢还会履行当初对妻子的承诺吗？

【解说】 岳父瘫痪之后，如果老谢离开不管的话，这个家面临的困境可想而知，那么，老谢会这样做吗？岳母深知自己女婿的脾气。

【王志】 你当时不担心吗？担不担心延信会跑了？

【谢延信岳母冯季花】 他不会跑。他往哪儿跑？

【王志】 没有担心过吗？

【谢延信岳母冯季花】 没有。

【解说】 老谢没有离开这个不幸的家庭，相反他成了家里的顶梁柱。为了养家糊口，老谢继续打工挣钱，后来，他接替了岳父的班，成为焦煤集团的一名井下矿工。

【谢延信】 一天三顿饭，要上班，吃饭就得上班。

【解说】 除了工作的劳累之外，让老谢更加劳累的是照料岳父一家三口人。

【邻居】 给他老岳父洗脸、洗头、翻身、洗脚、擦身，都是他来。

【邻居】 他老岳父呢，尿上了，那一摊东西，都需要他去洗。

【邻居】 喂他药就是一口一口地喂，一勺一勺地喂。

【邻居】 要不是他，他岳父活不了这么多年。

【解说】 老谢照顾岳父的情景，给年幼的女儿刘变英留下了深刻的印象。

【谢延信女儿刘变英】 住的地方也差，一间屋。我姥爷解大便的时候，我父亲就把我从屋里叫出来，关上门，我姥爷便秘，他就用手给姥爷抠大便。

【王志】你父亲不是挺爱干净的人吗？

【谢延信女儿刘变英】他可爱干净了，最爱干净了！

【王志】怎么爱干净呢？

【谢延信女儿刘变英】啥东西搁得都是一定的地方，摆得整整齐齐的。

【谢延信】那是爱干净。

【王志】你不嫌脏啊？

【谢延信】那嫌啥脏？不嫌脏，习惯了。

【王志】岳父他毕竟不是你的亲生父母？

【谢延信】我当成是亲生父母了。

【解说】妻子离世，留下的女儿刘变英成了全家人的希望，但是为了更好地照顾岳父一家人，老谢不得不把年幼的女儿送回农村老家，交给父母抚养。

【谢延信女儿刘变英】每个街坊邻居，都对我可好，一到吃饭的时候，我就端着小碗就跑出来了，谁家的饭好，我吃谁家的。

【王志】都欢迎你去？

【谢延信女儿刘变英】而且还比较霸道。谁也不许吃，让我吃。

【王志】他们为啥对你这么好呢？

【谢延信女儿刘变英】从我长大了，可以想想，估计还是看我可怜吧。

【王志】你父亲有没有跟你讲过，为什么要把你送回乡下去？

【谢延信女儿刘变英】（哭泣）

他负担太大，1个人照顾3个人，都不容易了，何况那时候我又小，他根本忙不过来。

【王志】你是不是觉得他对你不好？妈也没了，那他不就是你最亲的人了？

【谢延信女儿刘变英】我也不愿意说他对我不好，因为他做人比一般的人都难，我知道他是个好人，就是想恨也恨不起来，我只有去尊重他，尽我的力量去孝敬他。

【王志】你理解他吗？

【谢延信女儿刘变英】理解。

【解说】被送回老家那年刘变英还不到5岁，后来时间长了，她对父亲慢慢变得生疏起来。

【王志】他多长时间回去看你一次？

【谢延信女儿刘变英】他就是有时候收麦的时候回去，过年的时候回去。

【王志】回去给你带点礼物吗？

【谢延信女儿刘变英】就说六七岁那年回家那次吧，他就给我买了一条红围巾，回到家里天都黑了，他就把我叫起来，拽住我，把给我买的红围巾围我脖子上，我就不认识他，不上他跟前去。

【王志】你喜欢这个红围巾吗？

【谢延信女儿刘变英】当时，我也不认人，我也就是不认识他，我也不需要那条红围巾，就那种感觉。

【王志】不认识你叫他什么？

【谢延信女儿刘变英】叫叔。

【王志】延信不是你爹吗？

【谢延信女儿刘变英】是。

【王志】那为啥你叫叔？

【谢延信女儿刘变英】听老人说吧，我也不知道因为啥，从迷信的角度来说的吧。都说我命硬，不然我妈也不会离我早，就不敢让我再叫我父亲"爸爸"了。

【解说】10岁的刘变英一只眼睛意外受伤，父亲带她到焦作的医院求医。那一次，父亲发愁时的情形给刘变英留下了深刻印象。

【谢延信女儿刘变英】医生说，要住院治疗。我叔就跟他说，今天没有带钱，明天来住吧。

【王志】第二天去了吗？

【谢延信女儿刘变英】没有。

【王志】为什么没去呢？

【谢延信女儿刘变英】当时我也大了，我也知道家底吧。

【王志】因为钱？

【谢延信女儿刘变英】对。

【王志】要多少钱？

【谢延信女儿刘变英】那时候医生说是先交500块钱，住院押金。

【王志】你叔拿不出来吗？还是不愿意拿？

【谢延信女儿刘变英】没有说，我可以看出来。

【谢延信】钱太少了，我记不清了，只有几十元钱。

【王志】那个时候没愁吗？

【谢延信】那会儿也不愁。

【王志】你不想让人知道吧？

【谢延信】没有，没有。

【谢延信女儿刘变英】他平常都是乐呵呵的，经常面带笑容，可那几天，他就一个人躲在屋里头，长吁短叹的，一根烟接一根烟抽烟。

【解说】因为没钱给女儿住院治疗，后来刘变英的右眼留下了后遗症，几乎失去了视力，这件事一直是老谢心中的痛。

【谢延信】不要问我了，太难受。

【王志】想起心里不好受？

【谢延信】（抽泣）

【王志】但现在都好了，会越来越好。

【谢延信】（沉默）

【王志】很少流泪吧？

【谢延信】很少流泪。

【王志】在老人面前我估计你从来没有流过泪？

【谢延信】嗯。

【解说】岳父瘫痪之后，老谢的工资和岳父的退休金加起来，也不够一家人生活的开销和老人吃药打针的钱。在困难的条件下，一家人如何度日呢？

【王志】家里面不富裕，生活很难安排？

【谢延信】是啊。

【王志】那每天都吃什么？

【谢延信】菜地种的菜。

【王志】荤菜怎么办呢？

【谢延信】啥荤菜？

【王志】肉啊，鱼……

【谢延信】吃那个东西，感觉挺胖的。

【王志】挺胖的，不是经济上的问题？

141

【谢延信】主要是经济上的问题。

【王志】舍不得吧,那点儿工资一家人吃饭够吗?

【谢延信】那是有我岳母她安排。

【谢延信岳母冯季花】没钱你咋弄?从来都是,种点油菜,拔点油菜,就是吃油菜。油菜开花之后,就是吃点野菜。

【解说】后来,三哥刘延胜从老家来到焦作看望弟弟,当看到弟弟困难生活的状况时,他心痛不已。

【谢延信三哥刘延胜】我来以后我一瞧,我都掉了眼泪。

【王志】什么情况你哭了?

【谢延信三哥刘延胜】那会儿是在那边住,住了一间小屋,前头有两米多远,有个小平顶屋是个公共厕所,住那个厕所旁边。我来了以后看见他岳父,正拄着凳子在那儿走呢,那个凳子就这么高,我来屋里一看就掉泪了。

【王志】为啥呢?

【谢延信三哥刘延胜】我认为俺兄弟,在这儿难,不如回家去。

【王志】那延信就没有动摇过?

【谢延信三哥刘延胜】没有动摇过!

【王志】那你们不觉得这个兄弟挺可怜吗?

【谢延信三哥刘延胜】那是啊,挺可怜的。瞧着这边的情况,那就是怪可怜的。

【王志】会不会觉得你这个弟弟有点傻啊?

【谢延信三哥刘延胜】我也不觉得他傻,反正我们弟兄都老实。

【王志】那你怎么评价这个弟弟呢?

【谢延信三哥刘延胜】他是什么样的人,那你应该这样做。

二、第一次宣传热潮

【王志】 为啥应该这么做？

【谢延信三哥刘延胜】 他回去以后，这一家人就零散了。

【解说】 老谢舍不得吃穿，他的一件衬衣整整穿了10年，一双解放鞋穿了12年，虽然生活困难，可是老谢的脸上最多的表情却是笑容，他有很多自己爱好，书法练字、读报读小说，还有听戏唱戏。

老谢喜欢听豫剧，他手里的这台收音机都有22个年头了，是他到煤矿上班第一月，用一大半工资买给岳父的，因为岳父也喜欢听豫剧，老谢就买来了收音机给瘫痪在床的岳父解闷。

【谢延信】 花了30多块钱。

【王志】 30多块钱？但是我如果是没有搞错的话，你当时一个月才60块钱？

【谢延信】 哪有60多块钱？没有。

【王志】 没有那么多啊？

【谢延信】 没有。

【王志】 那你怎么舍得买那么贵的东西？

【谢延信】 主要是取得老人快乐。

【王志】 他喜欢听吗？

【谢延信】 喜欢听，可喜欢了。

【解说】 老谢舍得花掉半个月的工资给岳父买台收音机，可是他却舍不得给自己花3元钱的回家路费，有许多次，老谢硬是骑自行车从焦作回滑县的老家，而这一路就有170多公里，一路骑下来，老谢几乎瘫倒在家门口。

【王志】 什么时候出发啊？

【谢延信】 我起早就走了。

【王志】大黑天都到不了家了？

【谢延信】大黑的，骑不好车，骑不成了，推着走了。

【王志】不觉得累吗？

【谢延信】太觉得累了。

【王志】3块多钱你拿不出来吗？

【谢延信】那省下可以买别的东西。

【解说】2002年，老谢一家住进了拆迁后的楼房，岳母因为肺气肿怕冷，老谢就花了600多元钱给岳母的房间里安装了暖气，成了小区里第一家安装暖气的住户。

【王志】那你这个屋里咋不装暖气呢？

【谢延信】我不习惯，不怕冷。

【王志】你不怕冷，你刚才不是告诉我们这屋里冷吗？

【谢延信】我觉得不冷。

【谢延信岳母冯季花】咋不冷？没有暖气，为啥我都不去那个屋？

【王志】你都不愿意去那个屋？

【谢延信岳母冯季花】我到那个屋我受不了。

【王志】那他跟我们说不冷，他跟你说也不冷啊？

【王志】我看他穿那么多。

【谢延信岳母冯季花】他不会不冷。安暖气的时候，我说咱们买两片吧，不，就给你自己安一个吧，俺还年轻。

【王志】那你咋不装呢？

【谢延信】我？就是你说那话，没钱。

【王志】女婿心疼你？

二、第一次宣传热潮

【谢延信岳母冯季花】他心疼我，他有这个孝心。

【王志】那你也很疼这个女婿啊？

【谢延信岳母冯季花】我咋不疼他啊？说那话？那会儿他上班，下井，上到两点，我睡醒一觉一看那表都快12点了，还没听见他回来，那时候可担心了。下井的人，什么时候听到大门响了，这就扑腾一声，心落到肚子里了。下井的人，你不知道，就怕出事，回来晚了，心里怎么都不对劲。

【王志】就担心？

【谢延信岳母冯季花】担心。

【王志】所以你看，你那么担心他，那么关心他，他才会这么喜欢你。

【谢延信岳母冯季花】俺是两好并一好，都知道我有个好女婿，我也是当亲儿子待他的。

【王志】咋评价这个女婿？

【谢延信岳母冯季花】那咋评价？

【王志】他百样都好？

【谢延信岳母冯季花】百样都好。

【王志】就没有不好的时候吗？

【谢延信岳母冯季花】没有，跟我30多年，没有惹过我生气，没在我跟前大声说过话。

【解说】时间一晃30多年过去了，岳父已经去世了11年，尽心尽力照顾着岳母一家人，老谢却无法在亲生父母面前去尽孝。那么，面对两个家庭的4位老人，老谢是怎么作出取舍的呢？

【王志】你那边还有亲爹亲娘呢？

145

一生言信

【谢延信】有亲爹亲娘。

【王志】那你不去照顾他们?

【谢延信】还有大哥呢,还有我三哥。

【王志】你老家,有你哥他们帮助照顾,这边如果是没你就不行,是这意思吗?

【谢延信】是。

【王志】老谢就一头扎到这儿来了,你们想得通吗?

【谢延信三哥刘延胜】俺母亲反正身体还好一点。

【王志】你的父母呢?

【谢延信三哥刘延胜】父母没有什么闲话。我母亲也是一个很善良的人,很善良的妇女,那在我们庄里是数得着的。

【解说】如今,老谢在滑县老家的亲生父母也已经不在人世。因为过度劳累,从1990开始,老谢患上了高血压,可是他却不舍得给自己买药,听说醋泡黑豆能降血压,于是一吃就是10多年,直到2003年8月的一天,老谢突发脑出血住进了医院。

【谢延信】得了后遗症,乱七八糟的,说话也说不成。

【王志】你不担心吗?

【谢延信】不担心。

【王志】早死早托生,怎么说?

【谢延信】早死早托生。

【王志】那还那么多人需要你呢,你咋这么想?

【谢延信】说说笑笑吧。

【解说】老谢病倒了,他面前还有多病的岳母,和呆傻的内弟,顶梁柱倒下了,这个家谁来支撑呢?这一位就是老谢现在的妻子谢粉香，老谢病倒之后，照顾一家人的重担就落在了她的身上。

【王志】现在这个状况，家里的担子都到你身上了，老谢也不能像以前一样了。

【谢延信妻子谢粉香】他反正是，能干的活还干。不能干的活我干。

【王志】那你会不会觉得负担重了？

【谢延信妻子谢粉香】只要我身体好不怕重。

【王志】那这个家处得好吗？

【谢延信妻子谢粉香】我可以。

【王志】怎么处啊？我觉得不太容易啊？

【谢延信妻子谢粉香】跟着公公婆婆，都是睁个眼闭个眼吧，你都能站一样齐？谁说话都能正好？是不是？只不过是咱年轻，咱吃苦受累吧，不管怎么样再难也得往前走。

【解说】老谢和谢粉香是在1984年结的婚。在这之前的10年时间里，老谢一直单身。虽然老谢也有再成个家的愿望，可是因为岳母一家人的负担，又有谁愿意嫁给他呢？在妻子谢兰娥去世的时候，老谢才22岁，转眼他都33岁了，老家的母亲不免为儿子的婚事着急，于是老人就让三哥刘延胜到焦作进行劝说。

【谢延信三哥刘延胜】俺母亲让我来叫他，就是这个意思。她说，你在那儿伺候着一个傻子，你岳母又有病，困难成那个样，谁会迈进你家门槛儿？谁嫁你？我说你在这里，是这样的情况，你不如回家算了。

【王志】那延信听了吗？

【谢延信三哥刘延胜】没有。

【王志】为啥不听呢？很有道理。

【谢延信三哥刘延胜】他说，哥，这儿的情况你也看到了，我不能走。如果我走的话，咱们都是一个村的，那就没良心了。

【王志】那他伺候三五年，伺候10年了，还不可以走吗，谁会说他呢？

【谢延信三哥刘延胜】他伺候三五年，他要是放下了，那就更没人管了。这个家庭越来越困难，他走不了了，很多人都觉得奇怪。

【王志】那你觉得延信图什么？

【谢延信三哥刘延胜】他说原来许过诺言，而且越住感情就越深了，成一家亲人了，觉得走不了了。他就这样，走了坏良心，俺这个弟弟诚实，他就没有什么想法。

【解说】因为照顾岳母一家人，自己却连媳妇都找不到，望着一个人里里外外操劳的女婿，岳母也心疼。

【谢延信岳母冯季花】他说我找不找都中。我说那不中。我说你还得找个。

【王志】这不好找啊？

【谢延信岳母冯季花】不好找。

【谢延信岳母冯季花】那就是，咱这条件不好，负担太大？

【王志】他要真找个老婆。结了婚了，断了亲了。

【谢延信岳母冯季花】他有良心，他不会。

【解说】岳母说的没有错，老谢还定下了一个不容商量的条件，那就是如果再婚，绝对不能丢掉岳母一家人。有了这样的条件，老谢再婚的问题就成了难上加难的事。

【王志】那你这么一说谁还敢跟你吗？这边有老，妻弟身体还不好，不正常，那个时候不担心呢？没有人嫁你？

【谢延信】不担心。

【王志】那你当时的打算是怎么样的？

【谢延信】我认为我是寻不了了。

【王志】为啥呢？

【谢延信】我生活条件一切都不行。

【谢延信三哥刘延胜】那就是他在这个条件，这个家庭，一般都不嫁他。

【王志】延信如果不管这个家呢，从他自身的条件来说他找个媳妇很困难吗？

【谢延信三哥刘延胜】那要在家，估计比这好找。

【王志】怎么讲呢？

【谢延信三哥刘延胜】我们的条件还比这好一点。

【解说】不过还有人偏偏看上了老谢，她就是与老谢是同村的谢粉香，她为什么会选择老谢呢？难道她就不怕受到拖累？

【王志】那你当时看上他什么了呢？

【谢延信妻子谢粉香】看他心肠好吧。

【王志】咋心肠好呢？

【谢延信妻子谢粉香】他也说过，他对他老岳父都好。他能会对我不好吗？我这样想的。

【王志】那心肠好能当饭吃，你嫁过来是过日子啊？

【谢延信妻子谢粉香】那你过日子，心肠好虽说不能当饭吃，那不生气，比别人吃肉还香呢。

【王志】那你当时没犹豫吗？这还没嫁过来呢，这一家的情况也

149

摆在这。

【谢延信妻子谢粉香】那犹豫啥呢，要是犹豫就不会嫁他了。

【王志】那这么些年下来，你觉得老谢是个什么样的人？

【谢延信妻子谢粉香】是个好人啊。说明他是个好人，他心眼好，他做这个事。他也是应该做的，只不过是他要是心不好，可以说他也做不到这一件事。

【解说】与老谢结婚后，谢粉香在老家种地，替老谢抚养女儿，侍奉双亲，老谢继续在焦作煤矿上班，照顾岳母一家人。农闲的时候，谢粉香会来焦作住上几天，帮助老谢料理家务。

【王志】那算咋回事？都成一家了，还分两边过？

【谢延信妻子谢粉香】你要是在一起，他开工资低过不了日子。

【王志】那你想得通吗？

【谢延信妻子谢粉香】要是想不通又怎么说呢？他工资有限。我不来，他剩下的钱能给老岳父买药吃。

【王志】那你那边家里呢，他自己管吗？老谢管吗？

【谢延信妻子谢粉香】他管也管不上。他的亲母亲他还顾不上管呢。

【王志】那你说说老谢好在哪儿呢？老谢好在哪里？也不管家。

【谢延信妻子谢粉香】老谢不管家不能说不好，实际他心里也有这个家。捎过一盒饼干，不知道是人家什么时候送给他的，他不舍得吃，给他小女儿带回家了，回家了，小孩可高兴。说叔叔带来的饼干，吃吧。一个人拿一点去吃，一尝，饼干都变味了。

【王志】说明他心里还是装着家的。

【谢延信妻子谢粉香】不能说没有，自己的孩子怎么会没有呢？

【解说】如今，时间过去了33年，当年刚出生40天就失去妈妈的刘变英已经33岁了，结婚生子后的刘变英理解了父亲当初的难处，只要能抽出身，她就会来焦作帮助后妈谢粉香照料这边的一家人。

【谢延信女儿刘变英】小时候不懂事觉得他有点傻。这时候，不那么想了。

【王志】小时候为什么觉得他有点傻呢？

【谢延信女儿刘变英】就觉得他做的事跟别人做的事不一样。别人都在孝敬自己的亲生爹妈，他在一直照顾我姥爷跟我姥姥还有舅舅。

【王志】那现在为啥觉得他不傻呢？

【谢延信女儿刘变英】我觉得他做的事，我感到很光荣吧。

【王志】他自己觉得苦吗？

【谢延信女儿刘变英】他自己从来没有说过啊。

【王志】他从来没有跟你埋怨过吗？

【谢延信女儿刘变英】没有。我都替他埋怨过。

【王志】你怎么评价你叔呢？

【谢延信女儿刘变英】他在我面前吧，我觉得他像一座高山，很伟大。因为他做的事情一般人做不到，而他做到了，我觉得他了不起！

【王志】你叔这么做对你们会有影响吗？

【谢延信女儿刘变英】会有影响吧。就是在出嫁之前，他就交代我，他就是说，你结婚以后到了人家，就不能光吃不干，还要尽量能帮公公婆婆干点活，多干点活，别让别人看笑话。

【解说】至今，刘变英还珍藏着父亲送给她的结婚礼物，一本教人编织毛衣的书，在书页上有老谢送给女儿的两段话。

【谢延信女儿刘变英】头一段是，黄连水虽苦，饮后舌根下却有甜的回味；糖精水是甜的，饮用过度则变成苦水。甘愿常吃苦，方能长久甜。

【谢延信妻子谢粉香】在人家印象里，就是心里再怎么样，他都是面带笑容。

【谢延信岳母冯季花】他就不笑不说，就是不管跟谁都是一脸笑。

【谢延信女儿刘变英】在我的印象里，他愁的时候，就是我眼受伤那一次。其余的，都是笑呵呵。

【王志】老看你这个性格是乐呵呵，就没有愁的时候吗？

【谢延信】很少愁。

【王志】那在我们眼里你件件都是愁事？

【谢延信】那一天是一天，反正都往前走了。

【王志】干一天都很了不起！

【谢延信】我感觉很平常。

【王志】但是你本来可以过更好的日子？

【谢延信】我没有要求更好的日子。

中央电视台《面对面》2007年2月26日

中原大地传扬着一个普通人的名字——
谢延信

◆ 潘志贤

● 大型现代豫剧《女婿》表演剧照"谢延信与岳父"

当结婚 1 年的妻子病逝后,他三十三年如一日地照料瘫痪的岳父、患病的岳母和智障的内弟,让这个苦难的家庭充满了温暖。

谢延信(原名刘延信),河南省焦煤集团鑫珠春公司的一名普通员工。自 1974 年秋天以来,他为了对得起新婚一年就去世的前妻的

一生言信

临终嘱托，毅然挑起家庭重担，数十年如一日照料瘫痪的岳父、患病的岳母和智障的内弟。当年的年轻小伙儿如今已年过半百，谢延信用中原汉子的朴素情怀演绎了一段感人的至爱真情。

"从今以后，俺就是您的亲儿子"

1973年4月16日，在河南省滑县半坡店乡（公社）车村举行了一场普通的农村传统式婚礼。车村的棉花技术员、21岁的青年刘延信把同村姑娘谢兰娥娶回了家。兰娥的父亲谢召玉是焦作矿务局朱村矿的一名矿工，在农村每月有个"活钱儿"，他家算是条件优越的家庭。

婚后，谢兰娥孝敬公婆，与妯娌们相处得很好，家里地里都是一把好手。

1974年9月，谢兰娥生下了一个女婴。产后40天，她患上了产后风。当时医疗卫生条件并不完备，兰娥自知来日无多，她对守在病床前的刘延信说："延信，我怕是不中了。延信，我舍不得离开你和闺女啊，我也舍不得俺爹俺娘和俺那个傻弟弟啊。爹娘就俺姐弟俩，我在世时我照顾，我这一走，俺那一家子人可咋活啊？""当初俺家找你做女婿，就图你人老实，心眼儿好。拜托你看在咱俩夫妻一场的分儿上，帮我照料照料俺那可怜的爹娘和弟弟吧。以后再找人家，只要对咱闺女好就行。我起不了身给你磕头，九泉之下也会感激你啊。"一番话说得延信泪流满面，泣不成声。

安葬了爱妻，看着悲痛欲绝的岳父、岳母，以及跑来跑去不知发生了什么事的智障内弟，刘延信作出了一生最重要的决定——

他跪在岳父岳母面前，"咚咚咚"磕了3个响头："爹、娘，兰娥不在了，从今以后，俺就是您的亲儿子！今后的生活俺来管，百年以后，俺为你们养老送终。"

为让二老相信自己的诚意，22岁的刘延信从此改名为谢延信。

为了方便照顾两位亲人，谢延信把岳母、内弟接到自己家。他忙完地里忙家里，为撑起这个家竭尽全力。岳父对女婿更喜爱，每次从矿区回乡，和女婿都有说不完的话。在老人返矿时，谢延信总是用平板车把岳父送到几公里外的汽车站。这个家因相互的关爱而充满温馨。

"只要我有一口饭吃，就不会让俺娘和弟弟饿着"

然而，刚刚脱离悲伤的一家人还没有来得及喘口气，不幸的事情又发生了。1979年冬天，谢延信的岳父因中风昏迷不醒。得到消息的谢延信立即赶到了焦煤中央医院。

前来探望丈夫的岳母冯季花，看到在病榻前照料岳父的谢延信感动不已："寒冬腊月啊，亮（谢延信的乳名）一个人天天晚上躺在病房的凉地上，一躺就是3个月啊。"说到此处，冯季花的眼里噙满了泪水。

也许是女婿的真诚感动了上苍，也许是老人放心不下多病的老伴、苦命的儿子，在与死神顽强搏斗了7天7夜后，老人终于从昏迷中苏醒过来，但他永远失去了站立的能力。

这是怎样的一个家啊！一瘫、一病、一傻、一幼。回滑县老家，无法给老人看病，住在焦作，房无一间。就在一家人面对生活绝望的时候，朱村矿向他家伸出了援助之手，破例为他们在矿招待所安排了两间小平房。虽然加在一起不到20平方米，但总算有了一个遮

一生言信

风挡雨的地方。从此，27 岁的谢延信就在矿上安了家。

谢延信一边伺候岳父，一边打零工贴补家用。其间，也有好心人给谢延信介绍婚事，可女方一看这家人的经济状况，都纷纷退却了。老家有人来矿上，看到谢延信日子过得这么苦，就悄悄劝他：你这苦日子啥时候能熬到头啊，干脆回老家再娶个媳妇另外过算啦！

谢延信的母亲从老家来焦作看望儿子，见他没日没夜地操劳，便心疼地说："孩啊！再这样下去，你累倒了不说，丢下这一家老小可咋办呀？不如让我把闺女带回家，替你拉扯两年吧。"

谢延信拉着母亲的手说："娘，您年龄也大了，我这当儿的不能孝敬您，还让您替我操心，我心里有愧呀！"女儿走后，谢延信一心一意地伺候着岳父一家人，白天忙得顾不上想，到了晚上，一闭上眼睛就看见女儿可爱的笑脸，不知多少个夜晚，谢延信一次次地从梦中哭醒，梦见女儿正张着小手哭喊着向他跑来……

谢延信在招待所住时的老邻居姜修身、吕国成等人告诉记者，在伺候其岳父的日子里，谢延信坚持每天给老人翻身、搽爽身粉、背老人出门晒太阳。为了岳父尽早康复，谢延信按照医生建议天天帮岳父活动失去知觉的四肢，按摩时因为疼痛，岳父忍不住骂他，但无论怎样责骂，谢延信从来都没有生过气。

人常说，"久病床前无孝子"，谢延信却整整伺候岳父 18 年！这 18 年，瘫痪的岳父没有生过褥疮，没有穿过一件尿湿的衣裤，9 平方米的小屋内也从来没有任何异味。这 18 年里，谢延信硬是靠偏方、按摩，使岳父由卧床不起到后来能扶着凳子慢慢走路。

1983 年 7 月，31 岁的谢延信顶替岳父接班，成了朱村矿掘一区的一名工人。上班第一个月发工资后,谢延信想到岳父长年卧床太闷,就步行五六公里到焦作市里为老人买了一部小收音机。

久卧病榻的人,最受不了的是寂寞。谢召玉喜欢听章回小说,谢延信就从图书馆借来《岳飞传》和古龙的小说等,有空念给岳父听。18年下来,他念给岳父的小说竟达百部之多。

1989年春,谢召玉又先后患上了肝硬化、癫痫等病。老人患病后,大便时常干结,谢延信就用手一点一点地往外抠,后来还使用钢笔帽为岳父往外抠以减少老人的痛苦;岳父肝硬化引起双腿浮肿,他每天坚持用热水给老人烫脚。

细心的谢延信不断从报纸和民间收集治疗偏瘫等病的偏方,下班后,他到附近挖茅草根、楝树根等草药,到水沟边逮蛤蟆,还和着冬瓜皮和白梅豆等熬药为老人治病,久而久之,奇迹发生了,谢召玉能扶着凳子,挪动几步……

1995年春,谢延信岳父病情加重,岳母看到女婿没日没夜为这个家操劳,不让谢延信为岳父继续治疗了。谢延信拉着平板车要送岳父去住院,岳母冯季花知道家里没有钱,就劝道:"人活多大是个够啊!"

平时对岳母百依百顺的谢延信,这时却坚决不同意。他从老乡那里借了1000元钱,把岳父送进了医院。

1996年8月的一天,69岁的岳父要走了。当日下午,已昏迷了两天两夜的老人突然睁开双眼盯着谢延信,嘴张了又张,却发不出声音。谢延信把岳父的头抱在自己怀里:"爹,您放心,只要我有一口饭吃,就不会让俺娘和弟弟饿着。娘百年后,我上班,让彦妞(内弟)跟着我;我退休了,就让彦妞跟我回老家,决不让他受一点

一 生 言 信

委屈！"听罢谢延信的话，老人两行热泪流了下来，带着对谢延信无尽的感激，安然地走了。

"一个女婿能做到这样不简单，就是亲生儿也难做到啊！"

俗话说，一个女婿半个儿。在谢延信的岳母冯季花的心目中，谢延信这个女婿赛过自己亲生儿。其实，在焦煤集团，谢延信的许多同事和邻居原来都以为谢延信是冯季花的亲生儿子，不知道他是她女婿。

冯季花今年已经84岁了，年轻时落下了关节炎、肺气肿的老毛病，手沾不得冷水，出门怕迎风。自从谢延信撑起这个家后，无论春夏秋冬，全家人的衣服都是由谢延信来洗。在农村那段日子，生活比较苦，每到冬天，谢延信总是千方百计买来些羊肉、羊杂给老人吃，这对一个生活在农村的人来说，已是相当"奢侈"了。

冯季花的儿子彦妞，由于智障，出门不知道回家。为此，谢延信经常满世界地找他回家。到了朱村矿工人村之后，热心的街坊四邻，经常担负起"监督"彦妞的任务。只要他离开工人村远一点，就有人把他领回家。

● 谢延信找内弟回家

曾经在朱村矿招待所当服务员的老大娘李海莲说："他那个傻弟弟，不敢上公共厕所，乱屙屎，弄得身上到处都是。小亮可没少给他洗呀，后来又专门在自家菜地里给彦妞弄了个小厕所，这才好一点儿。"

在谢延信的眼里，冯季花和自己的亲娘一样，梳头、烫脚是经常的事。房子拆迁时，他把向阳的一套卧室留给岳母和弟弟，自己住在背阳的卧室里。

谢召玉的老同事、老邻居姜修身说："亮不容易啊！一个女婿能做到这样不简单，就是亲生儿也难做到啊！"

"家里最值钱的'家具'是俺爹的骨灰盒"

谢延信的妻子亡故后，不少人为谢延信提亲，可一见面，不少人都打了退堂鼓。谢延信给对方提出的条件只有一条，就是不能嫌弃岳父家的3口人。

苍天不负好心人，在谢延信丧妻10年以后，一位年轻能干的农村妇女谢粉香带着两个孩子，走进了他的生活，与谢延信一起承担起生活的重担。从此，延信在焦作上班伺候岳父母，粉香在老家抚养女儿和种地。谢粉香选择谢延信只有一个理由："我相信他的人品。"

矿上照顾谢延信，让他到瓦斯泵房看设备。"他责任心极强，交代他的活儿从来不出岔子。"延信在机电科的老班长石生堂说，"工友们都很佩服他，家里困难从来不向别人张嘴，也从来不耽误工作。"

家庭的不幸伴随着谢延信走过了一个个酷暑严冬，经济的拮据也让谢延信备感生活的艰辛。1983年参加工作后，生活虽有好转，但谢延信与岳父的病退工资加起来也只有100多元钱，两位老人治病、一家人的生活费用，根本不够。

为从嘴里抠点儿钱给老人看病，谢延信春天到野地里挖过面条菜，夏天挖过马齿菜，秋天吃过红薯叶，冬天拾过别人扔掉的白菜帮。谢延信开的一小片荒地里，种的油菜也是一直吃到开花不能再吃为止。

谢延信的同事、好友赵国堂告诉记者，这么多年，老谢家里没有置办过一件像样的家具，屋里的床、桌子、柜子，还是公司工会送的。为省几元车费，每次给岳父看病，他都是用平板车送老人去医院。目前，家里最值钱的东西就是一台14英寸老式彩电，那还是两年前二女儿看着父亲病在床上无聊，用自己辛苦打工的410元钱买的。

谢延信如今每月能拿600多元钱，老岳母84岁了要吃药，粉香和自己身体不好也要吃药，日子实在紧紧巴巴。

谢延信弄些坛子腌咸菜，一吃就是十几年，省下来的钱给岳母买肉吃。4元钱一双的塑料凉鞋，他穿了6年，到深秋还套在脚上。5元钱一双的解放胶鞋，他则穿了整整12年。

"床是矿上的，桌子是中站区西苑社区给买的，连这个10瓦的节能灯泡都是俺社区书记李兰英给买的。"谢延信说，"原来家里最值钱的'家具'是俺爹的骨灰盒，150块钱买的，殡仪馆里得交寄存费，放不起。"

谢延信大孝至爱的感人事迹引起了社会关注。前不久，他被评上"河南省十大敬老楷模特别奖"。

二、第一次宣传热潮

可以说，谢延信给人留下最深刻的印象是善良、本分和乐观。如今的谢延信，身体已大不如前，严重的脑出血后遗症让他的语言和行动都显得迟缓多了，但那憨厚的笑容，依然感染着每一个见到他的人。

《中国青年报》2007 年 2 月 11 日

好人谢延信,你是我们年轻人的偶像

——谢延信事迹在网上产生强烈反响

◆ 任 芳

2月10日起,人民日报、新华社、人民网、新华网等新闻媒体和新闻网站对河南焦煤集团矿工谢延信事迹进行了集中报道。这些报道在网上产生了强烈反响,出现了大量赞颂谢延信大孝至爱事迹的帖文,留言发自肺腑,真实感人。

人民网网友"湖北读者"说,谢延信是真孝子、好孝子。孝道是人之美德,孝道是永恒的,要发扬光大。希望能多宣传新时期的孝子,这也是建设和谐社会的一个重要内容。如果每个家庭都和谐,何愁社会不和谐?我想给谢延信寄点钱表示一点心意,请报社告诉他的地址。

人民网一位网友作词一首称赞道:"大孝至爱,反哺是天理。今世一别终为土,何不弘扬仁义?舐犊情深无求,盼儿高飞远走。能爱才能被爱,归去更显风流。"

人民网网友"万安山"说,好!弘扬孝道,促进和谐。谴责不仁不义者。

人民网一位网友认为,谢延信的精神其实是我们中华民族传统美德的延续,但在现在的社会能像他一样三十三年如一日的人太少。

谢延信的事迹值得我们更多地去宣传，让我们的社会在经济发展的同时充满更多人与人之间的关爱！谢延信，我们会向你学习！

人民网一位小网友感动地说，谢爷爷对于生活的热爱，对人性的诠释，让我真正感到，中国人民有一颗至爱的心，足以战胜一切。

新华网网友"忧郁的剑"写道："一诺千金为大义，三十余载志不移，平凡之中有真情，大孝至爱谱心曲——谨以此诗献给焦煤矿工的骄傲谢延信。"

新华网网友"岁月如歌"说，每个人都有自己的人生哲学，有的人追求拼搏进取，有的人追求安逸享受，有的人喜欢向别人索取，有的人认为应该奉献于社会。谢延信一诺30多年，奉献于家庭、奉献于企业、奉献于社会，展现了新时代焦煤集团员工新形象。

央视国际网友"梦游三天"感叹道，谢延信，你是真正的男子汉，是我们年轻人真正的偶像。

搜狐网网友称赞说，朴实的同胞，感天、动地、泣鬼神，祝你一路平安！

河南电力行业信息网网友"五色雨"看到报道说，看到一个大写的人，极为震撼；谢延信的行为，泣地动天；一定要让谢延信的事迹，感化塞北江南！

河南电力行业信息网网友"柳依依"认为，这不仅仅是因为承诺，更多的是因为内心的良和善。

焦作云台网网友"成功靠自己"流着泪看完谢延信的事迹报道。这位被谢延信的故事深深感动的网友说，谢延信无言的行动揭示了做人的真谛，他对信义的坚守来自内心深处的挚爱。爱老人、爱妻子、爱孩子、爱兄弟，大孝至爱，大爱无边。

一生言信

浙江在线一位网友称赞道,你付出了33年的青春、理想、安逸和健康,你给予了世人永远的本分、自强、良心和责任。

人民网网友"止木"撰写了近3000字的长文《仁者,谢延信——读〈大孝至爱——记倾情照顾亡妻亲人的煤矿工人谢延信〉有感》,对谢延信事迹的意义进行了阐发。他说,谢延信的孝爱是宽泛之爱。"老吾老,以及人之老"。只有这样,我们的社会才能在和谐发展中得以繁衍昌盛。

这位网友说,谢延信的孝爱是深厚之爱。有一句俗语,叫作"久病床前无孝子"。然而,谢延信的孝爱,绝不是一时一刻、心血来潮的承诺和践言。他以其人生中最宝贵的美好时光,一爱便是33年,一爱便绵绵无尽期。谢延信的孝爱是诚信之爱。如果他践诺3年或者13年或者23年的时候,稍许走一下神,人们也会以习以为常的一种心态予以宽宥的,一定也会认为他已经尽责了,做得很不错了,但他却一直不撒手。时间,就是诚信孝道的试金石,是对诚信孝道的最真最大最久的考验。

人民网网友王廷连用两篇长文抒写了谢延信事迹带给他的感动和思考。这位网友在1500字左右的《从毛主席教会谢延信怎么做人说起》中写道,从谢延信的精神寄托中,笔者意识到,人是不能没有信仰和精神寄托的,因为信仰和精神寄托是一种伟大的精神力量。

这位网友说,我国自古就有"百善孝为先"的说法。从奉献的意义上说,大孝至爱的矿工谢延信,用30多年时间付出了自己的青春、幸福,甚至是健康,支撑着一个没有血缘关系的家,用自己普通的一举一动感动着中原,感动着中国,这种感动验证了奉献的真谛。

新华社2007年2月18日电

普通矿工谢延信大孝至爱事迹感动社会

◆ 河南日报记者

人民日报、新华社等13家中央新闻媒体和人民网、新华网等5家中央新闻网站及京华时报、新京报、北京晚报等部分都市类媒体，自2月10日起集中报道河南焦煤集团矿工谢延信33年始终如一信守对亡妻的承诺，悉心照顾瘫痪岳父、病弱岳母和智障妻弟的真情故事，集中赞颂了谢延信诚实守信、尊老敬老的高尚情操，乐观向上、自强不息的拼搏精神，爱岗敬业、忠于职守的优秀品质，突出体现了基层群众践行社会主义荣辱观、构建社会主义和谐社会的新风尚、新风貌，在社会各界引起强烈反响，取得良好宣传效果。

一、中央媒体集中宣传普通矿工大孝至爱真情故事，谢延信事迹报道成为近期焦点

《人民日报》2月11日起刊发通讯《大孝至爱——记倾情照顾亡妻亲人的河南煤矿工人谢延信》《笑对生活——河南煤矿工人谢延信的苦乐观》和报道《被爱包围——河南煤矿工人谢延信事迹采访札记》《谢延信事迹引起网友强烈反响》《谢延信进京记》。

一生言信

新华社 10 日起播发通讯《好人谢延信》和报道《简单而富有的人生——谢延信事迹采访手记》《谢延信事迹引起网民强烈反响》《谢延信进京记》。

《光明日报》11 日起刊发通讯《大孝至爱谢延信》和报道《体味谢延信的幸福生活》《更多的人在与谢延信同行》。

《经济日报》11 日刊发通讯《用爱与责任书写人生——河南焦煤集团鑫珠春公司工人谢延信的故事》《爱的升华——河南焦煤集团鑫珠春公司工人谢延信的故事》和报道《让我们以谢延信为一面镜子》《谢延信事迹引起网民强烈反响》《谢延信进京记》。

中央电台《新闻和报纸摘要》节目 11 日起播出录音报道《为了一个 30 年的承诺》和编辑短评《和谐社会的实践者》《谢延信事迹引起网民强烈反响》；还在《新闻纵横》节目播出专题《好人谢延信》。

中央电视台《新闻联播》节目 10 日起播出报道《谢延信：一人温暖一家心》《谢延信：真情传递胜血亲》《谢延信：一家带来万家春》《采访记者做客各大网站谢延信事迹网上反响强烈》；《焦点访谈》节目播出专题《大孝至爱谢延信》；《新闻会客厅》节目播出专题《谢延信：大孝无言》。

二、聚焦平民典型，创新报道手法，扩大覆盖层面，谢延信事迹报道形成鲜明特点

聚焦平民百姓，展示真情故事，实现了人物报道的一次突破。近年来，众多普通劳动者、普通平民群众不断走进电视镜头、走上报纸版面。谢延信只是一位普普通通的矿工，作为一名社会底层的

典型，33年大孝至爱演绎真情故事，更容易为普通群众所接受。

运用故事、情节和细节，生动再现、还原谢延信事迹，增强了谢延信事迹报道的感染力。报道从谢延信大孝至爱33年岁月长河中，选取了谢延信改"姓"尽孝、用第一个月工资为岳父买收音机、千方百计为岳父求医问药等一个个平常而又感人的故事，通过谢延信背诵"老三篇"、喜欢唱曲剧、骑自行车340多里回家探望、自己开辟荒地种菜、自己编制菜篮子、用醋泡黑豆治高血压、用一本书题词给女儿作嫁妆等大量真实而生动的细节，几乎白描式地再现、还原谢延信事迹，成功塑造了一个可信、可亲、可敬、可学的普通矿工形象，具有较强的感染力。

创新推出方式，改进报道手法，提高了谢延信事迹报道的吸引力。为了充分发挥网络媒体传播快、含量大、互动强的特点，组织各新闻网站前后两次推出专题，先组织网民与谢延信进行互动交流，再组织网民与采访记者进行交流互动，各网交流在线人数都超过6万人次。《人民日报》等各报分别刊发记者采访手记，以记者所见所闻、所感所思，对谢延信事迹的精神内涵进行提炼、总结，形象阐述谢延信身上所凝聚的中华民族优秀传统美德。

都市类媒体的参与，扩大了谢延信事迹报道的覆盖面，提高了谢延信事迹报道在社会基层和百姓家庭的影响力。

三、谢延信真情故事感动受众，在社会上尤其在基层群众中引起强烈反响

谢延信感人事迹经新闻媒体广泛报道后，在社会上引起强烈反

一生言信

响，人们争相用各种方式表达对他和他一家人的敬意，认为建设和谐社会需要这样的平民楷模，需要谢延信身上的高尚美德。

在中央电视台《新闻联播》和《焦点访谈》播出当晚，很多焦作市民聚集在市中心东方红广场电子大屏幕前收看有关谢延信的报道。焦煤集团百里矿区数万名员工和20多万名家属认真收看中央电视台新闻节目，并将各大报纸抢购一空、争相传阅，一个深入学习谢延信的热潮正在中原大地蓬勃兴起。

谢延信家乡河南滑县半坡店乡车村原党支部书记焦同正动情地说："这几天村民们看的、说的、议的都是谢延信，俺车村两千老少爷们儿为延信感到骄傲，通过学习谢延信，孩子们变得更孝顺了。"刚从北京求学归来的焦作籍研究生陈丹激动地说："没想到谢延信只为一句承诺付出了那么多。在当今社会，这样的人真应该多宣传，让他成为所有人尤其是我们年轻人的偶像。"河南理工大学要求学生寒假为父母做一顿饭、与父母谈一次心、给父母敬一杯酒、向父母说一句祝福话、给父母鞠一个躬、帮父母干一些家务活、为父母洗一次脚和照一次相，让学生在感恩活动中与谢延信同行。

北京一位女教师联系京华时报记者说，谢延信的报道催人泪下，催人奋进，他们全家人都看了，希望报纸多报道这样的平民楷模，也希望记者牵线能够让他们帮助谢延信一家。洛阳某企业联系农民日报记者说，谢延信是农民的骄傲，是河南的骄傲，希望记者能够牵线为谢延信老家农村小学捐资助学。

四、谢延信真情故事成为近日网上舆论热点

人民网、新华网、央视国际等5家新闻网站先后两次推出谢延信专题，一直保持较高的浏览量和关注度，各网专题日均浏览量都超过了20万人次，各网组织网民与记者在线交流时，上线人数都超过了6万人次，新华网一篇特稿浏览量高达8.2万人次，论坛最高回帖数达到800多篇。网民纷纷表达对谢延信的敬佩之意、祝福之情和学习之志。人民网网友说，家庭是社会的细胞，家庭和谐是社会和谐的基础，谢延信三十三年如一日，用诚信、爱心、孝心，用平凡而伟大的言行照顾亡妻亲人，勇敢承担起家庭和社会责任，促进了家庭和谐与社会和谐。央视国际网友"飞鹰"说，"孝"字说来容易做起来难，看到延信的感人事迹，我禁不住热泪盈眶，面对一个和自己几乎没有任何血缘关系的家庭，他却将一个"孝"字阐释了33年！新华网一网友说，我是哭着看完这篇文章的，心里只有一句话想对老谢说：老谢，苦日子总有一天会到头，希望你坚持下去，甜美的日子在后面等待着你，愿你后半生会有一段甜美的日子！

网民纷纷深入研讨谢延信事迹的精神内涵。数名网友自发贴出《品味谢延信的精神内涵》《从毛主席教会谢延信怎么做人说起》《大孝至爱感动中国》《有爱才有孝》等多篇长幅帖文。央视国际网友"渭水河"说，谢延信是一位讲信誉的人，也是一个诚实的人，诚实是为人之本，也是信用之基，一诺千金啊，是他给我们以实际行动讲述了一诺千金的故事。央视国际网友"海拉尔鹰"说，在谢延信身上，充分体现了中华民族几千年来推崇的品德：朴实、守信、节

一生言信

俭、注重孝道，爱之深处孝为先，谢延信的爱是对我们中华传统美德的最好诠释，他放射出来的爱当然是伟大的！

网民纷纷建议多宣传谢延信这样的平民楷模。人民网友"让我带你飞"说，真诚希望中宣部组织中央、省市主流媒体在全国范围内大规模宣传这样的楷模，这对构建和谐社会，促进家庭、人际关系必将有着重大影响。央视国际网友"行者26"说，在我国有5000多年文明史的今天，社会上流行一切向钱看、一切向权看的今天，以孝为道、倡导和谐的氛围越来越被人们所忽视，强烈要求将谢延信的事迹编入青少年思想品德教科书，大力学习谢延信，树中华文明风范。新华网友说，谢师傅用30多年的含辛茹苦，写出了孝的本质，写出了孝的意义，新华社、新华网应该多宣传一些像谢师傅这样平凡而伟大的平民英雄，他们同样是我们民族的脊梁！

《河南日报》2007年2月27日

三

第二次宣传热潮
——大孝至爱感动中国

一生言信

寻找感动中国的矿工评选活动揭晓

——十大杰出矿工 十大杰出人物 三名特别奖荣誉矿工名单出炉 历时一年多时间,组委会在500多名参选人物中艰难遴选

◆ 李 韦

日前,"兖矿杯——寻找感动中国的矿工"评选活动揭晓。

在全国煤炭企业积极支持、广泛参与下,经过基层逐级推荐,评委会认真评选,最终,吴如、马力等10人当选"兖矿杯——寻找感动中国的矿工"十大杰出矿工,谢延信、李明杰等10人当选十大杰出人物,李玉林、张前东、党素珍3人摘得特别奖荣誉矿工

● 谢延信当选"兖矿杯——寻找感动中国的矿工"十大杰出人物

一生言信

桂冠。

  本次活动历时 1 年多时间，在全国范围内引起强烈反响。最后推选出的 23 名感动中国矿工集中展示了中国矿工队伍的整体风貌和优秀品质，是中国 550 万名矿工的优秀代表，也是中国当代矿工艰苦创业、科技创新、无私奉献的缩影。

  他们当中，有李长春同志亲自批示向其学习、被赞誉为"大孝至爱"的河南焦作煤业集团矿工谢延信；有几十年如一日，为矿工奉献爱心的好矿嫂党素珍；有在"矿山愚公"的劳模付来成……每一位感动中国的矿工身上都有一段催人泪下、感人肺腑的故事，他们的故事感动了矿区，感动了中国。

  "兖矿杯——寻找感动中国的矿工"活动于 2006 年 2 月 25 日在北京人民大会堂举行了启动仪式。活动主旨就是加大对煤炭工业的正面宣传力度，全面提升煤炭工业的社会形象，向全国人民展现当代矿工与时俱进、无私奉献的动人风采，他们鲜为人知的感人故事及灵魂深处高尚的思想情操，进一步增强煤炭行业的凝聚力，努力为煤炭企业营造一个和谐宽松的环境，促进煤炭工业健康持续地向前发展。

  自启动之日起，该项活动就引起了广泛反响。各基层煤炭企业都把这一活动当作关乎企业形象和荣誉的大事，精心组织，认真推荐。至 2006 年 7 月，不到 5 个月的时间里，组委会收到了来自全国 22 个省、自治区、直辖市近百个煤炭企业参选人物的 500 余份事迹材料。

《中国煤炭报》2007 年 4 月 13 日

谢延信当选"全国十大孝老爱亲模范"

——受到胡锦涛等党和国家领导人亲切接见

◆ 董柏生　赵国堂

由中央文明办、全国总工会、共青团中央、全国妇联组织的全国道德模范评选今日揭晓,以大孝至爱感动中国的谢延信当选"全国十大孝老爱亲模范"。中共中央总书记、国家主席、中央军委主席胡锦涛在人民大会堂亲切接见谢延信等全国道德模范并发表重要讲话。中共中央政治局常委李长春参加接见。

人民大会堂北大厅,一片欢声笑语。胡锦涛等领导同志与全国道德模范一一握手,亲切交谈,并合影留念。

在热烈的掌声中,胡锦涛发表了重要讲话。他首先代表党中央、国务院向受到表彰的全国道德模范表示衷心的祝贺和崇高的敬意。

胡锦涛指出,由中央文明办、全国总工会、共青团中央、全国妇联联合举办的全国道德模范评选表彰活动,是一件很有意义的事情,对于形成良好社会风尚、提高公民道德素质具有重要推动作用。

胡锦涛强调,道德力量是国家发展、社会和谐、人民幸福的重要因素。加强社会主义道德建设,倡导爱国、敬业、诚信、友善等道德规范,形成男女平等、尊老爱幼、扶贫济困、礼让宽容的人际

一生言信

● 谢延信与孝老爱亲模范获得者一起接受表彰

关系，培育文明道德风尚，是社会主义精神文明建设的重要任务。

胡锦涛指出，榜样的力量是无穷的。这次表彰的全国道德模范，都是群众爱戴的先进典型。他们身上体现了中华民族的优秀品质，反映了我国社会发展进步的时代精神。希望同志们再接再厉，在本职岗位上继续发挥示范带头作用。各级党委和政府要积极关心、爱护、宣传全国道德模范，全党全国都要以道德模范为榜样，自觉实践社会主义荣辱观，努力在全社会进一步形成知荣辱、讲正气、促和谐的良好风尚。

在此次全国道德模范评选中，来自焦作煤业（集团）鑫珠春公司的谢延信当选"全国十大孝老爱亲模范"。

谢延信的先进事迹不仅引起了中央、省委领导的高度重视，在全省乃至全国也引起了强烈反响。2007年年初，中央各大新闻媒体、

三、第二次宣传热潮

全国著名的都市类报刊集中采访刊播了谢延信大孝至爱的先进事迹。全国两会期间，人民日报、新华社、中央电视台等中央级新闻媒体再次聚焦谢延信，部分全国人大代表、政协委员还建议将谢延信事迹编入青少年思想品德教科书。在刚刚结束的由中央文明办、全国总工会、共青团中央、全国妇联组织的全国道德模范候选人投票活动中，作为"全国十大孝老爱亲模范"候选人的谢延信，仅在我市平面媒体的得票数就超过95.5万张，网络得票超过120万张。

当晚，谢延信参加了在中央电视台演播大厅举行的全国道德模范颁奖晚会。

《焦作日报》2007年9月19日

谢延信事迹展览馆昨日开馆
铁代生出席开馆仪式并作重要讲话

◆ 董柏生　刘　鹤

焦作市学习道德模范又添教育基地。9月13日，反映谢延信大孝至爱精神的谢延信事迹展览馆举行隆重的开馆仪式。市委书记铁代生，市委副书记贾春明，市委常委、宣传部部长秦海彬以及焦煤集团董事长、党委书记杜工会出席开馆仪式并参观了谢延信事迹展览馆。铁代生希望各级各部门以谢延信事迹展览馆开馆为契机，进一步掀起学习"谢延信精神"的热潮，精心组织，周密安排，迅速行动，推动学习谢延信活动的深入开展，使"谢延信精神"真正在每个人身上生根发芽、开花结果，成为推动我们工作的强大动力。

谢延信是焦作市在学习贯彻社会主义荣辱观、构建和谐社会新形势下涌现出的平民典型。学习宣传谢延信，对进一步弘扬传统美德，加强公民思想道德建设，努力构建和谐社会具有重要的现实意义。为进一步把学习宣传谢延信活动引向深入，更形象、更具体、更直观地展现谢延信大孝至爱、爱岗敬业的高尚情操，焦煤集团鑫珠春工业有限责任公司建成了面积600余平方米的谢延信事迹展览馆。展览内容由大孝至爱、平民典型、组织关怀、媒体关注、学习

三、第二次宣传热潮

谢延信事迹展览馆开馆仪式

宣传、百花争艳、古代二十四孝图以及媒体报道、报告会场次和荣誉称号三个一览表等8个部分组成,共展出照片182幅、实物200多件。展览馆以大量翔实的资料全面展示了谢延信大孝至爱、诚信守诺、无私奉献、爱岗敬业的思想道德境界。

铁代生说,谢延信事迹展览馆的开馆,是焦作市精神文明建设上的一件大事,对学习谢延信活动的深入开展,对推动和谐焦作建设具有重大而深远的意义。1年多来,谢延信同志的先进事迹不仅引起了中央、省委领导的高度重视,在全省乃至全国也引起了强烈反响。2007年年初,中央各大新闻媒体、全国著名的都市类报刊集中采访刊播了谢延信大孝至爱的先进事迹。全国两会期间,人民日报、新华社、中央电视台等中央级新闻媒体再次聚焦谢延信,新华社等还先后编发了部分全国人大代表、政协委员关于将谢延信事迹编入

一生言信

青少年思想品德教科书，树中华文明风范、促和谐社会建设的建议。特别是在刚刚结束的由中央文明办、全国总工会、共青团中央、全国妇联组织的全国道德模范候选人投票活动中，作为全国十大孝老爱亲模范候选人的谢延信，仅在我市平面媒体的得票数就超过95.5万张，网络得票超过120万张。这一切都充分说明，谢延信的精神已经深入人心，谢延信的事迹已经深深感动了每一个人。

铁代生说，谢延信事迹展览馆的建成，为我们加强精神文明建设提供了一个很好的平台。全市各级党委、政府要利用好这个平台，进一步深入开展社会主义荣辱观教育，激发全市上下不断增强贯彻科学发展、构建和谐社会的自觉性，激发广大干部群众干事创业、推进又好又快发展的活力；各级各类企业要把谢延信事迹展览馆作为企业文化建设的有效载体，组织广大干部工人先学一步，学深一步，培养出更多的谢延信式的好职工，推动和谐企业建设；各级教育部门和大中专院校以及各级中小学校要切实把谢延信事迹展览馆作为广大青少年学生的思想品德教育基地，利用班会、党团员活动日等形式，精心组织参观学习，推动和谐学校建设；各级机关、工会、妇联、团组织和社区要组织各行各业干部群众，通过到谢延信事迹展览馆参观，进一步学习和理解谢延信的精神实质，学先进、赶先进，对照先进找差距，认真解决思想深处的问题，着力提升每个人为社会、为家庭、为单位服务的水平，推动和谐机关、和谐社区、和谐家庭建设；各新闻媒体要及时宣传报道全市广大干部群众学模范、见行动的事迹，营造更加良好的舆论氛围。

就如何深入持久地学习宣传谢延信精神，铁代生强调，要对谢延信这个先进典型进行进一步的认识和挖掘，在学习宣传上要再上一个新台阶；要充分发挥谢延信事迹展览馆的作用，丰富展览馆的内涵，无限度地放大这个阵地的外延，使其真正成为焦煤集团、焦作市精神文明教育的基地，成为我市和谐社会建设的一个重要窗口；全市各行各业要将学习谢延信与本职工作结合起来，使谢延信精神真正在每个人身上生根发芽、开花结果，成为推动我们工作的强大动力。

焦煤集团、河南理工大学、鑫珠春公司的负责人分别结合工作实际，就如何深入学习宣传谢延信精神作了发言。

焦作市职工思想道德教育基地、焦作市青少年思想品德教育基地、焦作市家庭美德教育基地和大学生思想道德教育基地同日在谢延信事迹展览馆挂牌。焦作市第八中学的学生和中站区朱村街道西苑社区部分居民在首日参观了谢延信事迹展览馆。

《焦作日报》2007年9月14日

徐光春在学习全国道德模范加强社会主义道德建设座谈会上强调：
高度重视切实加强社会主义道德建设 为实现中原崛起提供强大的精神力量

◆ 平 萍 熊 飞

河南省"全国道德模范"及"全国道德模范提名奖"获得者刚刚载誉归来，9月21日上午，省精神文明建设指导委员会就召开学习全国道德模范、加强社会主义道德建设座谈会。省委书记徐光春出席会议并作重要讲话。他强调，要认真学习胡锦涛同志在会见全国道德模范时的重要讲话精神，高度重视和切实加强社会主义道德建设，把加强社会主义道德建设作为一项常抓不懈的基础工程，努力形成知荣辱、讲正气、促和谐的良好社会风尚，为全面建设小康社会、实现中原崛起提供强大的精神力量。

对于河南参与全国道德模范评选活动，徐光春非常重视。在评选工作开始后就要求有关方面积极组织引导广大干部群众踊跃参加评选活动，把参与的过程作为了解模范、学习模范、热爱模范、崇敬模范的过程，作为一次参与精神文明建设的过程，作为接受教育、

三、第二次宣传热潮

加强修养、不断提高的过程,用满腔热情和实际行动来推动全省社会主义道德建设。

在认真听了"全国道德模范"获得者王一硕、"全国道德模范提名奖"获得者周国允的发言后,徐光春发表了讲话。

徐光春首先意味深长地强调了"两个很重要",一是胡锦涛同志提出的以"八荣八耻"为主要内容的社会主义荣辱观很重要。自觉践行社会主义荣辱观,事关中华民族素质的提高,事关国家和人民的形象,事关全党全国工作大局。二是加强社会主义道德建设对于河南很重要。切实加强社会主义道德建设,促使全省近亿人民更加自觉地践行社会主义荣辱观,对于提升河南形象、扩大河南影响具有特殊意义,直接关系全面建设小康社会、实现中原崛起的大局。

徐光春说,由中央文明办、全国总工会、共青团中央、全国妇联联合举办的全国道德模范评选表彰活动,是新中国成立以来规模最大、规格最高、评选范围最广的一次,既是对6年来我国公民道德建设成就的检阅和总结,也是对今后公民道德建设的引领和推动。河南是一块崇尚英模、造就英模、英模辈出的热土,在全省人民全面建设小康社会、实现中原崛起的伟大实践中,涌现出一大批在全省乃至全国具有重要影响的道德模范。在这次全国道德模范评选表彰活动中,河南省推荐的伺候瘫痪岳父18年、照顾多病岳母和呆傻妻弟33年的谢延信,火车轮下救儿童的李学生,惊涛骇浪中下海救人的魏青刚,深怀感恩之心、志愿服务西部、靠打工提前还清助学贷款的王一硕,湖北省推荐的不顾江水冰冷湍急、勇救落水老人的赵传宇,湖南省推荐的背着捡来的妹妹上学、自立自强的洪战辉,共6名河南人当选"全国道德模范",占全部当选人数的1/9,名列

一生言信

全国第一。同时，甘于吃亏、无私奉献的李连成，"时刻穿行在死亡线上"的王百姓，"大爱无言的好军嫂"吴新芬，把诚信看得比生命还重的周国允，"照亮战士心灵的爱之灯"乔文娟，富而思源、善行故乡的裴春亮，共6名同志获得"全国道德模范提名奖"。大家受到胡锦涛同志的亲切接见，聆听了胡锦涛同志的重要讲话。这不仅是你们个人的光荣，也是9800万河南人民的骄傲。这么多同志成功当选、这么多同志获得提名，充分说明了河南好人多、河南风气好，充分说明了河南的形象在不断提升、河南的影响在不断扩大。希望道德模范在各自岗位上戒骄戒躁，再接再厉，发挥示范带头作用，在社会主义道德建设中作出新成绩。各级党委、政府要进一步关心、爱护、宣传道德模范，全社会都要学习先进、崇尚模范，促进社会文明程度和道德水平进一步提高。

对于道德的内涵，徐光春作了生动的阐释。他说，道德是灵魂，人没有灵魂，就成了行尸走肉；道德是精神，人没有精神，就会失去生存的价值；道德是镜子，人没有镜子，就无法认识自我，完善自我；道德是尺子，人没有尺子，就无法分辨是非，判断对错；道德是阳光，人没有阳光，就无法温暖人心，和谐人间；道德是力量，人没有力量，就无法克难攻坚，奋勇前进。

对于道德的作用，徐光春作了深刻的分析。他说，道德对个人、民族、社会、国家都有着举足轻重的影响，在人类社会发展中具有十分突出的作用和十分强大的力量。道德能左右人生的价值，帮助人们认识自我和社会，确立人生的目的和意义，唤醒人们的良心、良知，逐步形成其人生观和价值观。道德能造就民族的素质，促使人们克服愚昧、贪婪、自私、懒惰等人性的弱点，努力成为正直、

三、第二次宣传热潮

善良、勤劳、勇敢、高尚的公民,培育造就团结奋斗、开拓创新、积极进取的民族精神。道德能影响社会的进步,通过规范个人行为,协调社会关系,促进社会公平、公正、正义、和谐,推动社会不断文明进步。道德能改变国家的发展,通过激励人们的积极性、主动性、创造性,形成推动国家发展的合力,改变国家的面貌。

对于道德的力量的特点,徐光春作了精辟的表述。他说,道德的力量是强大的。道德作为一种精神力量,是通过社会舆论和内心信念影响人们的行为,在某种意义上甚至超过法律的效果,也是物质力量不可比的。道德的力量是广泛的。为人讲道德,从政讲政德,家庭讲美德,社会讲公德,道德调整的范围无处不在、无时不有、无事不关。道德的力量是深刻的。道德内化于心、内得于己,潜移默化、深入心灵,深刻影响着人们的习性、品格和意志,深刻影响着人的一辈子,深刻影响着社会的变化。道德的力量是永恒的。道德随着人类文明的曙光而产生,随着时代的发展而发展,是推动人类文明不断向前发展的永恒力量。道德的光芒永远照耀着人生的道路,永远指引着社会前进的方向。

徐光春指出,必须把加强社会主义道德建设作为一项常抓不懈的基础工程,不断提高社会文明程度和道德水平,为全面建设小康社会、实现中原崛起提供强大的精神力量。加强社会主义道德建设,关键是要做到"五个坚持"。

第一,要坚持用教育来提升。要突出教育重点,紧紧抓住党员干部和青少年这两个重点,切实搞好思想道德教育,促进全省社会主义道德建设的深入开展。要明确教育内容,紧紧抓住社会主义核心价值体系这一社会主义制度的内在精神和生命之魂,深入开展教育活动。要抓住教育关键。牢牢抓住家庭、学校、机关、企事业单位和社会四个重要环节，切实把家庭教育、学校教育、单位教育和社会教育紧密结合起来。要创新教育方法。加强示范教育，深化警示教育，增强教育的针对性、有效性和持久性。

第二，要坚持用实践来推动。要坚持道德实践与倡树社会主义荣辱观相结合，引导广大干部群众特别是青少年在实践中辨荣辱、受教育、长才干、作贡献。要坚持道德实践与精神文明创建活动相结合，深入开展文明城市、文明村镇、文明行业、文明单位等群众性精神文明创建活动。要坚持道德实践与解决突出问题相结合，从解决公民行为习惯和社会风气中存在的突出问题入手，坚决改变群众反映强烈的社会不良风气。

第三，要坚持用法纪来制约。要发挥法律法规对道德建设的保障作用，建立健全道德激励约束机制，依法惩治突破道德底线的不法行为，用法律手段引导和规范人们的言行。要加强各种规范和守则建设，组织、动员广大群众修订完善市民公约、村规民约、职业规范、学生守则等，使社会主义道德成为社会各个阶层、各个群体的共同行为准则。要教育和督促党员干部遵纪守法，使广大党员干部自觉加强党性锻炼，重品行，讲操守，做遵纪守法的楷模。

第四，要坚持用典型来示范。通过树典型，充分发挥模范人物的示范带动作用，不断推进社会主义道德建设。既要广泛宣传、深入学习模范人物的先进事迹，又要注意发现总结、学习推广在新的社会实践中涌现出来的新典型，用先进典型影响人、感召人、带动人，形成学先进、赶先进、当先进的良好社会氛围。

第五，要坚持用舆论来引导。要营造浓厚的舆论氛围，大力宣

三、第二次宣传热潮

传道德模范的先进事迹和崇高品德，使广大群众见贤思齐、创先争优。要营造浓厚的文化氛围，大力加强社会主义先进文化建设，广泛开展积极向上的群众性活动，坚决制止、严厉查处不良文化行为。要营造浓厚的社会氛围，充分利用各类爱国主义教育基地、文化馆、图书馆等阵地，开展公民道德建设宣传普及活动，不断提高道德素质和全社会的文明程度。

徐光春指出，加强社会主义道德建设，关键在党。各级党委要把社会主义道德建设作为一项事关全局的战略任务，作为加强社会主义精神文明建设的重要抓手，列入议事日程，纳入经济社会发展总体规划，认真研究部署，扎实稳步推进。党员领导干部要以身作则，率先垂范，号召群众做的事，自己首先做到；要求群众抵制的事，自己绝不染指，为广大群众当表率、作楷模。

会前，徐光春等领导亲切会见"全国道德模范"获得者和"全国道德模范提名奖"获得者，代表省委、省人大、省政府、省政协，向他们载誉归来表示热烈欢迎、衷心祝贺，并致以崇高的敬意。

会上，省委宣传部常务副部长、省文明办主任马正跃介绍了河南省"全国道德模范"评选推荐和全国道德模范候选人赴北京参加颁奖活动的情况。

部分省辖市、省直有关单位、中央驻豫新闻单位和省属新闻媒体的负责同志参加座谈会。

《河南日报》2007年9月22日

大孝至爱　感动人心

◆ 曲昌荣

谢延信与岳母

谢延信被评为"全国道德模范"后，河南焦作大地处处感受到道德的力量。

9月21日下午，老谢刚回到西苑社区就被邻居们围住了问这问那。老邻居赵廷正高兴地说："你可给咱老少爷们争了光啦！大人小孩都以你为榜样向你学习呢。"回到家里，老谢的岳母掂起沉甸甸的"全国道德模范"奖章，笑得合不拢嘴。

谢延信原名刘延信，今年55岁，是河南焦作煤业（集团）鑫珠春公司机电科工人。

1973年，刘延信与同村姑娘谢兰娥喜结良缘，婚后幸福美满。然而，天有不测风云，第二年7月，产下女儿仅40天的谢兰娥因病撒手人寰，临终前她一遍遍嘱咐丈夫要好好照顾自己的爹妈和智障兄弟。望着痛不欲生的两位老人，想着爱妻临终时的嘱托，善良的延信"扑通"一声跪在两位老人面前："爹、娘，兰娥不在了，俺就是你们的亲儿子，你们有病俺伺候，百年以后俺送终！"为了让岳父母安心，他说服家人，改姓为谢。

1979年岳父患重度脑中风，再也没有站起来。一老、一瘫、一傻、一幼，家庭的重担全部压在了谢延信的肩上。为了省下钱给老人治病，谢延信直到患脑出血住院前，没有为自己花过一分钱看病。妻子去世后，为了照顾这个家，谢延信一直没有续娶。上天不负有情人。谢延信的善良和真情最终打动了一位善良的农家女——谢粉香，她心甘情愿走到了他的身边，并与他一同撑起这个艰难的家。

谢延信的事迹经媒体报道后，感动了无数的人。谢延信家附近的居民更以老谢为榜样。居民郭振东动情地说，老谢是我们的邻居，在工作中又是同事，在我们眼里他只是一个平凡的人，但他那颗金子般的心，早已深深地感动了我们社区。我们社区这么多年没有发生过案件和不孝顺老人的事，这都与老谢的模范带头作用分不开。

为了学习谢延信，焦作市在商业区、公交车、出租车等地竖立、

一生言信

张贴学习谢延信公益宣传画，被命名为"焦作市公民思想道德建设教育基地""大学生思想道德建设教育基地""中小学生思想道德建设教育基地"的鑫珠春公司谢延信事迹展览馆，经过改造后，面积由原来的 30 余平方米扩展到 300 余平方米，焦作市已组织 100 多家企事业单位、大中小学校参观，已接待省内外参观者 1 万余人次。

《人民日报》2007 年 10 月 7 日

电视连续剧《好人谢延信》开拍

◆ 李丽静

来自河南省焦作市中站区委宣传部的消息，11月20日，以大孝至爱的新时代楷模谢延信为原型的18集电视连续剧《好人谢延信》在焦作市中站区选景开拍。

现年55岁的谢延信是焦煤集团鑫珠春公司的一名普通矿工。

● 电视连续剧《好人谢延信》揭牌仪式（实际播出时改为18集）

一 生 言 信

　　1974年，他面对亡妻许下诺言，任劳任怨地照顾岳父岳母以及智力残疾的内弟。33年来，他主动担起了伺候瘫痪的岳父、丧失劳动能力的岳母、呆傻内弟的重担，以煤矿职工特有的质朴和善良，演绎出大孝至爱的人间真情，在社会上引起强烈反响。

● 电视连续剧《好人谢延信》剧照

　　18集电视连续剧《好人谢延信》由中央电视台、中国国际电视总公司联合摄制，由曾获中国电视"飞天奖""金鹰奖"的知名导演曾剑锋执导，编剧由长篇小说《谢延信》的作者范光担任，制片主任由北京电影学院资深导演胡人担任。

　　导演曾剑锋介绍说，该剧总投资1000万元，计划拍摄2个月，后期制作1个月。预计春节前后在中央电视台一套节目中与观众见面。

新华社郑州2007年11月20日电

道德模范谢延信在春晚

◆ 董柏生　何延生　程慎光

在由中央电视台举办的2008年春节联欢晚会上,给河南观众、焦作观众留下深刻印象的,是来自焦煤集团鑫珠春公司的全国道德模范谢延信7次在春晚的直播屏幕上亮相,以及谢延信那7次发自内心的微笑。

身在北京心在焦

第一次参加中央电视台春节联欢晚会,30多年来第一次不和岳母、内弟在一起过春节,这使得谢延信既高兴又不安。

陪同谢延信一同进京的鑫珠春公司政工部部长何延生说,2月4日一到北京,老谢就给家里打电话报平安。当天下午,老谢参加了春晚的第六次彩排,彩排一结束,老谢就往家打电话报喜,告诉岳母和妻子见到了赵本山、张国立等明星,见到了林秀贞等全国道德模范。

6日中午,老谢又往家里打电话,嘱咐妻子谢粉香把妈妈和弟弟照顾好,把暖气的火生大一点,不要让妈冻着了。听妻子说年货都

一生言信

准备好了，一家人都好，公司帮扶小组送来了鞭炮，还帮忙包饺子、贴对联时，老谢才放心。他又让岳母接电话，提醒岳母注意身体，等他回去了好好吃个团圆饭。

7次微笑打动电视观众

何延生说，2月6日19时，他陪着老谢进入直播现场，从吃晚饭开始，老谢就特别激动。和林秀贞、许振超等另外5位全国道德模范坐在前排贵宾席上后，老谢感慨道："真气派，真好。"当晚会进行到23时许、节目主持人白岩松向观众隆重推出6位全国道德模范时，场内响起了经久不息的掌声。在4个多小时的晚会中，摄像机的镜头7次对准了谢延信，始终面带微笑的谢延信给广大的电视观众留下了深刻印象。

● 2008年2月5日，全国道德模范谢延信（前排右一）在中央电视台春节联欢晚会现场

晚会直播当晚，记者在北京工作的一位同学看到谢延信上春晚后打来电话，说谢延信笑得朴实、自然。他说，谢延信在北京很有名，很多人都知道他是个大孝子，是河南人的骄傲。

道德模范受"追捧"

道德模范亮相春晚并向全国人民拜年是今年春晚的一大亮点。因此，谢延信在春晚彩排、直播的两天中，也成了众多主持人、明星、观众"追捧"的对象。

何延生说，2月4日16时，老谢参加了春晚的第六次彩排，当白岩松简要介绍谢延信的事迹时，许多观众都发出了由衷的赞叹。彩排结束后，白岩松、张泽群等央视主持人以及郭达、黄小娟等明星纷纷与老谢合影留念，许多观众也争相与老谢合影，请老谢签名。看到老谢不厌其烦地与大家照相、签名，同样是河南人的张泽群不住地夸赞老谢："你给咱河南争了光，你是咱河南人的骄傲。"

何延生说，5日一大早，电视连续剧《好人谢延信》的制片人赵瑾一、谢延信的扮演者吴军和爱人便来到他们所住的宾馆给老谢拜年。6日14时，老谢与其他5位全国道德模范一起接受了中央电视台《一年又一年》栏目的直播采访，当节目主持人采访老谢时，老谢即兴为全国观众清唱了一段曲剧《沙家浜》。7日上午，何延生陪老谢到天安门、王府井转悠时，大家认出了谢延信，纷纷向他拜年，为他祝福，许多人还向这位当代"孝星"送了小礼物，与他合影留念。

《焦作日报》2008年2月13日

2007年度"感动中国人物"评选活动揭晓 谢延信当选

◆ 董柏生

● 2007年,谢延信当选"感动中国人物"

2007年度"感动中国人物"评选活动日前揭晓,颁奖盛典于昨日20时在央视一套播出。《感动中国》评委会向"嫦娥一号"卫星研制开发团队表达了特别致敬。

据新华社报道,获得2007年度《感动中国》荣誉的人物是:中国航天事业奠基人钱学森;国家最高科学技术奖获得者闵恩泽;党的理论传播者方永刚；悉心侍奉亡妻家人33年的河南工人谢延信；香港教育界的传奇夫妻钟期荣、胡鸿烈；用爱心唤醒英雄的妻子罗映珍；为保护群众生命财产牺牲的空军飞行员李剑英；被称为"湖南张海迪"的残疾人李丽；坚守医德的医生陈晓兰；为救落水者牺牲的年轻军人孟祥斌。

《感动中国》年度人物是主办方经过对一年来发生在全国各地感人事迹的梳理和调查，并根据活动推选委员会成员意见，以及观众投票结果综合评定的。过去6年间，《感动中国》节目向全国观众推出了60多位人物。

《感动中国》组委会授予谢延信的颁奖词

当命运的暴风雨袭来时，他横竖不说一句话，生活的重担压在肩膀上，他的头却从没有低下！他就像是一匹老马，没有驰骋千里，却一步一步地到达了善良的峰顶。

《感动中国》推选委员推荐谢延信

杜玉波：这个人对爱情忠贞，对老人孝顺。谢延信，人如其名，信守一生。

陈淮：家庭是什么，是人世间最可信赖的社会细胞。谢延信做到的不仅仅是孝，还是对家庭亲人的忠诚。我们这个社会需要的就是这种忠诚。

《焦作日报》2008年2月19日

煤矿工人谢延信当选"双百"人物

◆ 孟福生

经中央批准,由中央宣传部、中央组织部、中央统战部等11个部门联合组织开展的旨在推动群众性爱国主义教育活动、弘扬爱国主义精神的"双百"人物评选活动,自2009年5月中旬启动以来,社会各界反响热烈,广大干部群众表现出巨大热情。在7月20日至8月10日的社会群众投票阶段,群众参与投票总数近1亿。这每一张选票,都表达了对英雄模范的崇敬,都凝聚着对人生价值的思考,都寄托着对伟大祖国的美好祝福。在投票评选的基础上,经过有关部门审核、组委会评审组专家投票等程序,最终评选出"100位为新中国成立作出突出贡献的英雄模范人物和100位新中国成立以来感动中国人物",并于9月11日隆重揭晓。

9月14日下午3时许,"100位为新中国成立作出突出贡献的英雄模范人物和100位新中国成立以来感动中国人物"代表座谈会在北京人民大会堂隆重举行。

谢延信作为刚刚当选"100位新中国成立以来感动中国人物"的代表,作为当代煤矿工人的唯一代表参加了座谈会。这不仅是谢延信的荣耀,也是全国煤矿工人的荣耀,是整个煤炭行业的荣耀。

会前，胡锦涛等党和国家领导人高兴地同代表们热情握手，向当选的"双百"人物代表表示热烈祝贺，向"双百"人物亲属表示亲切慰问，向为新中国成立、建设和改革发展作出突出贡献的英雄模范人物致以崇高敬意。

中国煤炭工业协会 2009 年 9 月 15 日

四

第三次宣传热潮
——新闻媒体持续关注　纷纷回访

一生言信

一肩扛起残破家

◆ 陆 欢 魏 莘

当生活的重担一次又一次地压在老谢的肩膀上,他从来没有低过头。35年来,他乐观、朴实的笑脸感动着身边的每一个人。

57岁的谢延信,是河南省焦作煤业(集团)鑫珠春公司一名普通矿工。每天早上,谢延信都会早早起床,一边做早饭,一边为87岁的岳母洗脸梳头,之后再招呼57岁智障的妻弟吃饭。他伺候瘫痪的岳父18年,照顾多病的岳母和智障的妻弟35年。青丝成白发,孝心不改,爱心不移。

1973年,21岁的河南滑县小伙刘延信与同村姑娘谢兰娥喜结良缘。随后他们有了小女儿——刘变英。然而,不幸的是,妻子因患产后风,在女儿出生40天后撒手人寰。

妻子临终前,拉着延信的手嘱咐:"俺走后最放心不下的是咱的闺女、咱爹娘和傻弟弟,你今后要多替俺照顾好爹妈和咱兄弟,俺在九泉之下也感激你。"面对临终的妻子,延信许下了承诺。

"俺一定照顾好老人、弟弟,你放心吧。"仅此一句承诺,延信苦苦厮守这个家,35年来,他从来没有后悔。

1974年兰娥走的时候,家里的光景特别难。岳母因患有肺气肿,

一生言信

丧失了劳动能力，唯一的内弟先天智障，生活不能自理，只有岳父一人在 300 多里之外的焦作煤矿上班，再加上襁褓中的女儿，延信肩上的担子很重、很重……

为了让岳父母相信他不会放弃这个家，刘延信把名字改成了谢延信。

祸不单行，1979 年冬天，在焦作煤矿上班的岳父突发中风住了院。这一住就是 3 个月，延信每天守在岳父床边尽心照料。"在急救室，他铺个草席睡在病床边，比亲儿子伺候得还恭敬。"岳母冯季花说。

岳父的命保住了，却瘫在了床上。岳母患肺气肿、胃溃疡，丧失了基本劳动能力，内弟先天智障，生活难以自理，幼小的女儿需人照顾，这就是谢延信家的现实。

对这个家的一片挚爱，令每一个熟悉谢延信名字的人都感动。"他岳父，在屋里长期躺着很寂寞，老谢背他出来晒太阳，两个人一块听着豫剧打着拍子，外人一看，都以为是父子俩。谁说久病床前无孝子，老谢大孝子呀。"邻居赵国堂激动地说。

岳父每月 60 多元的病休工资养活不了全家 4 口，延信抽空就去打零工，挣钱补贴家用。

1996 年，瘫痪了 18 年的岳父也走了，生活的重担再一次压在延信的肩上。"老伴走了，要是延信不在这儿，俺这一家人就过不去了，就碎了。"老岳母冯季花深陷的双目里噙着泪水。

为了全身心照顾岳母一家，谢延信把幼小的女儿刘变英送回自己父母家。直到如今，谢延信的女儿还称呼自己的父亲为叔叔。

记得有一次，老谢回家给小变英买了一条红围巾，他拉着女儿想亲自给她围上。"我那时只有六七岁,硬是挣脱叔的手走了,我觉得他跟陌生人一样。"提起这事刘变英笑了。

"我亏欠最多的是女儿。"10岁那年,变英与同村孩子玩耍,眼睛不慎被误伤,落下终身残疾。"当时家里没钱给她治,她虽没怨过我,可我知道我对不住的就是变英了。"提起变英,平时乐呵呵的老谢显得有些苦涩。

面对苦难,谢延信没有怨言,他用肩膀扛起了这个残破的家。1984年9月,一位善良的农家女谢粉香走进了老谢的家。

25年过去,他们风雨同舟,至诚永远。

《人民日报》2010年2月24日

2011年12月10日，新华社记者双瑞在记者"走基层、转作风、改文风"活动中，深入朱村工人村梅苑社区谢延信家中，面对面与谢延信及他的家人、邻居交流，采写出了《蕊香苑里伺候最后一个"宝"》文章，中央及地方报刊纷纷刊登。

谢延信：伺候家里最后一个"宝"

◆ 双 瑞

谢延信与岳母

12月一个寒冷的下午，我们来到河南省焦作市梅苑社区蕊香苑谢延信的家。

下午4时许，蕊香苑4单元门口的一小片蒜苗在夕阳的余晖里摇曳。旁边的小板凳上放着一本彩图版《弟子规》和一只透明茶杯，隔着玻璃映出红红的山楂和绿绿的茶叶，主人却不见踪影。

等了约莫10分钟，一个头戴小帽、身材敦实的人出现在小院门口，远远地就冲我们招手，声音洪亮："街上有人卖山药，我去看热闹啦！"照顾亡妻的父母兄弟30余载、感动几亿中国人的好人谢延信就这样出现在我们面前。

谢延信本不姓谢，他原名刘延信，1952年出生在河南省安阳市滑县半坡店乡车村。1973年，他经人介绍与同村青年谢兰娥喜结连理。1年后，刚生下女儿40天的谢兰娥得了产后风，自知不久于人世，她哭着把多病的父母和痴呆的弟弟托付给丈夫。

为让岳父母放心，他甚至专门回老家召开家庭会议，把本姓"刘"改成了岳父的姓氏"谢"。

岳母80多岁的时候回想从前，还是觉得不敢相信："当时我一直怕亮儿（谢延信）就是说说，万一有一天他走了，我们这一家人就没着落了。"

为了照顾岳父母一家，谢延信搬到了岳父的工作地焦作。岳父每月60多元的病休工资难以养活4口人，谢延信除了照顾中风在床的岳父，还抽空到附近农村的砖瓦窑打零工。最费心的是小他2岁的呆傻内弟，不仅生活不能自理，还经常乱跑不见踪影。谢延信每天吃饭前必定把他找回家，有好的留给他吃，指甲也帮他剪得整整齐齐。

1983年，谢延信顶替岳父成为煤矿工人，上班第一个月就给久病卧床的岳父买了收音机解闷。给老人翻身、抹爽身粉、背出来晒几小时太阳，是谢延信每天必做的功课。至1996年辞世，卧床18年的岳父从没有得过褥疮，这让医生也大为惊叹。

一生言信

30多年里，谢延信陆续送走了岳父、内弟，迎来了老伴谢粉香和儿孙。退休后的他生活并未有太大改变，年事已高的岳母仍旧是他最挂心的。给岳母端碗热水，梳梳头发，他做起来自然到了极点。岳母快90岁了，仍旧能独自出门散步，谢延信发自内心地感到欣慰。

2011年春节前后，谢延信一家搬进了河南煤业化工集团焦煤鑫珠春公司提供的梅苑社区三室一厅新居，生活条件大为改善。客厅里最显眼的是一幅字画，"孝行天下"4个字分别用4种字体书写。喜欢舞文弄墨的谢延信自豪地介绍，那是一个有名的书法家送他的。

2003年，谢延信一度因突发脑出血导致健康每况愈下，记忆力和语言表达能力严重衰退。如今，谢延信红光满面、步伐稳健，聊起天来兴致勃勃。

下午5时左右，出去遛弯儿的岳母和妻子陆续回家了，家中热闹起来。谢延信说："家里就剩岳母一个'宝'了，该怎么伺候还怎么伺候。"

新华社郑州2011年12月28日电

好人谢延信：40 年坚守见证人间大爱

◆ 李 鹏

走进公众视野 6 年多的时间里，河南焦作普通矿工谢延信的事迹传遍全国，感动无数人。刚刚过去的一年，岳母离世，谢延信兑现了 40 年前对亡妻的承诺，但"心好像也被掏空了"，大病了一场。

● 电视连续剧《好人谢延信》谢延信扮演者吴军（左二）和谢延信（右二）一起做客中国网访谈栏目

一生言信

走进谢延信位于焦作市西郊梅苑社区的家中时，刚从医院输液回来的谢延信正在客厅里陪着上小学的孙子写寒假作业。房间里简约明亮，客厅的墙上挂着谢延信与多位国家领导人握手的照片，是什么时候受到的接见，大病尚未痊愈的老谢已经记不清了。4年前，为改善谢延信的住房条件，谢延信工作的焦煤鑫珠春公司为他安排了这套位于一楼的三居室，屋内向阳的房间是谢延信特意为岳母和内弟安排的卧室，依稀可见老谢的细心。

追忆往事，40年前，一个人担负起替妻尽孝的担子时，谢延信还是个二十出头的壮小伙儿。那时，谢延信的名字还是刘延信。1974年，婚后一年的妻子谢兰娥生下女儿后不久得了产后风，临终前把多病的父母和患有先天智障的弟弟托付给了谢延信。为了让岳父一家放心，谢延信向妻子践诺的首件事儿就是把自己的姓从"刘"改成了"谢"。在照顾了岳父岳母和内弟30多年后，谢延信的事迹经媒体报道，感动全国。

如今，岳父、内弟和岳母先后离世，谢延信兑现了承诺，已年逾六旬，白发满首。从"感动中国的矿工——十大杰出人物"，到"全国道德模范"，再到"感动中国人物"，谢延信的名字和事迹不仅广为人知，也感染和激励着越来越多的人。

尽管去年开始身体状况已不允许谢延信外出宣讲，但成立多年的"谢延信报告团"则一直坚持在省内外各单位和高校的宣讲台上；在谢延信敬老爱老的感染下，焦煤鑫珠春公司投资100万元将谢延信居住的梅苑社区打造成了"全国敬老文明号"……

名气越来越大，谢延信却依然坚守着自己朴实节俭的本色：许多单位和个人的捐款捐物都被老谢谢绝了，实在推不掉的，老谢又都捐给了福利机构为他成立的"谢延信基金";由于身体不好,谢延信退休金的最大支出是医药费,一日三餐青菜、馒头、面条,谢延信最大的愿望是有家人陪伴的平常日子,"我不是什么名人,我做的都是该做的,没什么特殊,就希望一家人平平安安"。

新华社郑州2014年2月4日电

还是那个谢延信

◆ 董柏生　赵国堂

谢延信本姓刘，小名亮，是河南煤化（集团）焦煤鑫珠春公司的退休工人。

36年前，妻子谢兰娥生下女儿40天后，因产后风离开人世。留给他的是这样一家人：岳父在300多里之外的焦作煤矿上班（后瘫痪在床），岳母因患多种疾病基本没有劳动能力，内弟先天呆傻生活难以自理。

谢延信跪在痛失爱女的岳父母面前，流着泪承诺："兰娥不在了，俺就是你们的亲儿子，有病俺伺候，百年以后俺送终。"为让二老放心，他把自己的姓改成了谢。

为了这个家，谢延信在妻子去世10年后才与谢粉香再婚，夫妻俩共同承担起伺候前妻3位亲人的责任。

谢延信的事迹经媒体报道后，在全国产生了强烈反响，他先后被评为首届"全国道德模范"和感动中国十大人物之一，被誉为"民族的美德、社会的良心"。

四、第三次宣传热潮

平凡依旧

谢延信成了名人后，生活轨迹并没有因此而改变，他仍用平凡的言行，画着自己的"圆"。

走进谢延信家中，我们看到屋里有所变化的是14寸小电视换成了21寸的超平大彩电；还有一台冰箱，是拍摄电视剧《好人谢延信》时剧组送的。

邻居张红芳告诉我们："老谢好热闹，俺们打扑克，他就坐在一边看，冬天里和俺们坐到房根下晒太阳、拉家常，现在的老谢跟以前没啥两样。"

邻居赵廷正说，小亮见面跟俺打招呼都是叫叔，他内弟经常不知道回家吃饭，都是小亮去找。小亮去外地参加活动回来后，还经常给他岳母和内弟捎点心和纪念品。有一次，俺见他内弟胳膊上戴个手镯，就问："谁给你买的？"他内弟说："是亮哥买的。"

陪同谢延信参加过多次活动的公司宣传科的同志，向我们讲述了他许多感人的事儿。

有一回，谢延信到北京天坛公园游览。买票时，一位工作人员认出了他，不让他买票，谢延信却坚持买票。他说："占国家的便宜，我心里不踏实。"

谢延信当选全国道德模范后，中央文明办对他进行帮扶。他说："这钱不能要，比俺困难的多着呢，俺每月有工资，够花了。"最后，有关部门用这笔钱给他买了保险。

谢延信的妻子谢粉香告诉我们，自从报纸、电视上播出老谢的事儿后，全国各地的好心人要给寄钱、寄物，都被老谢谢绝了；还有几个家政、托老公司和个人来家里找到老谢，出高价要求老谢代言广告或以他的名义合伙办公司，也都被老谢谢绝了。

孝心依旧

听说我们要来，谢延信手里把玩着核桃笑呵呵地从外面锻炼回来了。只见他坐到岳母跟前，问有事没有？中午想吃啥饭？因为天冷，他习惯地把围在岳母头上的围巾往下拉了拉，把脖子盖严实。

他岳母对我们说："俺爱看豫剧，领导来慰问时送的一台彩电，俺亮让放到俺屋里啦！礼拜天俺娘俩一块看《梨园春》，是最高兴和开心的时候。"

我们了解到，1996年8月，谢延信卧床18年的岳父走了。为了实现岳父的心愿，也为了履行自己的承诺，谢延信一直将岳父的骨灰存放在家里。直到去年，才在修武一家陵园下了葬。

谢延信说："俺妈的身体还硬朗，兄弟的身体还可以。现在公司从看病等多方面照顾，生活过得很好，今后只要一家人不生病就中。"

他岳母说："俺最担心俺亮的病，平时一直叮嘱他，转悠时不要走远了，不要感冒了，只要他好好的，俺一家就好。"

爱心依旧

如今，邀请谢延信参加公益活动的事多起来。他说，只要是对

四、第三次宣传热潮

社会、对大家有益的事儿，再困难也要参加。

奥运会之前，焦作市一些老同志自发举行"我为北京奥运尽一份力"的宣传活动，特邀谢延信参加。因脑出血谢延信落下了反应迟钝、行动不便的后遗症，再加上天气炎热，血压也不正常，家人和医生都纷纷劝阻。但他欣然答应，每天早上坚持锻炼，保持体力，最终圆满完成了火炬传递任务。

谢延信参加"寻找感动中国的矿工"颁奖活动时，

● 2008年7月27日，谢延信参加奥运火炬传递

煤矿系统奖励他1万元，他说啥也不要。没办法，单位拿这笔钱设立了"谢延信基金"，用来帮扶生活困难的人。

不是谢延信不需要钱，正常上班的时候，他每月工资不足600元。最困难的时候，他生病买不起药。但是，面对受灾群众，他却很大方。

2008年年初，我国许多地方遭受了罕见的雪灾，谢延信将1000元钱捐款送到市红十字会。

2008年5月13日晚上，正在河北沧州参加全国道德模范与"沧州好人"座谈会的谢延信，从电视上看到汶川遭受地震灾害后，当

一生言信

即捐款 500 元,并打电话叮嘱老伴在公司也为他献上一份爱心。

2010 年 4 月 21 日,谢延信所在的公司组织职工向青海玉树灾区捐款,他得知消息立即捐了 300 元。

……

我们高兴地看到,谢延信还是那个谢延信,那个平平淡淡的谢延信,那个大孝至爱、感天动地的谢延信!

《党建》2011 年第 2 期

侍候老岳母不"退休"

◆ 刘 璐

再见老谢是在他的梅苑小区新家。"我虽然已经退休了,但是侍候老岳母的'工作'不能'退休'。"4年多没见,谢延信还是那么朴实、憨厚。

谢延信是河南省焦煤集团鑫珠春公司的矿工,1973年和同乡女青年谢兰娥结为夫妻。1年后妻子生下女儿后得了产后风去世,谢延信向临终前的妻子承诺,要像儿子一样照顾她的爹娘。这一诺将近40载,从此谢延信和瘫痪的岳父、多病的岳母和呆傻的内弟组成了一个没有血缘关系的家。谢延信感动了无数人,为此先后荣获"全国五一劳动奖章""全国道德模范""2007年度感动中国人物""全国孝老爱亲模范"等称号。

● 谢延信给岳母喂饭

"谢师傅退休后,生活方式变了,但他朴实的本质一点没变。"

一 生 言 信

鑫珠春公司工会副主席赵国堂向记者介绍：谢延信侍候瘫痪的岳父18年，老爷子去世后骨灰盒一直放在家里。2008年，谢延信退休时特意为岳父买了个墓地。2011年初冬，呆傻的内弟突发疾病去世，谢延信又给内弟买了一个墓地。"一个吃喝拉撒都不能自理的人，能活到57岁，这与谢师傅的精心照顾分不开。"赵国堂感慨地说。

谢延信的岳母已经88岁，身患肺气肿、心脏病、胃溃疡、关节炎几十年了，在谢延信无微不至的照顾下，现在活得仍然非常滋润。"这都是女婿侍候得好啊，到现在还时不时给我洗洗脚、梳梳头呢。"老太太笑呵呵地说。

记者询问谢延信的身体情况，他一个劲地说："中，可中，脑出血落下的后遗症现在恢复得很好，说话也利落了许多。"老谢退休

● 谢延信给灾区捐款

后工资只有 700 多元，平时生活非常节俭，面对社会公益事业却很大方。2008 年年初，我国南方许多地方遭受了罕见的雪灾，老谢将 1000 元送到了焦作市红十字会。2008 年 5 月 12 日，四川汶川遭受地震灾害，他第二天就捐了 500 元。

《人民日报》2012 年 2 月 4 日

谢延信：奉献孝心不分亲疏

◆ 许跃芝

1973年，河南焦煤集团鑫珠春公司矿工刘延信与同村姑娘谢兰娥喜结良缘，婚后幸福美满。然而，天有不测风云，第二年7月，产下女儿仅40天的谢兰娥因病撒手人寰，临终前她一遍遍嘱咐丈夫要好好照顾自己的爹妈和智障兄弟。

望着痛不欲生的两位老人，想着爱妻的嘱托，刘延信跪在两位老人面前说："爹、娘，兰娥不在了，俺就是你们的亲儿子，你们有病俺伺候，百年以后俺送终！"为了让二老放心，刘延信改名谢延信。

谢延信这一跪，跪出了30多年的真情与责任，跪出了30多年的忠贞与孝心。

1979年岳父患重度脑中风，再也没有站起来。一老、一瘫、一傻、一幼，家庭的重担全部压在了谢延信的肩上。岳父大便干结，他用手往外抠；岳父喜欢听豫剧，他省吃俭用买了一部收音机；岳父喜欢听武侠小说，他借书读给老人听。他帮老人按摩、翻身、擦洗、活动，老人心情不好骂他，他一笑了之，从不计较。岳母体弱多病，谢延信想方设法为老人买补品补养身体。老人头疼脑热，他就守在病床前喂水喂饭、端屎端尿。内弟先天呆傻，经常外出后不知回家，谢延信满大街找……

为了省下钱给老人治病、补充营养，谢延信直到患脑出血住院前，没有为自己花过一分钱看病。4元钱一双的塑料凉鞋，他补了又补，一穿就是6年。一件衬衣白天穿脏了晚上洗洗，第二天再穿，穿了整整10年。妻子去世后，为了照顾家，谢延信一直没有续娶。通情达理的岳母既欣慰又愧疚，一次次劝他走，劝不动就骂，边骂边往外赶。上天不负有情人，谢延信的善良和真情打动了善良的谢粉香，她心甘情愿来到他身边，并与他一同撑起这个艰难的家。

谢延信参加工作以来，无论在什么岗位，干一行，爱一行，精一行，从未因家庭拖累影响工作。他在单位从不提家事，给人的印象总是乐呵呵的，工友们是从侧面了解到他的家庭情况的。单位工会领导在一次家访中看到谢延信家的情况很吃惊：十几平方米的房子，用两块木板拼的床……回来后，领导要为老谢提供救济金，但被他拒绝了。他说："自家的日子自家过，好的我不攀比，他人的我不眼馋，困难的人多了，不只是我一家。"

《经济日报》2014年1月22日

谢延信：处实不华

◆ 崔志坚　王水涛

谢延信，焦煤集团鑫珠春公司机电科一名普通矿工。1974年，妻子生下女儿后撒手人寰，22岁的谢延信信守对妻子的承诺，把岳父母和智障的内弟接到自己家，数十年如一日，照顾一老一瘫一病一幼，一诺至孝几十年的感人故事传遍神州大地。他曾被评为"感动中国的矿工——十大杰出人物""全国道德模范""感动中国人物"。

随着谢延信事迹的广为传播，一些单位和个人也纷纷向谢延信捐款捐物，但均被他谢绝。在"感动中国的矿工——十大杰出人物"专场报告会后，中国煤矿文联奖给他1万元现金，可谢延信死活不肯要，最后，用这笔钱设立了"谢延信基金"。

位于焦作市西郊的焦煤集团鑫珠春公司梅苑社区一楼的一套三居室就是谢延信的家。4年前，他搬到这里之前，一直住在老旧房子里。新家里电视、冰箱、洗衣机等家电一应俱全，谢延信细心地将那些电器包装箱上写着赠送单位和姓名的封条一一保留着，邻居们注意到，谢延信特意让年迈的岳母和智障的内弟住在向阳的房间里。

谢延信用其朴实的行动阐释了大孝至爱的真谛。多年来，不断有单位想邀请谢延信去作报告，从2013年起身体状况已不允许他再外出宣讲，成立多年的"谢延信报告团"则还一直坚持到省内外各个单位和高校进行宣讲。焦煤集团鑫珠春公司党委副书记张明军介绍说，榜样的力量依然在传播。

在谢延信家里，记者看到墙上的两张照片，张明军介绍说，"3年前，他内弟突发疾病去世；2013年，90岁的岳母也离世。"两位亲人都是安详地离去，谢延信信守了他的承诺。

见到有人来访，正在写寒假作业的小孙子忍不住抬头张望，谢延信见状，轻抚孩子的头说："好好写，要专心。"如今谢延信的儿子还没有固定工作，在建筑工地打工，但是谢延信从来没有向单位提出给儿子安排工作的要求。"我不是什么名人，我做的都是该做的，没什么特殊的，一家人平平安安的就是我最大的愿望。"谢延信平静地说。

张明军说："《道德经》里讲，大丈夫，处其实，不居其华。谢延信正是处实不华。"

《光明日报》2014年2月7日

戏曲电影《女婿》在我市开机

◆ 孟福生

为使先进典型的生命力和影响力更为持久，用艺术的形式再现先进人物的感人事迹和崇高精神，2018年10月12日，由焦作市委宣传部、河南省豫剧院、河南祥礼戏剧文化艺术发展中心、郑州市赢冠文化传媒有限公司联合拍摄的戏曲电影《女婿》在我市修武县

● 2018年10月12日，以谢延信事迹为原型的豫剧电影《女婿》开机

举行开机仪式。省政协原主席王全书，省人大常委会原副主任张程锋，市委书记王小平，市政协原主席秦海彬等出席开机仪式。河南省豫剧院院长李树建，《女婿》主演、著名豫剧表演艺术家孟祥礼等参加了开机仪式。

戏曲电影《女婿》剧照

戏曲电影《女婿》是以首届全国道德模范、2007年"感动中国"十大人物、鑫珠春公司矿工谢延信为生活原型创作，讲述了谢延信遵守对妻子的承诺，30余年如一日照顾亡妻家人，用实际行动完美诠释中华民族传统美德，用温暖真情演绎人间大爱的故事，塑造了一个集大爱、大孝、大义于一身的典型人物形象。

据悉，戏曲电影《女婿》将以豫剧和电影相结合的艺术形式再现谢延信的感人事迹和崇高精神，致力于打造集思想性、艺术性、观赏性于一体，体现焦作煤矿工人"特别能战斗"精神、弘扬中华美德的文艺精品。该片的拍摄也是继《好人谢延信》电视剧后又一部反映大孝至爱谢延信感人事迹的影视作品。

《河南能源报》2018年10月16日

谢延信精神成为道德"火种"

◆ 孟福生

2016年10月的一个午后,笔者来到位于焦作市西郊的焦煤鑫珠春公司的梅苑社区谢延信的家中。初入眼帘,谢延信只是依偎着一把躺椅静静地品读着一份报纸,就在翻阅报纸的间隙,看到了我们,谢延信赶忙热情招呼我们坐下。

细心的我们发现,即将步入花甲之年的他,由于多年备受疾病的折磨,身体已经大不如以前。

"现在一家人照顾我"

4年前,谢延信的内弟突发疾病去世,两年前,其年迈的岳母也因病离世,谢延信的心似乎也被掏空了。2015年4月的一场大病让他住进了医院,出院后身体远不如从前,每天都要定时定量吃数十种药,每两个月就要到焦煤中央医院输液,检查身体。

"现在身体是彻底不行了,以前我照顾老母亲、内弟,现在,一家人照顾我,角色变了……"言语间,谢延信透露着些许伤感。

现在的谢延信依然保持着生活节俭的作风。退休金基本都花在了医药费上，没有多少结余帮衬家里，一家人的生活一直很简朴，一日三餐大都是青菜、馒头、面条，如今身体不好的他烩面吃的也少了。

当被问及日常安排时，谢师傅起身要带我们转转，步履蹒跚的谢延信走路很慢，但在被病魔折磨的脸庞上还是显露出浅浅的微笑，谢师傅一边走着，一边和邻居打招呼。

"谢爷爷出去啊，注意身体！"刚刚考上研究生的邻居任凯见到谢延信热情问候着。

"好好学！"谢师傅简短地回复着，面带和蔼的微笑……

谢师傅告诉我们，这是现在的生活：早晨5点左右起床，吃完早饭就出去转转圈，中午睡个午觉，下午再到处转转，有时在墙根底下晒晒太阳，其余的时间多半看看单位给我订的几份报纸。这几年有病，脑子记不住了，哪也看，不转转，害怕忘记大家伙，不看看，担心脑子不好使，给家里添麻烦。

谢延信虽然名气大了，但他始终保持着一颗平常心。如今谢延信的孙女刘露露毕业后还没有固定工作，靠打工谋生，但是谢延信从来没有向单位提出给孩子安排工作的要求。

道德"火种"继续传播

在谢延信大孝至爱精神的影响下，鑫珠春公司的职工家属区梅苑社区也潜移默化地发生着"变化"。

"小区里住的都是公司的职工，几年下来，大家伙都在谢延信精神的带领和鼓舞下，让小区成了一个尊老至孝的社区，谢延信精神也成为大家伙的道德'火种',社区也在前年被国家老龄工作委员授予首届全国'敬老文明号'称号。"鑫珠春公司梅苑社区主任王淑霞高兴地说。

在谈及这几年谢延信的变化时,王淑霞说:"没啥变化。希望谢师傅把身体养好,将道德'火种'继续传播。"

为了弘扬谢延信爱老敬老的孝行,鑫珠春公司还以弘扬谢延信大孝至爱精神为契机,先后对梅苑社区投资100万元,新建了老年人活动中心,建设棋牌室、图书室,修建了占地5000余平方米的焦作市面积最大的社区文化休闲广场,在社区主要道路及小区安装了群众健身器材。

"现在,每天都和老伴儿一起在此纳凉、休闲、健身,有时还能欣赏大家伙自编自演的舞蹈和文艺表演,挺得劲。"正在广场健身的鑫珠春公司职工程金才高兴地说。

采访中,梅苑社区工作人员苗亮卿还告诉我们,为了进一步营造学习谢延信尊老助老的浓厚氛围,社区还专门成立了"孝道协会""志愿者服务队",先后开展了"奉献爱心、关爱服务、温暖空巢老人""志愿者服务队走进家属区""评选好媳妇"等活动,活动从党员到团员、从老人到少年,帮助孤寡老人和困难家属,以实际行动践行了"谢延信精神"。社区里也先后涌现出了张祥青、高美香等好儿媳代表。

在该社区的焦作五中教导处主任郝长敏了解到,为使"谢延信精神"化为学子感恩父母、孝敬老人的实际行动,还开展了"聘请谢延信为学校荣誉辅导员""参观谢延信先进事迹展"等活动,要求学生节假日回到家里要为父母做一顿饭、谈一次心、说一句祝福的话、鞠一个躬、干一些家务活、洗一次脚……让学生体会父母工作的辛苦和无尽关爱。

"现在企业经营形势虽然没有以前好了，但'谢延信精神'我们不能丢，企业发展越是困难，就越要弘扬发挥好谢延信重诚守诺、艰苦奋斗精神，提升干部职工士气。"鑫珠春公司董事长、党委书记、总经理许成富说。

多年来，不断有单位想要邀请谢延信前去作报告，自从2013年谢延信身体状况不好后，他就不再外出宣讲，但成立多年的"谢延信报告团"还一直坚持到省内外各个单位和高校进行宣讲。

《中国煤炭报》2016年9月23日

五

各级领导关怀

一 生 言 信

"中国好人榜"（河南）颁奖仪

10万元保险单送给了谢延信

◆ 郭长秀　刘会琴

1月7日,全国道德模范谢延信收到了一份珍贵的礼物,省委宣传部常务副部长、省文明办主任马正跃来到谢延信家,郑重地将中央文明办为谢延信购买的10万元养老保险单送到他的手中。

马正跃说,中央文明办及省委宣传部、省文明办,对生活困难的全国道德模范及提名奖获得者进行帮扶,充分体现了党和政府在建设和谐社会的进程中,重视道德感化力量、以人为本的理念。"这些道德模范的社会价值是不能用金钱来衡量的。"西苑社区的一位居民说,好人应该有好报。

据了解,省委宣传部、省文明办近日也拨出9万元专款,对乔文鹃、魏青刚等河南省部分全国道德模范、全国道德模范提名奖获得者提供生活帮扶。中国人民财产保险焦作市分公司还向谢延信赠送了价值19.9万元的家庭财产保险。

《大河报》2008年1月8日

中宣部、中央文明办慰问谢延信

◆ 孟福生

2018年1月29日中午,中央文明办中国文明网副总编辑周黎明一行在河南省文明办专职副主任王飞,焦作市委常委、宣传部部长、副市长宫松奇,市委宣传部副部长、文明办主任张爱华,焦煤集团党委副书记许平凡等人的陪同下,代表中宣部、中央文明办到中央医院慰问首届全国道德模范谢延信。

病房内,谢延信穿着一件黑色的棉袄坐在病床上。见到谢延信,周黎明送上鲜花和慰问金,谢延信接过鲜花,将鲜花小心翼翼地放在身边,眼里闪烁着泪花,嘴里不停地说着"谢谢"。

周黎明转达了中宣部、中央文明办领导对谢延信的亲切问候,并祝福谢延信早日康复。周黎明轻轻握住谢延信的手说:"谢师傅,您好吗?我们专程从北京来看望您了。作为首届全国道德模范,您是我们大家学习的榜样。中央刚刚表彰了第六届道德模范,您作为首届道德模范,要好好保重身体,将好人精神延续下去,更好地发挥道德模范的榜样引领作用……"谢延信感动得连声说谢谢,并衷心感谢中宣部、中央文明办的关怀慰问。

周黎明详细询问了谢延信的身体状况以及家里生活情况,并叮嘱医护人员要想尽办法、尽心尽责将谢师傅身体医治好。当得知谢延信的身体逐渐康复后，周黎明嘱咐谢延信的妻子谢粉香要好好照顾谢延信，家里有什么困难要及时向组织上反映，组织上在政策允许的范围内会予以解决。最后，周黎明提前向谢延信及家人送上新春的祝福。

*《河南能源报》*2018 年 1 月 30 日

中宣部、中央文明办慰问全国道德模范谢延信

◆ 孙 军

根据中宣部、中央文明办统一安排，2019年1月13日上午，中央文明办有关部门负责同志在河南省文明办有关领导的陪同下，专程来河南省焦作市看望慰问了正在焦煤集团中央医院住院治疗的全国道德模范谢延信。市委副书记刘涛，市委常委、宣传部部长宫松奇陪同慰问。

谢延信，河南省滑县半坡店乡车村人，退休前是焦煤集团鑫珠春公司机电科的一名普通员工。自1974年起，他以孝道为荣、以敬业为荣、以奉献为荣，将自己的爱心一点一滴地倾注到亡妻的3位亲人——瘫痪的岳父、丧失劳动能力的岳母、呆傻的妻弟身上，付出了自己的青春、幸福甚至健康，践行了中华民族尊老爱幼的传统美德，同时对待工作兢兢业业、勤勤恳恳、任劳任怨。2007年以来，他先后荣获全国道德模范、"感动中国"十大人物等称号。

关爱道德模范，礼敬有德之人。在焦煤集团中央医院病房，中央文明办有关部门负责同志代表中宣部、中央文明办，向谢延信致以诚挚的问候和新春的祝福，送上慰问金和慰问品，详细询问谢延

信的身体状况和家庭生活情况,并祝愿谢延信早日康复。省文明办领导和刘涛等市领导也对谢延信致以慰问和祝福。刘涛还叮嘱医护人员和有关部门领导,要照顾好谢延信的身体和生活,让道德模范在引领社会新风的同时,也能得到全社会的关心和爱护。

《焦作日报》2019 年 1 月 15 日

市领导看望慰问全国道德模范谢延信

◆ 赵改玲

2020年1月14日上午,焦作市委常委、宣传部部长宫松奇一行登门看望慰问全国道德模范谢延信,为他送去党和政府的关怀以及社会各界的温暖。

68岁的谢延信,自1974年起将自己的爱心一点一滴地倾注到亡妻的3位亲人——瘫痪的岳父、丧失劳动能力的岳母、呆傻的妻弟身上,付出了自己的青春甚至健康,践行了中华民族尊老爱幼的传统美德。工作中,他兢兢业业、勤勤恳恳、任劳任怨。2007年以来,他先后荣获全国道德模范、"感动中国"十大人物等称号。

当日上午,宫松奇一行来到谢延信位于中站区朱村街道梅苑小区的家中,给谢延信送上慰问金、鲜花和礼品,并送上新春祝福。"身体咋样了?""还会唱戏不?""老家还有人吗?"宫松奇拉着谢延信的手,亲切地询问他的生活、家庭等情况,叮嘱他保重身体。

宫松奇说,谢延信是全社会学习的榜样,要落实关爱帮扶措施,切实解决先进典型的实际困难,彰显好人好报、德者有得的价值导向。要在全社会营造崇德向善、见贤思齐、德行天下的浓厚氛围。

当日，宫松奇还到博爱县寨豁乡江岭村看望慰问贫困户。

《焦作日报》2020 年 1 月 15 日

焦煤集团领导慰问全国道德模范谢延信

◆ 孟福生

2021年2月4日上午，焦煤集团党委书记、董事长魏世义，党委常委、工会主席曹其跃到全国道德模范谢延信以及困难职工家中开展节前慰问，为他们送上新春的祝福和企业的关怀。

8时15分，魏世义、曹其跃一行来到梅苑小区谢延信家中。"年货备齐了没有？这段时间身体怎么样？天气暖和点了要多晒晒太阳。"一进门，魏世义就拉着谢延信的手关切地询问他的身体状况，并送上慰问金和慰问品，向他致以新春的祝福。自2003年以来，谢延信先后发生3次脑梗，并伴有高血压等症，因小脑萎缩导致行动不便，需要24小时照顾。魏世义说，谢延信是焦煤集团的骄傲，在学习他大孝至爱精神的同时，还要把这种精神传承下去，用模范言行感染职工、影响职工，汇聚起推动企业发展的强大精神动力。曹其跃叮嘱谢延信的妻子谢粉香说，冷寒交替，要注意饮食和保暖，把谢延信照顾好，家中有困难要及时反映，我们一定想办法帮助解决。

《焦煤视窗》2021年2月5日

六

谢延信精神大家谈

一 生 言 信

被爱包围

◆ 曲昌荣

采访谢延信一家,记者得到了他的邻居和鑫珠春公司(原焦作朱村煤矿)同事的热心帮助,他们争先恐后介绍老谢的事迹,很多人拉着记者的手,恳切地说:"多宣传这样的好人啊!"

而腼腆的老谢却反复和记者说:"要替我感谢邻居、领导和同

● 谢延信与妻子谢粉香一起照顾岳母

事，没有大家，我根本撑不起这个小家。"简简单单一句话，道出了谢延信一家人的心声。随着采访的深入，记者也被这浓浓的互助风气所感动，谢延信能坚持33年一心照顾亡妻亲人，与他周围的环境分不开，他的亲人、同事、邻居都给了他巨大的支持。

谢延信最感激的当然是他现在的妻子谢粉香。他的行为也赢得了亲朋好友的支持和理解。三哥帮他带大了女儿变英，哥哥姐姐替他给亲生父母养老送终。谢延信家从平房搬到家属楼，花了1万多元，是亲戚们这家300元那家200元凑起来的。谢粉香说，亲戚们不让他们说还钱的事，"现在都记不大清谁给了多少了。"

鑫珠春公司是焦作煤业集团原朱村矿破产重组建立起来的。1998年，煤炭行业萧条，部分职工下岗，情绪很不稳定，谢延信本也在下岗之列。矿领导专门研究了他家的情况，认为谢延信一旦下岗，这一家人会衣食无着，便照顾他留岗。谢延信患高血压后，单位照顾他，将他从井下调到井上。2003年他又住了3次医院，单位照顾他办理退养手续后，又特意安排他去瓦斯泵房看设备，每个月多了400元的收入。为了帮助这个家，焦煤集团党委副书记张生赋同谢延信结成了帮扶对子。"我知道这是矿上变通着照顾我呢。"谢延信常念叨着。

谢延信家有困难，最先伸出援手的常常是他的邻居们。对门邻居王风英每逢洗衣服的时候总要问一声谢延信的岳母："大娘，有没有要洗的，拿来我帮你。"邻居们做点好吃的，总会给谢延信家端一碗，他家要打煤球时，几家邻居都下来帮忙……每周，社区都要组织人去他家帮忙打扫卫生。附近学校的青年志愿者也经常帮忙料理家务。

"我们社区穷是穷了些，可风气好在焦作是有名的。在这里，大家尊老爱幼，邻里之间互帮互爱。为什么能这样？因为有谢延信这个道德标杆，是他给我们作出了表率。他有了困难，我们大家当然要帮助。"西苑社区党支部书记李兰英这样说。

"谢延信体现出来的强烈的社会责任感，是我们建设和谐矿区的基石。他的事迹是我们巨大的精神财富，我们要学习他，更要爱护他，帮助他。"鑫珠春公司党委书记、董事长张长明这样说。

是的，谢延信生活和工作的环境是如此团结，如此友爱。他一直生活在爱的包围中，享受到了被尊敬的感觉，增添了与困难斗争的信心和勇气。这不正是一种互动的和谐吗？

《人民日报》2007年2月20日

体味谢延信的幸福生活

◆ 崔志坚　刘先琴

采访谢延信之前一直担心：是否扰乱了他平静的生活？而这平静，又是他被太多的不幸纷纷扰扰着的弥足珍贵的幸福？

走进谢延信的家，45平方米的空间里，两床、两桌、两柜、一电视皆旧，简陋，一目了然。

与谢延信面对面，他那一头白发让人觉得与此家境并无二致，但他的笑脸，却震撼人心。

大家都有个疑问：谢延信幸福吗？

妻子谢兰娥的意外去世，是谢延信生活的转折点。完全可以想象得到，如果谢延信放弃对亡妻的承诺，就可以有一个新的生活。然而，他能数十年如一日履行承诺，从另一个角度也可以看出他与亡妻的深厚感情。

提起30多年前亡故的妻子，一个50多岁的汉子脸上，依然闪过一丝充满羞赧之态，脱口说："好！"

这一态、一字，足以让人知道许多许多。别人眼里，侍奉生病岳母、照顾傻内弟是拖累，在谢延信的心里则是一种责任，亦是与亡妻曾经有过的幸福的延续。

岳父中风瘫痪，照料一个瘫痪病人18年，任何人都能想象到那份艰辛，尤其是，谢延信还要同时面对一病、一呆，他还有快乐吗？

"咋没有？从地里干活回来，俺俩喝酒，可痛快了；他瘫在床上，我给他唱豫剧，他听得可高兴了；俺俩一块听收音机说评书，可得劲了……"谢延信说得一脸幸福。

百善孝为先，孝是传统美德，是中华民族源远流长的一大动脉。谢延信没有想到他会为孝付出这么多，我也竟笨到没有"挖"到他哭的情节，谢延信已用行动表明，在困难面前哭、流泪，没有一点用。

更重要的是，心中有快乐，谢延信想着力所能及地给瘫痪的岳父快乐，并与岳父一起快乐。若非如此，谢延信再会演戏，也只能给人脸笑，而难示人心笑。焦作市委书记铁代生说，谢延信正视困难乐观面对不幸，带给了家庭幸福，也带给社会幸福。

我还"挖"到有人说谢延信："傻！一有困难还不向矿上要救济，自己找罪受。"谢延信也听到过有人这样说他。面对记者"傻不傻"的提问。谢延信还是那么一脸的笑容："我有工作，我知足了！"

记者能体会到谢延信打零工时的艰难。那时适逢改革开放之初，人多活少，此时，焦作矿务局所属的朱村矿能让他成为一个月月拿固定工资的工人，对谢延信无疑是雪中送炭。

谢延信是个普通工人，经历了国有大中型企业所有过的裁人、减员、下岗之后，他还有工作，特别是朱村矿经历破产转制后，渐渐恢复了生机，他才得以足额按时拿到工资。他的"傻"是朴素的，也是可贵的。

一 生 言 信

  这种个人对集体的体谅,心怀美好未来的期望,不向困难低头、自力更生,属于谢延信大众式的知足者常乐。这样的简单的幸福,源自谢延信克服困难信守无字协议,给人以震撼,给人以力量。

  记者还发现了对谢延信的抱怨,那就是他女儿刘变英难掩的委屈。

  此时,记者就与她一起解读谢延信。

  拿本一块钱的旧书,做女儿出嫁的礼物,非男子汉不敢为!谢延信给女儿的仅是一本旧书吗?恰恰相反,他言传身教给女儿的是自强不息的生活的真谛,写在旧书扉页上的字,是他生活中可能悄悄流过的泪滴的结晶,是他亲身体验过的人生真理。这是可与子孙后代永远共享的幸福。

  紧张的采访中,与刘变英的交谈,就这样谈跑了题。看到她眼里放射出的亮光,听她谈起培养 11 岁儿子时的抱负,心里没有为浪费采访时间懊恼,反而为与她一起读懂谢延信而幸福起来。

《光明日报》2007 年 2 月 12 日

和谐社会的实践者

◆ 杨钧天

谢延信的事迹感人至深,发人深省。在 33 年的时间里,他始终坚持对亡妻的承诺,无怨无悔地照顾着和自己没有血缘关系的岳父岳母和呆傻的内弟。他能够在妻子去世 10 年后依然坚持"决不丢下这家人"的再婚标准,这种大孝至爱的真情是传统美德和时代精神的完美结合。

一个家庭,健康与和谐至关重要,如果没有温馨的精神生活和乐观的生活态度,即使物质生活再富足也没有意义。正是有这种温馨和谐的气氛,艰难的生活始终没有击垮这个多灾多难的家庭。一个和谐的家庭,必定会有一位像谢延信妻子谢粉香一样的"贤内助"。如果没有现任妻子的理解和支持。谢延信也不可能把孝道演绎得如此淋漓尽致。谢粉香同样值得尊敬。

谢延信在极度困苦的生活中依然保持乐观的态度和坚韧的精神。把中国传统的孝道文化变成自己的日常行动,并付诸当前构建和谐社会的实践中。

谢延信是这个普通社会中最平凡的一分子,但就是这样的普通人,永远都在为衬托美丽的花朵而做那一片平凡的树叶。谢延信的

一 生 言 信

精神必将激励每一个人,为创建和谐社会尽心尽力。

《中国之声》2007年2月12日

平民英雄　百姓楷模

◆ 潘志贤

谢延信是个普通人。无论是在老家做农民,还是后来进城当矿工,他都是一个普通得不能再普通、基层得不能再基层的人。

在其工作地焦作市和原籍滑县采访的一周里,记者听到最多的一句话就是:"谢延信是个大好人。"这么简单的一句评价,却是谢延信用自己33年的坚守和奉献博得的。

谢延信结婚仅一载,妻子就不幸病逝。33年前,他如果离开这个多难的家庭,没有人会责怪他;33年中,他也有着充分的理由和机会卸掉这个"沉重的包袱"。可是,面对瘫痪的岳父、多病的岳母、先天智障的内弟,做人的良心和责任感让他毅然挑起了重担。这一挑就是33年。

可以说,谢延信的生活是清苦和艰难的,但他从没有失去对生活的希望。他有"责任",有"良心",有"坚忍",有"爱",他对生活豁达、乐观的态度,感染着每一个认识他的人。

"只要一家人不生气就是甜的。"谢延信对记者说,只要一家人过得好,他就心满意足了。妻子谢粉香说:"如果人心眼不好光生气,就是成天三顿肉吃着也不香,跟了他就是一天三顿喝糊涂(方言，即稀饭），心里也美滋滋的。"这就是夫妻二人朴素的幸福观。

  谢延信是一个鲜活的人，就生活在我们周围。他是我们身边的平民英雄、百姓楷模。

《中国青年报》2007 年 2 月 13 日

有种爱，无法衡量

◆ 朱红军

焦作煤矿的宣传干部赵国堂是第一个发现谢延信事迹的人，1985年起，他和谢延信一家相邻而居，住在煤矿的旧招待所里。

12年后，他写了一篇6000字的稿子《爱心撑起一个破碎的家》，发在《焦作矿工报》周末第一版上，40元稿费。这一年，谢延信第一次获得奖励，在焦作矿务局举办的家庭美德演讲会上，他的经历被写成了感人的演讲稿，获得了二等奖。他是10位获奖者中唯一的男性。

然而，从1997年到2006年，整整10年时间里，谢延信的事迹只止于矿区间的口耳相传，赵国堂写过很多相关稿件，投到全国各个报社，结果采用寥寥。

他说，最大的困扰在于，许多人都怀疑事迹的真实性，或者真实程度。孝敬，这个最为朴素的传统美德，何以一度成了最难以令人信服的事情？

类似的对真实性的困扰，即便在10年后的今天，在我们走进焦作的初期，一度依然顽固地蒙蔽着我们。

一位同行采访半途，近乎绝望地说，这简直不是正常人所为，

一 生 言 信

他图什么啊？

我理解他所说正常人所为的指向，如果真的以"利益权衡，得失比较"这个现今要多流行就多流行的逻辑去考察。会得到什么结论？

谢延信不是共产党员，又不是领导干部，没有太多身份和面子的顾虑，他生活拮据，自顾不暇，远非生活无忧无虑而滋生怜悯，妻子已经去世，他也另有家庭，偶尔嘘寒问暖可以，何必日日伺候？两个体弱多病的老者和一个智力障碍者，又能给你回馈什么？

古语尚有"久病床前无孝子"，更何况他们之间并无血缘维系？

我们走访了老谢的邻居、工友、领导、家人，出于朴素的爱护，他们反复言说的总是"好人、了不起"一类的形容词，甚至连抽烟的嗜好，也被刻意忽略。老谢的中风后遗症，使得记忆衰退，反应迟钝，他已经无法直面这些近乎残忍的追问。

采访过程中，最为大家关注的焦点是，谢延信顶替岳父获得矿工一职，许多记者包括我一度相信，这才是最真实的逻辑。在经济动力充溢社会角落的今天，利益动机常常被视为最颠扑不破的"真理"。

可是，赵国堂反问我们，为了换回一份矿山工作，何以解释33年的存在？一个如果一开始就打着得失算盘的人，难道连这简单的算术都不会？

事实上，老谢付出的代价太多，他的生活因为两位老人的存在而拮据困难，他失去了同龄人一样在经济巨变的时代中，寻找其他出路的可能，他甚至对自己的家庭的孩子满怀愧疚，严格意义上说，他是亏欠他们的，但他又的确亏了太多。

六、谢延信精神大家谈

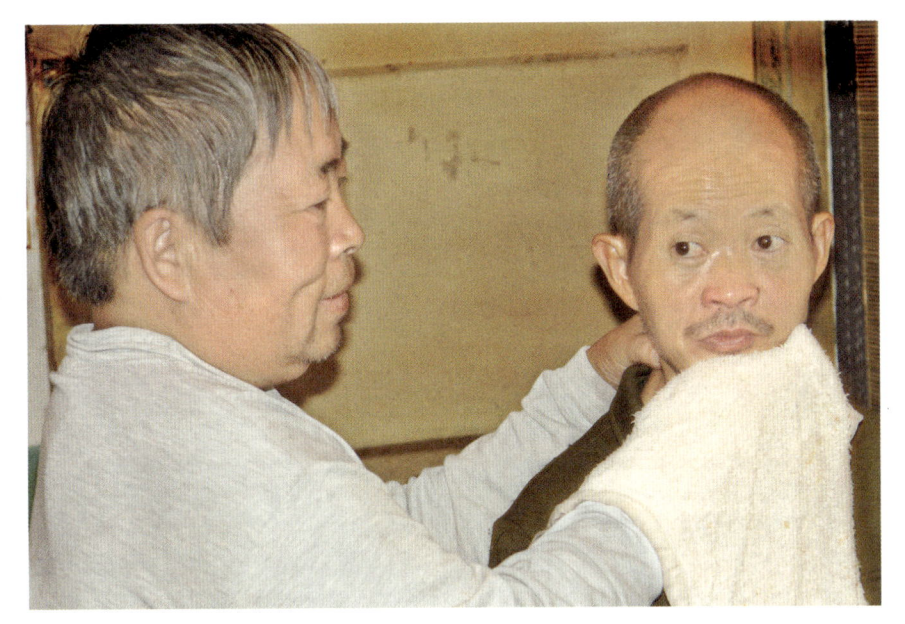

● 谢延信给内弟洗脸

在安阳滑县的谢延信的老家，这个中原最为普通的村落，我曾试图推开一户人家的门，随意走访。当地的一干部拦住了我，善意地说，别去，那是"傻子"人家。回来的路上，在村口，我还遇到了另一位"傻子"，鼻涕满面，惊恐地站在路边。身上的污垢几乎遮住了衣服上暗色的花纹，村民们遇之则远远绕开，我亦如此。

我突然就想起了谢延信的那个妻弟，那个只会念叨"亮哥，好，亮哥，好"的"傻子"，衣着素净，脸上的神情安详满足。

赵国堂曾对我说，我用12年的时间才考验出一个真相，言下之意，你们却用7天在寻找一个虚妄的动机！他有些生气。

这句话，被我忽视了许久，直到最后，我才释然，并开始自责。

《南方周末》2007年12月18日

让我们以谢延信为一面镜子

◆ 刘志奇

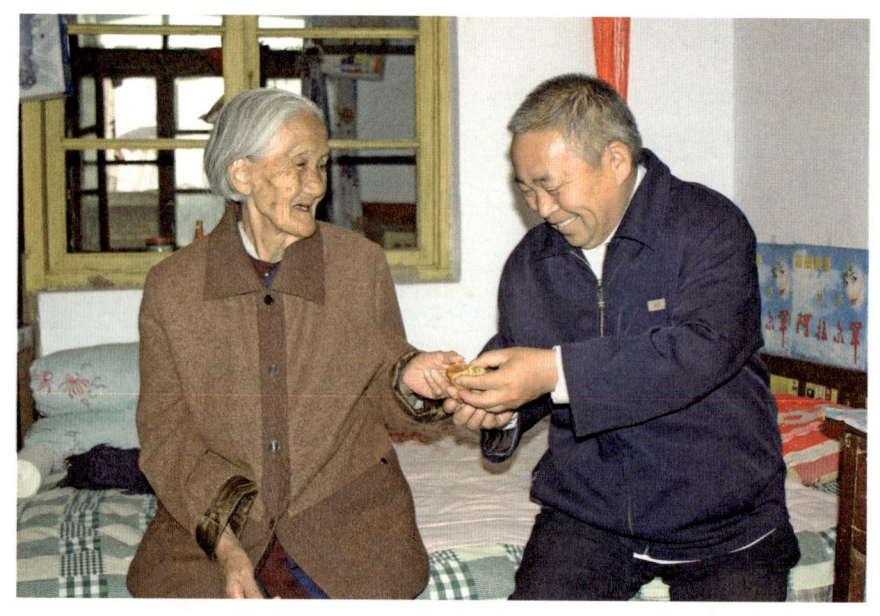

谢延信照顾岳母

我们尝试着用文字给读者传递谢延信大孝至爱的故事，但我们发现，要用文字来准确地描述他33年来所做的一切，其实很难。谢延信身上有着太多太多的闪光点，无论是在聆听事迹报告会的过程中，还是在和谢延信本人以及他的亲友、邻里、同事的交谈中，我们一次次禁不住地热泪盈眶,我们所能做的,更多的只能是让泪水静静地滑落。

瘫痪在床的岳父、体弱多病的岳母、先天呆傻的内弟……家庭的责任和苦难像山一样朝谢延信压来。是什么支撑着生活极度拮据的谢延信,三十三年如一日无微不至地照顾着这些亲人?我们用不到一个星期的采访,去读懂谢延信这33年来的人生轨迹,时间显然太短。但当我们走进谢延信在焦煤集团鑫珠春公司西苑社区那所破旧却不失整洁和温馨的家,看着安详而又恬淡的微笑始终挂在84岁老岳母冯季花脸上、听着53岁的痴傻内弟彦妞告诉大家"亮哥(谢延信乳名)对我最好"的时候,我们多少还是找到了答案:是一诺千金的责任感和超乎常人的坚韧毅力,支撑着谢延信带着这一家人一路走来。尤为难能可贵的是,即便是在生活极度贫困的情况下,谢延信始终保持一种乐观向上的积极生活态度。老谢爱唱豫剧,爱好书法,面对记者"这些年苦不苦""后不后悔"的提问,老谢总是哈哈一乐:"这有啥?不苦""不后悔"。可谁又能想到,一家人其乐融融、幸福安康的背后,谢延信已经几十年没吃过哪怕是西瓜、苹果这些最普通不过的水果,4元钱一双的凉鞋一穿就是6年,患高血压后舍不得看病吃药、醋泡黑豆这个偏方一吃就是13年……

在谢延信演绎他那大孝至爱的故事的过程中,他的亲友、邻里、同事,还有他的单位是他的坚强后盾,他们是谢延信大孝至爱故事的见证者,同时更是积极的参与者。采访过程中,善良憨厚的老谢不止一次充满感激地提起,要不是几个哥哥帮他抚养女儿照顾双亲、要不是现在的妻子谢粉香在他生病后接过接力棒、要不是邻里一次次帮他找回走失的内弟、要不是居委会帮他岳母解决低保、要不是鑫珠春公

一生言信

司给他解决住房和安排工作……他可能很难坚持到今天。正是因为有了他这些纯朴的亲友、邻里、同事，还有热心的居委会和鑫珠春公司，我们才能看到一幅如此生动的和谐家庭、和谐社区画面。

谢延信可能不太懂得用语言去给大家描述孝道的内涵，但他用三十三年如一日的行动把中华民族这一传统美德表达得淋漓尽致。河南省委书记徐光春说得好："谢延信用 30 多年的含辛茹苦，写出了孝的本质，写出了孝的意义。孝的本质、孝的意义在于'爱'，就是要爱父母、爱亲人、爱家庭，进而爱人民、爱集体、爱国家。这正是'谢延信精神'的可贵之处、思想的崇高之处。"

让我们一起，在和谐社会建设中，续写一个个大孝至爱的故事！

《经济日报》2007 年 2 月 16 日

弘扬社会主义道德的楷模

◆ 中国煤炭报评论员

谢延信，一名普通的矿工，历经33年的风雨，用他的孝心、爱心、诚心、耐心，用他的自信、坚韧、乐观、宽容，用他重如泰山的责任感、大爱无疆的人生境界、健全的人格和良好的意志品质，弘扬了煤矿工人特别能战斗、特别能奉献、特别能忍耐的优良传统和作风，为我们塑造了一个社会主义道德风尚的楷模。

"孝为德之本，百善孝为先"。孝是做人最基本的道德风范，明孝道知荣辱是中华民族的传统美德，是社会主义道德风尚的基本内涵。老吾老以及人之老。谢延信用33年的信守，对社会主义新型孝道作了最深刻的注解；用33年平凡写就的非凡，为我们树起了一支标杆，煤炭企业的每一名管理者、每一名职工，就要像他那样深怀爱老之心，恪守敬老之德，力行孝老之举，从点滴小事做起，让"老有所养、老有所乐"在每一个矿区、每一个企业、每一个家庭都落到实处。

"季布无二诺，侯嬴重一言。"古人诚实守信的故事如今在一名矿工身上重演，是重诚守诺的中华民族传统美德不断发扬光大的实证，是诚实守信的社会主义道德风尚不断得到加强的实证。诚信建

一 生 言 信

设是社会主义公民道德建设的重点,是良好人际关系的道德基石,和谐社会离不开诚信道德的规范和维护。我们要以谢延信为榜样,像他那样一诺千金、矢志不渝,重诚守诺、牢记责任,从一言一行做起、从一点一滴做起,坚持"诚信为本、操守为重,守信光荣、失信可耻",单位做诚信企业,个人做诚信公民、诚信员工、诚信家庭成员。

33年间,物质上的匮乏,精神上的打击,就像一座座看似无路的高山,就像一条条充满风险的大河,始终横亘于谢延信的人生之旅。但他以坚忍不拔的毅力、自强不息的精神,以"别人过一天,我也过三晌"的平和心态,以"还有比我更难的人"的乐观心态,战胜了一个又一个困难。今天,煤炭工业正处在改革发展的关键时期,无论是企业还是职工个人,都需要我们像谢延信那样,敢于承担责任,敢于直面艰难。

增强公民的社会责任意识,是培育社会主义道德风尚的重要内容。谢延信以他下井8年、每年出勤300个班以上、看守瓦斯泵房十几年来没脱过一次岗、没发生过一次事故的工作记录,向我们展示了他对工作、对岗位、对企业乃至对社会的责任感。学习他,就是要学习他这种严格履责、忠于职守、兢兢业业、踏踏实实的工作态度,学习他这种像螺丝一样拧在那里就永远不会松动的精神,增强自觉性,提高执行力,在平凡岗位上实现个人的人生价值。

谢延信用33年铸就了非凡,用33年的坚守诠释着"大孝至爱"的深刻内涵。从他的身上,我们看到了人间的真爱:爱他人、爱生活、爱工作、爱岗位。正是这爱,使他既有男人的脊梁也有女人的柔肠,使他拥有了博大的胸怀,从不向困难低头,从不怨天尤人,从不对未来丧失信心；正是这种爱，使他成为一种动力，激励周围的人、激励所有了解他事迹的人，自觉地去爱，对亲人、对工作、对生活、对直面人生的每次挑战，自强不息，培育乐观、豁达、宽容的精神，塑造自尊自信、理性和平、积极向上的心态，以开阔的心胸和积极的心境看待一切。

关于谢延信，本报曾在 2007 年 5 月 22 日和 7 月 19 日两次进行报道。今天，我们再次刊登长篇通讯，就是想让他的大孝至爱、诚实守信、坚忍不拔，就是想让他身上所体现的人间真情，社会主义道德风尚，激励每一名煤炭职工。

《中国煤炭报》2007 年 11 月 20 日

"第二眼美女"

◆ 席锋宇

接到采访谢延信的任务时，我略有不屑。马班邮递员王友顺；独臂英雄丁晓兵；农村建设的一面红旗吴仁宝；试飞英雄李中华……大大小小的典型已经报道了 20 多个，他们身上呈现出多种品格力量和突出事迹，让记者很容易"兴奋"。而谢延信，他只做了一件事：照顾前妻的父母和有智障的内弟。报道如何展开？如何体现深度和广度？随着采访的一点点深入，我感觉到他的事迹就像是"第二眼美女"。看第一眼，很普通，普通得有点单薄。但是越看越耐看，越看越有味道。一件事，他做了 33 年，放在时间这个熔炉里，它变得如此饱满，分量如此之重。

看过谢延信事迹的很多人第一感觉就是，他的人生充满了艰辛和悲壮。22 岁，妻子去世；27 岁，岳父中风瘫痪；32 岁，10 岁的女儿右眼意外受伤，无钱医治，几乎失明；38 岁，检查出自己有高血压；51 岁，患脑出血，落下记忆力衰退、行动不便的后遗症。他十几年不识水果滋味，十几年不换一双解放鞋。谢延信就拥有这种安心的人生，他觉得自己很幸福。谢延信的妻子谢粉香理解的幸福更加简单："不生气就是幸福，日子苦怕啥。"其实，幸福就是一种感觉,也不只是一种模样,它和金钱地位没有关系,真正的幸福和品格的高贵紧密相连。也只有经历过艰苦生活和痛苦历练的人,才真正懂得幸福的含义和价值。

由于记忆力的衰退,采访中谢延信无法和记者交谈回忆,但是他的脸上始终都挂着微笑。30多年的艰辛岁月,我从他脸上找不到明显的痕迹,只感觉到他是一个热爱生活的人,一个快乐的人。他很爱看书,一本新华字典都被他翻烂了;更偏爱积攒一些偏方,是家里人的郎中。1984年出版的《疾病的自我诊断》,也保留至今。他喜欢书画,也保留至今。他喜欢书画,曾经家里的奢侈品就是他收集或者买来的字画。采访中发现一本写满字的信纸,那就是一本百科全书,有偏方、有笑话大观、名人论爱情语句。谢粉香说:"年轻的时候他可好唱哩,豫剧唱得不错,曲剧(河南的一个戏曲剧种)也唱得好,

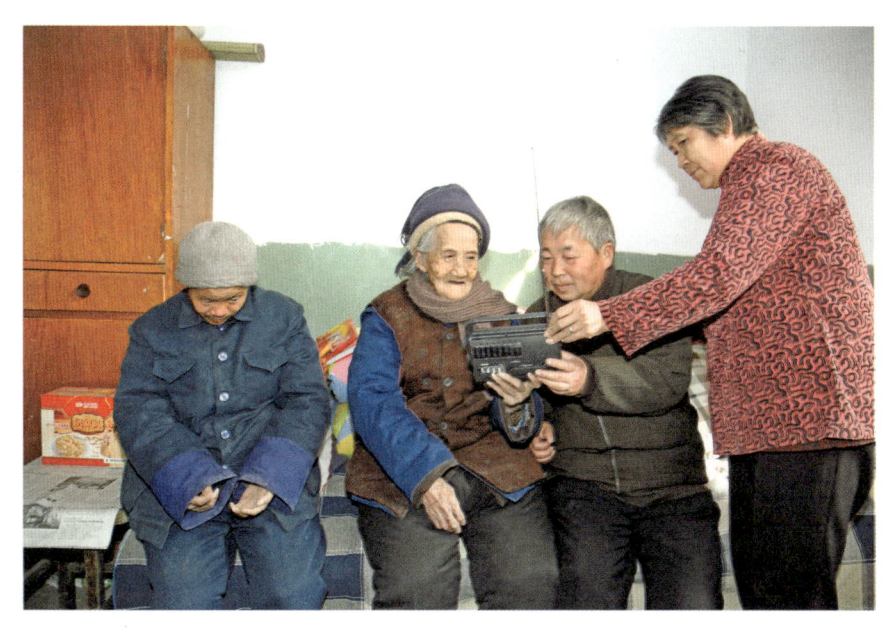

● 谢延信一家人

一 生 言 信

还参加了业余戏剧班。有一次他美滋滋地和我说,唱完了,人家给吃了顿好的——鲤鱼穿沙。俺和你说,就是糊涂面。"一句话逗乐了所有人。和老谢一起承担起家庭艰辛的谢粉香是这么快乐,经历了人生最悲的事情,中年丧女、老年丧夫的冯季花是这么快乐,这一家人的快乐深深地感染了我。突然觉得其实境由心造。生活到处都有小小的喜悦,生而自由的喜悦就足够我们感激一生了,日子里的点点滴滴都值得我们细细去品味,去咀嚼。你总能发现快乐其实很简单。

采访谢延信时,我一直在想:他们这一代人的爱情观是什么?也许他们根本就没有明确的爱情观,可是却用自己的行动诠释出爱情的最高境界——爱是一种付出。新婚一年的妻子走了,但没有带走谢延信对她的爱,他把这种儿女私情化为一种大爱,成为初期照顾老人的动力和最原始的想法。谢粉香,一个普通的农村妇女,她嫁给谢延信就是图他的人好。"俺想着,对他岳父岳母都那么好,对俺不会差。只要他身体好,俺照顾着家,他照顾着这儿,俺们没有过不去的事。把心尽到,把这个家庭过得和和美美就好。"她对老谢的爱就化为一种具体的行动,在老家替谢延信抚养女儿、侍奉双亲、耕种责任田。每隔一段时间还要到矿上为丈夫的岳父岳母一家拆洗被褥。让老谢专心照顾岳父岳母和内弟。行动胜于言语,是那一代人表达爱情的方式。在他们身上没有惊天动地的爱情故事,但是他们用付出、坚韧、牺牲、理解在漫长的岁月谱写出别有韵味的"爱情传奇"。

河南地处黄河中下游,是我国古代文明发祥地之一,孝道历来是中原人所最看重的人的美德,二十四孝的故事中有好几孝就发生在河南。在田野乡间你总能听到百姓口中流传的与此相关的事件。一方水土养育一方人,对于土生土长的谢延信来说,他骨子里延续了中原人千百年来传承的这种思想：百善孝为先。我想起自己初始的不屑，有一方面的原因说就是觉得这件事如呼吸般"正常"，因为孝顺父母是我们中华民族的传统。虽然传统在物欲横流的现代社会被淡化了，但是这种传统是渗透在我们血液里，它蛰伏着，等待着合适的时机喷涌而出。谢延信正是给我们提供了一个重新认识传统、正视传统的机会。

传统使我们有着独立的品性，使我们成为我们而不是旁人，更让我们获得生存的价值和尊严。一个国家共同尊奉和发扬的传统是其得以生长的根。爱岗敬业、无私奉献、诚信为本、尊老爱幼，这些我们看似简单的词汇，背后蕴含的我们中华民族 5000 年来的文化精华——传统，更是我们立足世界的根。保护传统，就是保护我们的未来，保护我们作为自己而不是别人的未来。

*《法制日报》*2007 年 10 月 2 日

温 暖

——采访矿工谢延信感怀

◆ 黄 辉

● 谢延信照顾呆傻的内弟

河南焦煤集团鑫珠春公司谢延信师傅一家的故事辛酸又感人。艰辛的生活、普通的劳作之家,长达33年的坚守……

面对这一切,任何华丽的词语都失去了意义。给我留下深刻印象的不仅仅是他们的故事，还有他们对生活的态度。在寒冬腊月进行的这次采访，带给我的却是：温暖。

谢延信是信守诺言的，妻子临终前，把自己年老多病的父母、呆傻的弟弟，连同刚出生40天的女儿，一起托付给了他，他成了这个困境中的家庭唯一可以指望的人。他不是不知道，一个20多岁的小伙子，要同时面对嗷嗷待哺的婴儿和卧床不起的病人，该是何等的窘迫；更别说全家还要靠他打零工来养活。他也不敢想这个家庭能维持多久，自己能不能坚持下去。但是，他既然答应了，就没有想过要放弃，即使兑现这个诺言，要用上自己的一生。

谢延信是大仁大义的，改变自己的姓氏，在亲人们眼里就意味着背叛，这么石破天惊的行动发生在像谢延信这样厚道人身上，他的内心该经历了怎样的煎熬！在谢延信看来，自己对岳父岳母和妻弟有道义上的责任，抛下他们就是不讲良心。于是，为了打消岳父岳母的顾虑，谢延信用这种看似极端的方法演绎着他所理解的"仁义"。

谢延信一家是和谐和美的，在外人眼里，这个成员间大多没有血缘关系的家，丝毫没有"拼凑"的痕迹。那种自然流露的和睦融洽，令人羡慕。采访时，谢延信的儿媳妇马海霞打开衣箱，箱底装满她农闲时，为一家老小一针针缝的十几双鞋。马海霞告诉我，春节前她要让姥姥、公公婆婆和舅舅穿上她做的新鞋。

接触越多我越感觉到，像谢延信这样的人，就像庄稼地里的玉米，你看不出这棵和那棵有什么区别；又像那煤堆里锃亮的煤块，实在没有什么特别之处。

但就是像他这样的普通人，在挫折和打击面前，尤其坚韧顽强。

一生言信

没觉得自己苦，更不觉得自己可怜，反而更加热爱生活。你要问谢师傅觉没觉着苦，他一准儿笑眯眯地回答："不。"不仅仅如此，只要还有一点能量，总不忘帮助别人。2007年1月的一天，谢师傅家所在的社区里来了一个乞丐。谢师傅掏出身上仅有的一元钱，给她买了两包方便面，还煮好了让她吃。旁人看到了，又给乞丐买了两包。

这群普通人的故事，宛如平常一段歌："烛光中你的笑容，温暖得让我感动，告别那昨日的伤和痛，我的心你最懂。就让我默默地真心为你，一切在无言中。"但愿这个世界上，懂得谢师傅的人越来越多；但愿像谢师傅这样的好人，都有好梦。

《中国纪检监察报》2007年5月6日

无法不感动的故事

◆ 高汉武　沈丽娟

他普通，他只是河南焦煤集团的一个下井工人，他的人生读不出轰轰烈烈的章回。他并不普通，不普通在于，你不一定能够做到，至少，我做不到，我们的热爱着网络游戏的孩子们虽然生活再也不会让他们如此苦难，但面对必将有的承诺、磨难以及爱的选择时，他们又是否能够做到？

是的，真的难以做到。有人需要时，他用质朴的语言千金一诺。苦难来临时，矿工的他擦掉脸上的煤灰，一如春花般微笑。生活沉重如山时，太极之乡的他彰显出太极巨大的韧劲，或如同于丹读《论语》所悟：建立心中价值系统，让生活原压力演化为一种反张力。这是一种最真实又最不张扬的爱，默默地，如同煤块在燃烧，发出黑金的光芒，微弱，但足以穿透时空。33年里，温暖的心灵在温暖需要的心灵。我的感动正由此而生。

孔子《礼记·礼运》云："选贤与能，讲信修睦，故人不独亲其亲，不独子其子，使老有所终，壮有所用，幼有所长，矜寡孤独废疾者，皆有所养。"党的十七届六中全会强调，要在全社会形成知荣辱、讲正气、促和谐的风尚，形成男女平等、尊老爱幼、扶贫济困、

一生言信

礼尚宽容的人际关系，谢延信无疑又是一个值得我们感动之余要大力学习的榜样。

从理论上，谢延信说不出"和谐"的含义，也许，他理解的"和谐"，就是一家一户、左邻右舍都心融在一起般的和和睦睦，都有一个炉子烧着般的温温暖暖。事实上，家这样了，村庄这样了，社会就这样了。这，就是这位草根典型给我们的亲切和深刻之处。他的故事，得说给你听，说给我听，也说给孩子们听。

《知音》2007 年 5 月 3 日

七

文艺作品中的谢延信

一生言信

2008年10月，由中央文明办、中国作家协会出版的记录"全国道德模范"先进事迹《大爱无疆》一书出版发行。时任中共中央政治局委员、书记处书记、中宣部部长刘云山作序，该书收录了由焦作市中国作家协会会员郭文杰撰写的反映谢延信感人事迹的长篇报告文学《血性男儿》。

■ 报告文学

血性男儿

◆ 郭文杰

"为了一个承诺。"这是一开始我对谢延信感人事迹的一种褒扬，也是众多媒体报道谢延信时出现频率最高的一个颂词。

然而，当我走近谢延信时，特别是当我和谢延信及其家人、邻里、好友等近距离接触、掏心窝攀谈后，使我愈来愈深切地感受到，谢延信倾30多年心血拯救并维系着一个病、瘫、傻、幼俱在且无血缘关系的特殊家庭，他所表现出的大孝至爱绝不仅仅是在"兑现承诺"，而更应该是一种中华男儿血性的内在迸发和自我燃烧，正像他

一生言信

所开掘出的煤炭一样,熠熠之光本就是为了燃烧自己,温暖别人。

在从焦作到滑县300多里的往返采访中,我仿佛正循着从"刘延信到谢延信"的人生苦旅在30多年的时间隧道里穿行,带着感动和震撼去努力读懂生活中的谢延信……

1

河南省焦煤集团鑫珠春公司矿工谢延信"代妻行孝"的感人事迹,被誉为新时期"二十四孝",作为与中华文明血脉相随的民族精神和道德力量而传遍神州大地。

谢延信原本姓刘,是"代妻行孝"的质朴情感驱使着他更改姓氏,转换门庭。

谢延信原本是个沐浴着阳光的温暖、以绿色为伴的农民,是"代妻行孝"的自我行为引领着他走进地层,成为采摘"太阳"和温暖、以黑色为伍的煤矿工人。

其中,是得是失,是盈是亏,他都不曾去想,他只认准一个理:"做人要讲良心"。

就是这样一个平平常常的人,自己认为只不过做了一些"平平常常的事",却深深感染了千千万万普通的老百姓。

公元1973年仲春。

豫北平原,广袤富饶。滑县半坡店公社车村大队一户农家里,21岁的刘延信乘坐一辆披红挂绿的汽马车,迎娶了同村女青年谢兰娥。在车村,刘、谢是数一数二的两大姓族,今日,淳朴憨厚的刘家小伙与端庄贤惠的谢家姑娘喜结良缘,自然就引来了众多乡邻的

七、文艺作品中的谢延信

道贺与祝福。尽管当时还是仅凭工分吃饭的"穷过渡"日子,但是,人缘关系随和的刘延信家在众乡亲的帮衬下,总还是要给大家端杯水酒的。

次年仲夏。万木葱茏,生机盎然。新婚喜气还在绕梁之时,"哇"的一声一个女婴坠地,刘家又添新丁的喜庆破晓而至,22岁的年轻父亲刘延信乐得合不住嘴。

然而,"天有不测风云,人有旦夕祸福",生下女儿仅40天的谢兰娥得了"产后风",无法医治,带着千般留恋、万般牵挂离开了心爱的丈夫和还在襁褓中的女儿。

何为悲喜交加?此时的刘延信已是体会切肤之痛。他满脸泪水,两眼呆滞,双手握住兰娥冰凉的手久久不松,似乎还在倾听妻子弥留之际的血泪托付:"她爹,看样子我是难躲过这一关哪……咱们的孩子就全靠你了。我死了,你再给孩儿找个妈,只要对孩儿好就行……我,最放心不下的是俺爹、俺娘,还有彦妞弟弟。我这一走,他们身体都不好,老的老,傻的傻,俺这一家人该咋过呀……延信,看在咱夫妻一场的份上,拜托你替我照顾照顾他们……延信,拜托了,我给你磕头了……"这微弱的、却字字是血声声是泪的托付像刀剜一样刺痛着延信的心,他又一次扑倒在妻子身上痛哭不止,在场的亲人们无不动容,哭成一片。

满面泪水的刘延信慢慢抬起头来,见仍在抱头痛哭的岳父岳母边哭边絮:"兰娥呀,你这一走叫俺还咋活呀……"一次次哭昏过去的两位老人让延信更是心如锥刺,他慢慢站起身来,走到二老面前,不由自主地双膝跪下,紧紧拉住二老的手说:"爹,妈,兰娥走了,还有我哩,我就是您的亲儿子,我伺候您一辈子,百年以后我给您送终!"

刘延信话虽不多，却掷地有声。

料理完妻子的后事，送走在300里外焦作矿务局朱村矿挖煤的岳父，延信便义无反顾地把岳母和内弟接到了自己家里。

这是一个什么样的家呀！刚刚出生40天嗷嗷待哺的小女儿尚在怀中；年过半百的岳父谢召玉自1958年离家进矿，如今已身患多种疾病，但仍远离家门，终日在地层下拼搏于生死之间；岳母冯季花体弱多病，胃溃疡、肺气肿、哮喘、关节炎等拖得她几乎不能自理；内弟彦妞虽已年过二十，但天生傻呆，仅会自己穿衣，不会自己吃饭，还满村乱跑，时常走失。

就是这样一个家，摆在了一个22岁男人的面前。

2

在车村，刘延信忠厚老实、待人和气是人所共知的。他初中毕业回村务农，乡亲们一致推举他担当了棉花技术员。那时兴的是计划种植，棉花是全大队2000多口人寄托希望的主要经济作物，刘延信带领着十几号人的棉花专业队，没日没夜地管理着集体的棉田。一次因干活发生了矛盾，一个火爆青年不仅不听刘延信劝阻，竟然动手打了刘延信。延信家弟兄四个，又占大姓，三哥刘延胜又是大队干部和公社棉花技术员，自然是门头高、拳头硬，都说这回刘家兄弟不会饶他。可是，刘延信回到家里却只字未提挨打之事，三哥询问时，延信却说："都是年轻人，火气旺，脾气大，别跟他一样，算了吧！"就是这样，靠忠厚善良，常常以息事宁人摆平了许多争争吵吵的事情，也正是这样，刘延信的人缘越来越好，威望越来越高，

七、文艺作品中的谢延信

都说延信是个好心人。

如今,好心人家里出了伤心事,乡亲们自然是轮番来家里看望、安慰、帮忙。但是当人们看到延信怀里抱着的突然断奶、嗷嗷大哭的婴儿时,无不摇头、着急,禁不住和延信一起流出了辛酸的眼泪……无奈,有人只要提供村里谁家有哺乳期妇女的信息,延信便像寻找救星一样抱着啼哭的女儿前去乞讨奶水……

幼小的女儿拼命似的吮吸着别人母亲的乳汁,呆立在一旁的刘延信两眼模糊了、湿润了。此时,女儿不哭了、不叫了,可他再也无法控制自己的情感,"呜"的一声痛哭起来,"呼"地双膝跪地,朝着这位无私的母亲连连作揖拜谢:"谢谢,谢谢,我替女儿谢您了,我替兰娥谢您了……"

这是怎样揪心的一幕啊!

刘延信的三哥见此情形,心想,总靠乞讨奶水也不是长法呀,靠炼乳、奶粉,咱这挣工分的农民也吃不起呀,延信、延胜便一起想了个法子,从亲戚家借来一只刚下过羔的山羊,用羊奶养活孩子。羊奶有膻气,开始孩子不愿意喝,他们就试着放些白糖,孩子慢慢就习惯了。当时白糖是凭票供应,紧缺得很,一家人便从公社里、从县里找关系想法找票购买,说啥也不能饿着孩子。每次喂奶,延信生怕烫着女儿,总是先拿奶瓶在自己脸上、手背上试温,有时还嘴对嘴地喂女儿,那份细心,那种关爱,分明是想让幼小的女儿从父爱身上同时体会到母爱的温馨。

就是这样,刘延信又是地里、又是家里,又干公活、又干私活,又当女婿、又当女儿,又当爸爸、又当妈妈,不分昼夜地奔忙不息。他还定期不误地到大队合作医疗室买回岳母要吃的药。岳母强撑住病身子在家里照看小外孙女儿，还坚持着做三顿饭。刘延信每次只要一进家，就让岳母坐下歇着，自己忙完灶前忙灶后，做饭、刷碗、洗衣样样干得有条有理。

一天，刘延信很晚才从棉田里回来，刚放下一捆喂羊的青草，岳母就着急忙慌地说："彦妞到现在还没回来，不知道又跑哪去了！"延信一听说弟弟彦妞又跑丢了，忙安慰岳母说："妈，别急，我这就去找。"进屋拿着手电筒就跑出去了。找遍了平时彦妞习惯游荡的几个地方，但都没找到，他也有些着急了，便一边喊一边往村外寻找。后来终于在远离村子的大沟边找到了他，只见他蜷缩在一棵老柳树根下一动不动，延信拉他，他也不愿起来，后来才发现他把大便全便到裤子里，弄得满身都是臭屎。延信被熏得直恶心，真想急，可是又一想，他不是个"傻子"嘛！此时延信在这个仅比他小两岁的内弟面前似乎变成了一个长辈，耐心地哄着他站起身来，帮着脱掉脏裤子，擦干净身上的脏物，又把自己的外裤脱下来帮他穿上，慢慢拉着他走回了家。进了家，延信一不埋怨、二不声张，而是不声不响地走到水池边，把弟弟的脏衣服清洗干净。

这一切，岳母都看在眼里、痛在心里，体弱、心明的老岳母看着自己的女婿为了这个家心操碎了，人累瘦了，长久下去怎么得了哇！他还年轻，我和彦妞不能总这样拖累他。岳母在暗暗盘算想离开他……

3

岳母冯季花悄悄带着傻儿子彦妞离开了延信，离开了车村，去

七、文艺作品中的谢延信

到了焦作矿上。

刘延信下工回来，见屋里空荡荡的，顿时明白了一切，心里即刻也感到空荡荡的。他在想，这"两老、一傻"即使到矿上也无法生活呀，岳父在井下忙碌，岳母自己还顾不了自己，若彦妞再一跑丢，她有啥法呢？这时妻子兰娥的生死嘱托又响在了耳边……不容犹豫，是良心的驱使、信义的力量使刘延信毅然决定带着当时已长到两岁的女儿变英撵到了焦作，在朱村矿找到了岳父母一家三口。他在附近找了一处"窝棚"住下，靠在砖瓦窑里和大泥、托砖坯维计，并随时照顾着岳父岳母和傻内弟。他终日一身汗水一身泥地干了三年，使岳父岳母深受感动。

苦难似乎总在纠缠贫困人家。1979年春，住在职工集体宿舍里的岳父谢召玉，一天晚上突然得了重度脑中风被紧急送进矿务局医院抢救。

延信得知消息后，急忙背着女儿、领着岳母和内弟赶到医院急诊室。医生说，病人是突发脑出血，现在处在深度昏迷中，随时都有生命危险。原本结结实实、能跑能干的汉子一下倒在了病床上昏睡不醒，体弱多病的老岳母实在承受不了眼前的事实，哭晕过去几次。延信也为家庭接连遭遇不幸感到十分悲伤。以前，虽然感到很难，但总觉得还有岳父这根顶梁柱在撑住，可是今天，这根柱子倒下了，早已把自己置身于这个家庭主要成员的刘延信顿时感到肩上的担子沉甸甸的。

延信帮医生把岳母从昏厥中救过来，连声安慰、耐心相劝；又走到病床前俯下身趴在岳父耳边轻声呼唤，愿他能快快醒来……此时，已长到5岁的小女儿见到眼前的情形，似乎有点害怕，她瞪大两眼亦步亦趋地拉着爸爸的衣襟,想哭不敢哭;平时爱乱跑的傻弟弟却死死倚在门框边朝室内呆望着,似乎与己无关,只是脸上总挂着的傻笑不见了……就是这样的一家人哪,全指望刘延信了。

延信托工友把岳母和弟弟、女儿送回家,自己就一直守在岳父的病床前,一天24小时寸步不离,渴了喝口凉水,饿了啃口干馍,晚上就在冰冷的地板上铺个破草毡子过夜。他天天泪眼汪汪地凝望着昏迷的岳父,默数着输液救命的晶莹点滴,心里在暗暗祈祷,嘴里在凄声呼唤……也许是女婿的一片真诚感动了上苍,也许是老人放心不下多病的老伴和苦命的傻儿子,在与死神搏斗了7天7夜之后,老人从昏迷中慢慢睁开了浑浊的双眼,他凝望着延信,内心充满了感激,想起身致谢……但他却永远无法站立起来了。

该出院了,面对这样一家人,延信又作了难:回哪去哩?带全家回滑县老家,家里虽有两间破房,但医疗条件太差;回矿上,一家老小五口住哪儿呀?正在这时,矿上领导伸出关怀之手,在职工临时招待所里帮助解决了两间9平方米小房子,虽然简陋,总算有了个家。

延信一个人要伺候这一瘫、一老、一傻、一幼4个人,不仅是吃、喝、拉、撒、洗、涮、浆、缝等都得由他一个人承担,而且岳父不能下井,收入大大减少,他还得到附近的砖瓦窑场、建筑工地去打短工挣钱养家糊口、买药治病。这样下来,他就是铁打的身骨也难以承受哇!一天,小女儿因没人照看,在外边玩耍时睡着在别人家的墙根下,直到天黑才被邻居发现送了回来。半夜,累了一天的延信刚想入睡,忽觉女儿身上烫得厉害,忙抱起孩子往诊所跑。因为着凉高烧40摄氏度,幸亏看得及时,否则就危险了。那天晚上,

七、文艺作品中的谢延信

延信怀抱着高烧渐退的亲生女儿，久久不能入睡，妻子兰娥临终的嘱托仿佛又在他耳边响起："延信哪，孩子是咱的骨血呀，你一定要把她抚养大，别让她受屈呀……"

"可是，眼前这样，我该咋办哩……"延信不由自主地悄声自语，泪水也不由自主地涌了出来……最后，他不得不作出了一个痛心的决定：把女儿送回老家，交给母亲和三哥抚养。

时过两天，他背着岳母把5岁的女儿送回了滑县老家。待从老家回来后，岳母问他变英去哪儿了？他却笑眯眯地说是奶奶想她了，送回去住几天。岳母无奈地点了点头，心里已明白几分。其实，他这一送，20多年就再也没有和亲生女儿生活在一起。

刘延信把全部的爱心和孝道都投在了岳父岳母和内弟身上。

他一心想让中风瘫痪的岳父重新站立起来，每天除了到窑场打工外，就是坚持按医生的嘱咐，按时服药，定时为老人翻身、揉背，冬日背老人到外面晒晒太阳，夏季不停地往背上擦爽身粉。他还到处找中医先生打听祛风中药和治病偏方。有一个方子每服药就需要三四只蝎子做药引子，冬、春季他只有到药店里去买，为了省钱，到了夏天，他就骑车到40多里外的太行山脚下从石头缝里抓。为了不误工时，他就乘午休时顶着毒辣辣的太阳往山上跑，背上晒脱了皮，脸晒得黑红黑红的，工友们见了无不感动地说："就算是亲爹也不过如此吧。"

为了辅助药物治疗，延信自学护理、按摩，每天坚持给老人按摩、捏骨，疏通筋络，有时手头重点老人感到疼痛，就大声喊叫，甚至破口大骂，而延信总是嘿嘿一笑，从不计较。老伴冯季花在一旁听到，心里过意不去，就安慰女婿几句，延信依然笑着说："我是二老的孩子，挨几句骂不也是应该的嘛。"

或许是延信的话又触到了岳母的一个心病，她转过身暗自思忖：听老家的亲戚说，村里有人给延信说亲，可他却提出条件，必须愿意共同伺候兰娥的二老双亲和傻弟弟。就是这个条件使好几桩亲事都吹了。老岳母想到这里，不禁长叹一声，眼窝里滚出了浑浊的泪花……

4

延信老家的亲人一直在挂念着他。一天，病中的老母亲实在想念小儿子，就叫来老三延胜说："去看看小亮（刘延信的小名）吧，才20多岁呀，总说不好个媳妇，也不是个事儿呀！"

三哥来焦作找他，一看到这一家人的现状，禁不住也暗自流泪。延信凝望着三哥说："你看，我要一走，这个家不就散了吗？"三哥无奈地拍了拍弟弟的肩膀："亮呵，命苦哇！"他把自己仅剩的30元钱掏给了延信，便悄悄离去。

老岳母明白三哥来的用意。一天晚饭后，岳母少气无力地靠在门外一棵杨树上拉延信在她身边坐下，说出了自己思忖已久的心里话："孩子，你为俺谢家所做的一切一切，已经对得起天地良心了，俺不能为这个家再拖累你了。你还年轻，你也是个男人呐……回去吧，再娶个媳妇好好过日子吧……"岳母说到这里已是泪流满面了。

"娘，不能啊娘！"延信急忙止住岳母的话，"俺爹这个样子，我咋能离开哩！"岳母擤了擤眼泪说："能行，你看我现在的身子骨比过去强多了，我能行……"岳母说话哽咽、泣不成声。

七、文艺作品中的谢延信

延信此时也眼含热泪倾情诉说:"娘,你别说了,你那身体我还不知道吗?娘,您要说我过去哪些地方做得不到,您说出来,我改;您要说我住在家里累赘、讨厌,我还搬出去住窝棚,但我得天天来伺候二老;您要是怕我找不到媳妇把我往外撵,就是天天撵我、骂我,我也不走……"延信说着从怀里掏出一张兰娥的照片:"您看,兰娥天天就在我心里,兰娥的临终嘱托天天就在我心里,我得凭良心呐!"

母子二人抱头痛哭,但不敢放声,怕惊醒屋里病人。

夜深了,延信躺在床上久久不能入睡。他在想:"一个女婿半拉儿","亲不亲,姓上分",他二老还是没有把我当亲儿子呀,干脆我把自己变成"一个儿"不就妥了。于是他又作出了一个决定,把"刘"姓改"谢"姓,变"一家两姓"为"一家同姓"。

改姓易祖,得回家给老母亲和族亲们禀报,这是规矩。一天,他向岳父岳母说,想回去看看闺女,便匆匆赶回老家。

在农村,改姓易祖可是件大事。"族长"召集刘姓几个主事的长辈和堂兄弟专门开了个会。会上延信刚一说出自己的想法,立即引起了激烈的争议:

"这不合适吧,不能为了亡妻忘了祖根呐!"

"在这车村,咱刘家可是第一大姓啊!名门望族是要靠祖祖辈辈去经营厚积呀!"

"尽孝不一定非得改姓啊,即使'倒插门'女婿最多也不过是儿随母姓呀!"

……

有的则一言不发,低头不语。

一阵沉默后,延信不紧不慢、一字一板地说:"她家的情况俺三哥都见了。我改姓一是为了宽二位老人的心。老岳母几次撵我走，怕拖累我，我看得出，实际上她是怕我走呀；二是我也真心想做他们的亲儿子，想让这个苦难的家能过好。我想，即使我改了姓，刘家也不会不要我吧。"

一席话使在场的人无不动情。

三哥延胜和在大队担任会计的堂兄延丕异口同声地说："小亮是个好人，俺同意你的选择。"

最后族长站起身来说："好，就这样定了。小亮，来，一起跪下给祖宗上炷香。"

第二天，延信怀揣着改为谢姓的家庭证明回到了矿上。到家后，他不顾疲劳，像往常一样殷勤地伺候二位老人。他为岳父翻身、擦背，生怕得上褥疮，不利于身体恢复。延信人虽穷、家虽贫，但他很注意室内卫生，每天都注意开窗通风，晾晒被褥，还找了一瓶花露水每天洒一次，使小小 9 平方米的病人房间里经常保持空气清新。

一天，趁二位老人心情好的时候，延信一边给岳父轻轻按摩，一边说出了自己改为谢姓的想法。二老听后，许久没有说话，其实他们早有此心，但又不敢去想。延信见二老还在怀疑，又说："真的，家里也同意了。"二位老人顿时笑容满面，昏花的眼睛里分明都闪出了泪花。老岳母伸手拉住了延信说："你不早就是我的亲儿子吗！"

从此，一家人心里都明白，"刘延信"就是谢延信。

岳母冯季花虽年老体弱，但心里清楚。矿上有规定，像她家这种情况，可有一名直系亲属顶替谢召玉进矿当工人。于是，她便向领导提出了申请。领导很快同意了她的要求。但谁承想，在这个多难的矿工家里，为接班又引起了一场风波……

七、文艺作品中的谢延信

5

谢家可以有一人顶替瘫痪在床的谢召玉进矿当工人，这在当时是极具诱惑力的大好事。消息不胫而走，谢召玉叔侄辈的亲戚们纷纷找上门来。当听说可能要让女婿刘延信接班时，便一个个争吵不休：

"应该由谢家后人来接班，没有儿子还有侄子嘛！"

"是呀，'叔侄近，甥舅亲，打断骨头连着筋'，哪能轮着他呢！"

"凭啥让一个外姓人来沾这个光哩！"……

但是，任你怎样说，岳母冯季花一直有自己的主见。她朝着来的人反问一句："俺们家落难的时候，你们都到哪里去了？"

一句话问得他们哑口无言。但有的还不死心，又闹到矿上，矿上人一席话说得他们无言自退："你们哪个能像他这个女婿那样照顾这一家人？你们哪个能一年三百六十五天日夜守在病床前，睡到地板上，伺候老的，招抚傻的？而且你们哪个知道如今他在我们的花名册上已经不叫刘延信而是叫谢延信了？"

他们自知理亏，又纷纷来到谢召玉的病床前检讨、道歉。一直站在门前、始终满脸微笑的谢延信说："接不接这个班对于我来说都无所谓。其实，我早已经接了兰娥的班，早已经是二老的亲儿子了，我是要伺候他们一辈子的。"

谢延信话不多、声不高，但句句落地是坑，使在场的人深受感动。

1983年7月，谢召玉病退，谢延信接班进矿，成了一名煤矿掘进工。

一生言信

31岁的谢延信,虽然在矿工家已生活了近10年,但今天正式戴上了矿帽,不由自主地觉得自己肩上又多了一副重担。如若说原来对这个家庭的爱心、孝心是一种传统的责任心,而今天则是多了一重对国家的忠孝之心,对岗位的热爱之心,这是一种神圣的责任心。在这双重责任的驱使下,他把大孝至爱演绎得更加淋漓尽致。

谢延信经过短期培训后,今天就要正式下井了。临行前岳父谢召玉把他叫到床前深情嘱咐:"延信呐,你一定要记住,下井挖煤的都是一群血性汉子,相互之间都是以命相托,情同手足。在井下若遇到危急时刻,谁要是冲不上去就要骂娘动粗,但上井后该是兄弟还是兄弟,大碗喝酒,大块吃肉,从不记仇……别看咱挖煤的矿工浑身上下都是黑的,但心可都是红的!"

岳父的一番话使谢延信深受感动,他望着躺在病床上的岳父和坐在床边的岳母说:"爹、娘,放心吧,我记住了。我一定会既对得起国家,又对得起自家。"

谢延信迈着坚实的步子走出了家门,岳母送到门口,像送儿出征一样说:"亮,一定多留神,多注意安全呐!"

"放心吧,娘!"谢延信向岳母深情地挥了挥手。

谢延信坐上矿车走进了地下200米深处。四面黑黝黝的矿井巷道,空间狭小,矿灯微弱,被称为"采煤尖兵"的掘进工日复一日地打眼、放炮、掘煤、输送、架顶板等,不断为新的工作面开拓通道;他们还经常与地下水、瓦斯及其他不明气体相遇,工作既艰苦又危险。在苦难中磨炼出来的谢延信,不仅不怕吃苦,而且是这个组的文化人,观察现场细致,考虑问题周到,说话有板有眼,干活有条有理,整天总是以满脸微笑面对工友,所以深得组长和大家的

七、文艺作品中的谢延信

信赖，都说他始终像一头老黄牛，默默地在井下拉套。

曾经是他徒弟的工友张建良当了这个组的副组长，无论分配他干啥工种，他都二话不说。张建良知道谢延信搞运输是把好手，就把掘进运料的关键活交给了他。他有条不紊地干着，空车进得来，重车出得去，各种材料准备得整整齐齐，组长和工友们都很满意。一次在中北区掘进时，突然出现"冒顶"，上面塌落三四米，顶板水流如注。这时张建良大喊一声："绞架！"全组工友同心协力，迎险而上。当大家看到上面黑乎乎的空顶，不免心里有些发怵。这时，昏暗中见一个矮胖的身影"呼"地冲到张建良面前："大胆干吧，我给你看着顶。"说着就递上来了根坑木。处理冒顶最危险的是绞架人，其负责观察递料的人却是绞架人的"保护神"，他的观察提醒和递料能力关系着能否顺利排除险情。经过一番艰苦奋战，冒顶得到妥善处理。当时精神高度紧张的张建良发现给他观察和递料的是谢延信，便激动得一下子抱住了谢延信，说："谢师傅，是你呀，我说干起来咋这么顺手呢！真是万幸啊，要是真的出了事，我咋向你家里交代呀！"

因为大伙都知道谢延信是他这个家里的顶梁柱，不免都有点后怕。可是谢延信却嘿嘿一笑说："这不是活赶到这了吗，谁干不是干呐！"

没有"豪言壮语"，还是平平常常的一句话。

还有一年，在当时的组长师敬利带领下，在井下掘进区打眼"放大炮"。有一个炮眼打到8米深处，师敬利开始填放炸药，没想到刚填进去2个，突然被洞眼内的气冲顶出来。正在一旁细心观察的谢延信立即意识到是瓦斯冲出，平时说话从不高声的谢师傅猛地大声喝令："不要敲了，瓦斯太大！"这声如洪钟、响如雷鸣的喊声使正在架顶板的工友们立即停住了双手。原来他们正用铁锤校正"工"字钢绞架梁接口的错位处，不时有火星迸出。身为组长的师敬利立即明白了一切，忙指挥大伙严格禁止任何铁器的敲打、撞击。此时他内心十分感谢和敬佩谢延信的细心、果断和临场经验，否则后果不堪设想。

下班出井后，大伙冲洗完毕，组长和工友们都围着谢延信说："谢师傅，今天多亏你了，走，大伙请你喝酒。"

此时谢延信更加深切地体会到岳父所说的话，矿工们有着生死相依的手足情感。但他依然还是笑眯着眼平静地说："你们去吧，我得赶快回家呀！"

大家心里都清楚，瘫痪的岳父、多病的岳母和傻乎乎乱跑的内弟，都在眼巴巴地盼着他早点回去。谢师傅不容易呀！

的确，自亡妻相托，整整十年，谢延信吃的苦、受的累，不仅工友们看得真切，而且家乡人也听得真切，车村人个个深受感动，特别是有一个年轻女人的心，一直在为谢延信剧烈地跳动……

6

同村的谢粉香就是这样与谢延信走到一起了。

有人说："粉香呀，你这人不是硬往火坑里跳吗？"

粉香却说："嫁给一个可靠的、有良心的人过日子，心里踏实。"

端庄清秀、和善老实的谢粉香认准了谢延信，义无反顾地嫁给了他。婚后，她和谢延信的女儿变英，还有她和前夫生育的一儿一

七、文艺作品中的谢延信

女,都一起住在车村老家。谢粉香照顾孩子、侍奉老人、耕种责任田,终日忙忙碌碌,虽然与延信离多聚少,但日子过得和睦舒心。每到农闲之时,她还会抽身到矿上住几天帮延信伺候二位老人和招抚傻弟弟,洗洗浆浆、缝缝补补,自然是和谐融洽,全家满意。

延信尽管在老家车村又有了新的牵挂,但有粉香在家领事儿,他很放心,依然把全部心思用在岳父家。1985年9月24日噩耗从车村传来,母亲突发心脏病与世长辞,他匆忙奔丧而回,但与生身母亲已是阴阳两分。他跪在母亲的灵柩前悲痛不止:"是孩儿不孝,没有在家里侍奉老母,孩儿不孝呀!"几个哥嫂见延信长跪不起,悲痛欲绝,忙上前劝慰:"四弟,别难过了,你在外边不也是在尽孝吗,你尽的是大孝啊!"

全家人不埋怨延信,都理解延信。

1989年春,本已瘫痪的岳父谢召玉又患上了肝硬化、癫痫、咽炎等多种疾病。这真是屋漏逢雨、雪上加霜啊,身体极度虚弱的谢召玉又被送进了医院。

别人家的老人住院大多都由儿女们轮流伺候,可谢延信却是一个人在医院里守护。为了不误工作,他坚持白天下井干活,夜晚到医院护理病人,困了就趴在病床沿上打个盹,实在撑不住,就在病房里水泥地板上铺张报纸和衣躺下。一天,岳母冯季花来医院看望老伴儿,见女婿就躺在冰凉的地板上睡着了,当时心疼得流出了眼泪,忙脱下自己身上的棉马甲盖在了他的身上。一旁的病友和医生都说:"你养了一个好儿子呀!"冯季花哽咽着说:"是呀,比亲儿子还亲呐!"当大伙儿听说他不是儿子是女婿时,无不感慨地说:"老太太,你哪辈子积德,落了这么个好女婿呀!整天给病人喂饭喂水、

289

端屎端尿，按摩擦澡，真是孝敬得很呐。前几天，老头儿大便干结，解不下来，他硬是用手一点一点往外抠哇！就是亲儿子也难做到呀。"听到这里，冯季花更是老泪纵横了……

3个月的医院治疗，谢召玉的病情趋向平稳，可以回家慢慢调治了。

贫寒之家，度日如年。谢延信每月的工资加上岳父的退休金不过100多元，全家人吃喝穿用、月月是入不敷出。谢延信为了调治好岳父的病，寻遍了民间偏方。为了省钱，需要茅草根，他就到野外去挖，双手都勒出了血；找不到白眉豆，他就到处托人寻来种子自己去种；肝硬化引起双腿浮肿，他就用中草药煎水给老人烫脚、搓揉。

一日三餐，他把好吃点的饭菜端给岳父岳母和弟弟，自己多是吃剩饭。他还趁下班返家的路上到地里挖野菜、拾红薯秧，有时还到附近的菜市场里捡别人不要的白菜帮子、萝卜缨子、芹菜叶子等，回到家里洗干净并经过晾晒、搓揉等巧妙处理，腌制成味道各异的咸菜，保证了一年四季、一日三餐都有菜吃。当时下井工人的工作餐有两个油酥烧饼加一个鸡蛋，他经常是省下一个油酥烧饼，用纸包好贴身揣在怀里，下班后带回家给老人吃。每次当带有体温的油酥烧饼捧在岳父面前时，老人家总是眼里蓄着泪水说："孩子，你干的是体力活儿呀，你够吗？"他总是笑眯着眼说："我够。我吃得可得（饱）！"其实，当工友们问他的时候，他说："说实话，要是敞开吃，十个八个油酥我也能一气消灭掉。不过，我知道我家老丈人最爱吃油酥了。"谢延信就是这样苦了自己，孝敬老人。他的一双塑料凉鞋一穿就是6年，一件衬衣白天穿、晚上洗，一穿就是10年；

七、文艺作品中的谢延信

家里给老人买的水果他从来不舍得吃一口。

日子虽然过得艰难，但谢延信却总是笑对生活。他喜欢听豫剧，更喜欢唱豫剧，20多岁时，在老家他好钻到高粱棵里大声唱，特别爱唱《朝阳沟》里的选段《我坚决在农村干他一百年》。这些年，在坎坎坷坷的生活历练中，他依然保持着乐观情绪，走起路还时常哼着豫剧，有时也唱几句流行歌曲。他知道老岳父也喜欢听豫剧、哼豫剧，为了缓解岳父长期卧床的痛苦和寂寞，除了找些报纸、杂志和武侠小说读给他听外，还时常坐在床边小声哼豫剧，边按摩边唱《花木兰》《李双双》，有时爷俩竟一起哼唱起《洼洼地里好庄稼》。延信进矿当工人领到第一个月的工资时，就跑到6公里以外的焦作市区，花了半个月的工资买了一部小收音机，为岳父解闷、娱乐，给这沉闷忧愁的寒门病室带来了愉悦和轻松。

是谢延信的苦心调治、精心护理和心灵呼唤，使永远卧床难起的岳父竟然能扶着凳子慢慢走出门外晒太阳了。老岳母高兴地对着延信说："小亮，多亏了你呀！"

傻弟彦妞见老爹能走出门来晒太阳了，就围着老头傻笑、傻蹦。老头也凝望着自己的傻儿子，脸上堆满了深情的笑纹。

傻儿虽傻，却是亲生，所以兰娥牵挂、老人疼爱。谢延信深知其中情愫，对彦妞尤为善待和关爱。好吃的东西留给他，好玩的地方领他去，衣服脏了替他洗，指甲长了帮他剪，不会吃饭就喂他。他经常乱跑，时常走失，每次都是谢延信急得满头大汗到处去找。即使是这样，谢延信也从来不责怪他，不呵斥他。傻弟心里也有"透气儿"的时候，当有人问他"谁对你最好"时，他总是回答："亮哥最好。"说话虽不很清，但意思非常明白。在他们住处附近，有一片废弃的空地,谢延信就领着彦妞把它开垦成一块小菜地。延信干,彦妞看。延信把石头、矿渣、煤矸一块块都从土里挑出来扔掉,彦妞看着挺好玩儿,也学着拣石块往外扔;延信往地里撒上油菜籽,边撒边给彦妞说:"油菜可是好东西呀,春天一出芽一起身儿,嫩的就可以剐出拌着吃;再长大点儿可以炒着吃;熟了、结籽了,还可以去换油吃……"彦妞虽然听不明白,但他愿意围着亮哥转,愿意听亮哥不快不慢、不高不低的说话声。"咱们家收入低,花销大,种点菜补贴补贴,又省钱又能吃新鲜菜,多好哩……"谢延信不停地说,彦妞不停地转着听。每次到小菜地浇水、施肥、拔草,他都带着彦妞来。日子久了,谢延信不来干活儿,彦妞也来这里转,看不见亮哥,他就坐下等、转着等。就这样,每当家里不见彦妞时,延信就到这里找,大多都能找到他。

就是这样,谢延信凭着自己的爱心、孝心、善心、耐心,赢得了全家人的心,就连"傻子"心里也明白。

7

苦难再次降临。1992年春,岳父肝硬化病情突然加重,几度昏迷。岳母看到这么多年来延信为了给老头治病没日没夜地干,实在太不忍心了。再说,她知道现在家里都没有钱,就坚持别再到医院医治了。可是谢延信却不顾岳母的劝阻,找老乡借了1000元钱,用平车拉着岳父到市里最好的医院去治疗。经过抢救,又一次把岳父从死亡的边缘拉了回来。

谢延信刚把岳父接回家,他不禁回忆起女儿变英受伤的往事,心情更加沉重。

那一年，爱人谢粉香带着女儿变英匆忙从老家赶来。原来是一群小孩晚上在村里投土坷垃玩，变英正好路过，一块飞来的硬圪垃正砸在她的右眼上。天黑也看不清是谁砸的。谢粉香一看伤得很重，就连夜带着她去乡里检查，医生说，眼伤得太重，得赶快到大医院去检查治疗，否则会有失明的危险。

谢延信看着女儿受伤，当时二话没说，急忙领着女儿到矿务局五官医院去做检查。医生同样说，伤得很重，需要住院治疗，先去交500元住院费。

500元的费用，谢延信双腿一软，慢慢靠墙蹲了下来，双手摸摸身上的空兜，许久没有说出话来。爱人谢粉香也习惯地摸了摸自己的衣兜，望着延信摇了摇头。谢延信慢慢站起身来，对着医生说，没有带钱，明天再来吧。

那天晚上，延信独自闷在自己的小屋里，愁云满面，长吁短叹。咋办哩，还上哪儿弄钱呢？要是瞎了一只眼我咋对得起她死去的妈妈呢！想着想着他的两眼湿润了……他在想，闺女不满5岁就离开了我，送闺女回老家那天，分开时，小女儿在我身后哭着喊着跑着要爸爸，摔倒了爬起来再跑，奶奶在后面喊呀叫呀……出生40天就没有母亲，不满5岁又离开了父亲，这情形真是让人揪心！但我愣是不敢回头看一眼。孩子缺营养，发育晚，直到9岁才上学。长到11岁时，最疼爱她的奶奶去世了，她不得不学着干农活、家务活，做饭、洗衣、喂牲口，啥都干。13岁时小学还没念完就离开了心爱的学校。她想父亲，也怨父亲，为什么总管姥姥一家不要我了呢？16岁那年春节我回老家，女儿有生以来第一次向我要钱，想和姐妹

一生言信

们一起到集上买件新衣服过年，孩子的要求过分吗？我哆嗦着手从口袋里掏给了她5元钱。女儿到集上转了大半天，5元钱在手心里攥出了汗，还是没舍得花。可是，她特别喜欢我和粉香婚后生下的小妹妹，过年了，想把小妹妹的脸蛋打扮得更漂亮，就花了2元钱买了一盒红胭脂。事后，我知道了，很生气，怪她没有把钱花到正地方，女儿感到委屈极了，泪水在眼里直打转，硬是没让它流出来。当时我想，孩子错了吗？女儿长恁大我没有给孩子买过一丝布、一块糖，过年了，不该给孩子买点新鲜东西吗？而且她也不是为自己。可是，我难呐，我兜里没有钱哪！孩子的眼睛受了伤，我不该拿出钱来给亲生女儿看病吗？可是，我难呐，我兜里没有钱了……此时的谢延信已是泪流满面，哭泣不止了。

当时，一直在门外静立的变英，听到了父亲的叹息，也听到了姥爷的呻吟，而当听到父亲的哭泣声时，她便猛地推门进去一头扑倒在父亲的怀里痛哭着说："爸，我知道你难。我这眼睛回去等等再说……"

懂事的女儿体谅爸爸，爸爸却深感内疚。当年，延信忍痛送女儿变英回家，临上车时，延信问女儿："妮儿，你恨爸爸吗？"女儿紧紧拉住爸爸还在颤抖的手，摇了摇头，但泪水分明已从她那只没受伤的眼角里流了出来。

也正是因为错过了治疗的最佳时机，后来变英的右眼几近失明，落下残疾。

变英20岁那年，邻村一个没有嫌弃她右眼弱视的正直小伙迎娶了她。1994年农历腊月二十二是变英出嫁的日子，继母谢粉香早早把嫁妆准备停当。头一天，谢延信从焦作赶回来，他把变英叫到跟前说:"妮儿,明天你就要出嫁了,爸没有啥送的,送给你一本织毛衣的书,这是我从旧书摊上买的,内容可好了。书里我还特意抄录了两首小诗,你好好看看。"

变英双手接过书,打开一看,扉页上工工整整地写着:"黄连水虽苦,饮后舌根下却有甜的回味;糖精水是甜的,食用过度则变成苦水。有苦才有甜,甜与苦相连,甘愿常吃苦,才能长久甜。"另一首是:"节约是幸福之本,浪费是贫困之苗;生产好比摇钱树,节约好似聚宝盆;克勤克俭粮满仓,大手大脚仓底光;艰苦奋斗记心上,勤俭节约细水长。"

这两首诗看似直白、落俗,但是其含义、其心愿却分外深沉、凝重,这不正是谢延信对自己大孝大爱、无怨无悔的人生诠释吗?不正是对自己用真情坚守,像老牛一样拉套、像春蚕一样吐丝、像烛光一样滴血的胸臆直抒吗?!

大爱无声。无论天荒地老,无论沧海桑田,谢延信依然还在孜孜不倦地坚守着,践行着。

8

1996年8月,岳父谢召玉瘫痪卧床18年,带着痛苦和牵挂最终走到了生命的尽头。那一天,昏迷两天两夜的老人突然睁开了混浊的双眼,凝望着身边的谢延信,嘴唇吃力地搐动着,想说话但却发不出一点声音。此时的谢延信完全明白老人的心思,他轻柔地握住岳父的手,俯下身去在老人耳边动情地说:"爹,放心吧,俺娘俺弟有我哩,就是有一口饭我也得先让俺娘俺弟吃。娘百年以后,让弟弟跟着我，退休了，我带着弟弟一起回老家，决不让他受一点委屈！"

老岳母在一旁听着这深情的诉说，早已泪流满面、泣不成声了。

老岳父听清了女婿的话，两行热泪从他那深陷的眼窝里流了出来，他艰难地点点头便悄然离世，燃烧了69年的一块煤就这样慢慢熄灭了。

岳父走得平静，走得安详。谢延信身着重孝，双膝跪地，泪洒黄土，为老人送终。延信与重病的岳父相依18年，护理18年，侍奉18年，尽孝18年。在这18年里，谢延信没有让岳父穿过一件湿衣服，没有睡过一床尿湿的被褥，没有得过一次褥疮。经常前来看病的老中医张清波先生说："躺在床上整整18年，没见病人身上长过一次褥疮和任何疤痕，这是我行医多年见到的唯一一例。谢召玉遇到了个好女婿，少受多少罪呀！"老中医的一番话不正是对谢延信的孝心、爱心、责任心的一种道德评价嘛！

然而，这18年呀，让谢延信付出了由青年到中年的黄金年华和方壮血气，而且现已两鬓染霜的他还得这样不停步、不歇脚地继续往前走。

送走了岳父，谢延信把对老人的全部孝心、爱心都倾注在了岳母身上。他知道岳母病多体弱，平时怕风，冬天怕冷，他就千方百计给岳母补充营养，增强抗病能力。过去，只有逢年过节才能吃点肉，现在时常炖点羊肉给她暖胃滋补；老人双手不能沾凉水，他就把全家人的衣服全都承包下来；老人肩疼臂疼自理困难，他就帮她梳头搔背；老人有病卧床，他就守候床前，喂饭喂水，端屎端尿……

七、文艺作品中的谢延信

他还挤出更多的时间照顾傻弟彦妞。过去彦妞经常把自己的衣服弄得脏兮兮的,如今延信经常哄着他注意卫生,并经常帮助他换洗衣服,人们看到,彦妞穿的衣服虽然不新,但总是干净的。彦妞爱玩、爱跑,还爱把邻居的小孩子逗哭。每当这时,延信总要登门向人家道歉,并送上一个自己用彩色尼龙草扎带编织的小菜篮子作为致歉礼品,以缓和邻里关系。

常言说:"岁月不饶人,疾病不避人。"高血压在1990年悄悄逼近了谢延信。这头"吃的是草、献出的是奶"的"老黄牛"常常感到头晕眼花,到医院一检查,是患了高血压,但他悄无声息地回到工作岗位,对谁也没说,总觉得自己体质好,无所谓。可是一次在井下突然晕倒,经过医院抢救,方知他高血压病严重,医生让他注意休息、安心休养,矿上也把他照顾安排在井上瓦斯泵房工作。可他却把这些向家人瞒下了。为了能挤出钱来给岳父看病、给岳母买药,他从报纸上看到的中医小偏方,坚持吃醋泡花生、醋泡黑豆降血压,一吃就是13年,没花一分钱去买一片药。

一次回老家,他爱人谢粉香见他总爱吃醋泡黑豆,就问他,他却轻描淡写地说:"血压有点高,吃点醋黑豆就好了。"爱人一听忙说:"那哪中哩,得吃药呀!"他也认真起来说:"钱哩?一家人都吃药,都看病,哪有恁多钱哩!我还年轻,不要紧,省出钱来给老人治病要紧。这事到矿上千万不要乱说。"

谢粉香理解了自己的丈夫,她转过身去暗自落泪。这次为了省路费,他骑自行车回来,300多里地呀,骑不动一下子撞倒在电线杆上,国庆节矿上发一包饼干他没舍得吃,也没舍得给傻弟吃,想带回来给孩子们尝尝,可是一摔倒,饼干也压得粉碎,孩子只能捧着

一 生 言 信

饼干末舔……自己有了病，又不舍得花钱吃药，这咋得了呢！她转身对丈夫说："我干，我省钱，也得让你和老人买药治病！"谢延信深受感动，一下子把妻子搂在怀里。

9

谢粉香这样说了，更是这样做了。她克勤克俭，勤俭度日，5斤油，她和4个孩子吃了一年。咋吃的？把萝卜切成丝蒸熟，然后撒上盐，再用筷子蘸点油甩上拌拌当菜吃，这样比炒菜省油。磨面，过了细箩，再把麦麸子过一遍粗箩，这样10斤麦就能多出几斤面。为了不让丈夫分心，她下功夫种好全家人的承包地，还让大儿子外出打工挣钱。就这样，10年下来，不仅不让丈夫往家里拿钱，还时不时地给丈夫捎去点钱，而且还动员全家老少和亲戚，拆掉旧房一砖一瓦地盖起了三间新房。

妻子的努力，家里的变化，让谢延信感到宽慰。但他在矿上依然还是那样出力、省钱，给老人买药治病，自己却还是吃醋泡黑豆。

他在泵房像在矿井下一样认真工作，把泵房内外整理得干干净净，有条有理，泵机擦得锃亮，管道保养完好，真是干一行，爱一行，精一行。一个人独立工作，自觉坚守岗位，从没有因家庭拖累影响工作。他还利用工余时间，把泵房院里的空地开挖出来，一方面种些花草美化小院，一方面种些油菜等蔬菜，补贴家庭生活，有时还送给工友们以解家中之急。

矿上领导派人到矿工中家访时，看到谢延信一家的情况，非常吃惊。工会干部赵善通在向领导汇报时这样说："老谢家，有老有少，有病有残，有个'傻子'望着天，铁石心肠也会软。"

当矿领导要给他发放救济款时，谢延信却再三推辞说："比我困难的多了，还是先考虑别人吧！"就这样连续九年谢绝了组织上的救济。领导见他家居住条件实在太差，就积极想办法从矿里的西苑小区挤出了一套不到50平方米的单元房，分给了这个两代矿工的谢家。

谢延信又一次流泪了。不过，这是感激的泪。

一家人搬进了新居。谢延信让岳母住进了朝阳的一间主卧室，好让老人家多晒晒太阳。怕岳母冬天屋里冷，他又花700多元钱给老人屋里装了一组土暖气。岳母让再给他屋里通一组，延信却说："我不怕冷，再说，多一组炉子也带不了。"邻居们看到后，拍着老太太的肩膀说："看看，女婿的心多好哇，用暖气全楼你是第一个呀！"老太太笑着说："哪是女婿呀，是儿子。"邻居们又都说："比亲儿子还亲哩！"满屋子人都笑了。

日子一天天忙碌，谢延信自己也觉得愈来愈力不从心。连他本人都清楚，醋泡黑豆只能是食疗，不能代替药物，更不能代替身心的适度休养和节制。过度的付出终于使他积劳成疾，2003年突发脑出血，一时不省人事。当紧急抢救的救护车即将开动的时候，80岁的老岳母紧紧拉住车门，朝着躺在担架上的延信哭喊着："我的儿啊，你可要挺住呀，你要是有个三长两短，咱这个家可该咋办哪！"

妻子谢粉香也闻讯从老家赶到了医院。幸亏抢救及时，再加上谢延信的顽强抗争和配合，病情得到较好控制。但是由于高血压严重，一年间又先后两次送进医院救治，虽未形成严重后果，但如今走路步履有些蹒跚，反应有些迟钝，口语表达有些缓慢，特别是记忆功能严重受损，过去的事大多都记不清了。凡是和他接触和他攀谈过的人都说，他为国家着想、为老人尽孝，爱工作岗位、爱全家老少的真挚情和责任心却愈来愈清晰，愈来愈强烈。

今年已56岁的谢延信还是那样健康地生活，坚毅地前行。

谢延信的妻子谢粉香只身搬来矿上真正加入了这个家，是媳妇？是女儿？80多岁的冯季花总喜欢叫她"亲闺女"！如今这个不同血缘但同血脉的四口之家，在西苑小区里正和谐、平静地生活着。谢延信这个默不作声但却绵中有刚、柔中有韧、苦中有乐的血性汉子还是那样大孝无言、大爱无声。

10

这就是生活中的谢延信，真实的谢延信。

谢延信的事，是他的老邻居、该公司原宣传科科长的赵国堂一篇短文最先传扬出去的。当时，矿里关注，局里（矿务局）重视，社会上反响强烈。

平凡的事感动了平凡的人。

平民的事震撼了平民的心。

领导也正是看准了这一点所以才由衷赞叹，大力宣扬。因为他们清楚，要想让老百姓真正感动确实不是一件容易的事儿。

采访完后，我久久陷入了深思。我除了含泪写完谢延信过去的事迹外，却又总被近来的事所深深感染——

2007年2月初，应几家中央新闻单位的邀请，谢延信第一次坐火车，第一次进北京。

一下火车，谢延信向陪同来京的领导提出要求，要去看天安门。

七、文艺作品中的谢延信

在天安门城楼前，他仰望着高悬的毛主席像，久久不语，晶莹的泪花蓄满了眼眶。足足凝视了5分钟后，他恭恭敬敬向着毛主席像深深鞠了个躬，泪珠也随之洒落下来，滴在了天安门前的大理石地上……

听到这件事时，我的心里顿时涌起了一股热流，不禁想起在谢延信的简朴斗室里，墙上正中一直挂着同样一张毛主席像，可见，感恩之情在他内心世界里是何等的牢固。

在北海公园广场上，一位老同志用一支大笔蘸着水在地上练字。一直喜欢练书法的谢延信不由自主地接过老同志手中的大毛笔，不假思索挥笔写下了一个大大的"孝"字。当在场的人们知道他就是大孝至爱、感动中国的谢延信时，都热烈鼓起掌来，那位老同志说："好！你不仅字写得好，而且做得更好！"

可见，大孝至爱在他内心世界里又是何等的牢固。

在毛主席纪念堂前，谢延信正默念着大理石墙上镌刻的毛泽东诗词时，有一位记者问他都读过毛泽东的什么著作，他又不假思索地背诵起毛泽东《纪念白求恩》中的"做一个高尚的人，一个纯粹的人，一个有道德的人，一个脱离了低级趣味的人，一个有益于人民的人"。

都说谢延信病后，过去的事大多不记得了，可是毛主席所说的"五种人"时过这么久，他还记得这么清楚，而且还不住地说，这就是他宝贵的人生财富。可见，谢延信这个好人的思想基石是非常牢固的。

在北京参加全国道德模范颁奖活动时，住在京西宾馆。一天吃过早餐正要离开餐厅时，谢延信见一张餐桌上谁扔下半截油条，他便不声不响地走过去捡起来悄悄把它吃了。

301

一生言信

　　这个行为细节被随同而来的赵国堂科长看到了。当我听到这件事后深为感动，这不正说明了节俭之风在谢延信身上已经深深扎根，传承文明已经化成他的自觉行为。

　　近年来，上级对谢延信的各种奖励，团体和个人给谢延信的各项捐赠，已达10多万元，但他分文没要。而当祖国南方遭遇冰雪灾害、四川汶川遭遇强烈地震灾害之际，他却多次跑到矿上，主动捐款救灾。领导说你家太不容易了，能想到就行了。他却说："灾区人民更加困难，哪怕是捐上一块煤，也是咱焦作煤矿工人献给灾区人民的一丝温暖！"

　　谢延信把"焦作煤矿工人"这句话说得特别响亮。这使我蓦然又想起了我们共和国开国领袖毛泽东在80多年前就曾经热烈称赞过的：焦作煤矿工人"特别能战斗"。后来这种精神从焦作发端，逐步光大成为全国煤矿的行业精神。而今，在谢延信身上所表现的大孝至爱情怀和传统道德力量，不正说明焦作煤矿工人"特别能战斗"精神仍在传承，它不仅表现在革命斗争时期，而且表现在和平建设时期；不仅表现在物质文明建设上，而且表现在精神文明建设上。人民网上有位网民这样说："无论社会上刮什么风，总有人自觉地传承着中华民族的美德，谢延信就是这样一位可亲可敬的人。"

一条大河的波浪

◆ 阿古拉泰

河南焦作煤矿工人谢延信三十二年如一日,精心照料仅共同生活一年的亡妻的父母和呆傻弟弟,激动不已,感慨万千……

孝起中原

一条大河的巨浪

在我心头飞卷

普普通通一位矿工

朴素得就像一块煤炭

黑黑的手掌

黑黑的鼻孔

黑黑的脸庞

一颗燃烧的心　默默

将大爱点燃

谢师傅承接下妻子的嘱托

像承接下一个工时那样简单

于是他索性

将刘姓更改为"谢"

一生言 信

一姓之改

不改的是一生恪守的诺言

谢天下苍生父母啊

谢遍地忠骨的

莽莽中原

生活在最底层

头顶一盏矿灯轻摇　照彻了

多少摸索中的黑暗

天天为老人洗脚喂饭

一身汗水　荡涤着

尘世间的污浊与腥秽

苍天在上啊

人心如镜

真实地映照出了生命的

高低贵贱

长风正劲

让我们再望中原这片沃土

华夏家谱　忠魂烈骨

煤一样都深深埋在黄土下面

忠孝　诚信　仁善

好男儿一句话驷马难追

中华美德这座矿藏

永远开采不尽

流淌了一万年的黄河

七、文艺作品中的谢延信

黄金的波浪还在流淌

一个普通的矿工

于大地深处将古老文明

与时代精神一起装上传送带

手摸良知想一想吧

构建和谐未来　我们

每一个人的手中　是不是

也都该攥着这样一把

沉甸甸的大铲

《人民日报》2007 年 3 月 30 日

仁 者

◆ 王怀让

1

不能提起他呀,

提起他,

谁都会动情,

谁都会热泪滚滚……

不能不提起他呀,

不能不把他挂在嘴边,

挂在我们的心!

谢延信!

谢延信!

谢延信啊……

他刚刚沿着 CCTV 的视频走过中国的暴风雨般的掌声!

走进世界的高山仰止的眼神!

他的脚步声和身影,

在无边的大地和我们的心中

七、文艺作品中的谢延信

留下了不绝的余音，
印上了鲜明的中国印……

他和面对海浪，
毅然用生命
去打捞生命的
那个世界上
最无畏的人……
他和面对洪水，
慷慨用小家
去换取大家的
那个人世间
最无私的人……
他和面对大山，
决心用青春
去点燃文化的
那个山路上
最真诚的人……
他和面对大地，
坚持用心血
去探索高产的
那个田野里
最执着的人……
他和他们一起

一 生 言 信

他们和真、

和善、

和美一起，

站在历史的高地上，

站成一个方阵，

很可敬、

又很可亲，

很崇高、

又很真实地

勾勒出中国道德的风景

仁、义、礼、智、信！

2

让我们再一次呼唤他的名字：

谢延信！

谢、延、信

这三个普通的方块字

此刻我们应该去

重新审视和辨认！

不必要查询

许慎的《说文解字》

有着怎样的妙说和精论；

且看他走过来的身影

七、文艺作品中的谢延信

那如同一个矿工的

炽诚，炽烈，炽热，

那如同一个农民的

纯朴，纯厚，纯真，

就是对这三个字的

动态的解说和

大写的影印！

感谢的"谢"啊

他是这样质朴地

感谢社会，

感谢党，

感谢人民！

延续的"延"啊

他和上万个太阳一起

延续着、

延绵着、

我们的民族精神！

忠信的"信"啊

他用生命铸就的一个"信"字

张贴出我们时代的

绚烂的花信！

孔子的学生樊迟向孔子请教：

什么是"仁"？

一生言信

子曰：

"仁者爱人"！

朋友，你可知道：

一个"仁"字

在《论语》中

被圣人一而再、

再而三地

上百次地重申，

一个"爱"字

成了挂在夫子上髯上的

不朽的神韵！

谢延信比樊迟

更要高明万分，

他才是孔子的得意门生，

他用行动注释了

"仁"的本真、

注释了

一个人应该

在每一个日子里、

从每一个细节上

用心去"爱人"

敬爱人、怜爱人、慈爱人、疼爱人、珍爱人、热爱人、关爱人、友爱天底下所有的人！

七、文艺作品中的谢延信

3

普天之下,
幸福的家庭都是相似的;
都是盛开的花和
团圆的月轮;
而不幸的家庭
则各有各的
生离死别和
疾病缠身,
各有各的
风暴席卷和
乌云翻滚……

三十三年前的
那个黑色的黄昏呀,
那个刹那间
就把谢延信推到了
命运悬崖上的
黄昏!
刚刚结婚才一个冬春,
妻子谢兰娥,
却撒手红尘,

一生言信

去不得也么哥！
去不得也么哥！
去不得却偏偏去了，
留下了剪不断的牵挂和
数不完的遗恨
襁褓中那40天的女儿啊，
多么让人揪心，
她怎么能够懂得
此时此刻；
天已经塌了，
地正在下沉！
病榻上那年迈的父母啊，
怎不叫人挂心，
他们怎么能够不懂
此情此景：
船到了沙滩，
车到了山根！
谢延信啊，
作为丈夫的谢延信，
作为父亲的谢延信，
作为女婿的谢延信
此时他就站在
这样的天地之间！
此刻他就走到

七、文艺作品中的谢延信

如此的山穷水尽!

就在这个时候,

这个痛苦和痛心、

焦虑和焦心

缠绕在一起的时分,

突然!世界上响起了一个声音,

一个让人动心、

让人惊心的

震天撼地的声音

"扑通"一声,

延信跪下了,

跪在了岳父和岳母的面前,

跪在了苍天之下,

跪给了

那一生沧桑和满脸皱纹!

他用双膝在大地上

写下了庄严的

承诺,

他用额头在大地上

写下了庄严的

应允!

"爹,娘,

兰娥在,

我是您的女婿,

一 生 言 信

我伺候您；
兰娥走了，
我就是您的儿子，
我赡养您，
为您养老送终，
为您尽孝尽顺！
苍天作证，
本来的刘延信，
改名谢延信！
大地为凭，
延信成了谢家的儿孙！

啊，我赞美一个
庄严的庄重地下跪
的确是庄严和庄重，
深刻而深沉！
那一刻谢延信
跪成了雕塑一尊，
这一尊雕塑
立体地诠释了
"跪"字的重要内存：
"跪"是一个动词，
是用有力的"足"
踢走"危"急的

七、文艺作品中的谢延信

力量和信心!

"跪"是一种姿势,

是用坚毅的"足"

把"危"难

踩成齑粉!

因此我要说,

这种跪,

是更为雄伟的站立!

是更加挺拔的英俊!

这才是真正的男人,

用黑体字印刷的

大写的人!

4

关于孝道,

我们不必

到典籍中去苦苦追寻。

口碑上的二十四孝,

那种良心、

那种善心、

那种细心、

那种操心、

那种诚心、

一 生 言 信

那种耐心、
那种苦心、
那种恒心……
从谢延信身上,
我们可以找到它的
全部密码和根!

黄昏了,
不知道这是谢延信的
第几百个
复印出来的
但每一个又都有新意的
黄昏
给瘫痪在床的岳父,
洗脚,按摩,翻身,
再轻轻地涂抹爽身粉;
然后就用文火,
煎熬那从山上
挖来的茅草根;
接着是喂药,
他要亲自尝一尝药味;
接着是喂水,
他要亲口试一试水温;
再然后呢,

七、文艺作品中的谢延信

再然后
是从物质过渡到精神
老人爱唱豫剧,
他就手打拍子,
嘴拉胡琴。
一段"刘大哥讲话理太偏",
有板,有眼;
一段"谁楼上打四梆",
有味,有韵……
老人爱听评书,
他就买来武侠小说,
借来评书书本。
一段"射雕英雄",
有打,有拼;
一段"挂帅出征",
提气,提神……

清晨了,
数不清这是谢延信的
第几千个
复制出来的
但每一个又都很新鲜的
清晨
为多病的岳母,

一生言信

洗脸,
他总是那样认真;
梳头,
他总是那样开心。
岳母对着镜子笑啊,
笑得也很认真,
也很开心。
老太太逢人就说:
"俺女婿的手上有神,
俺的脸上,
被他洗掉了一条条皱纹,
俺的头上,
白发被他梳得
今天比昨天又少了几根。
俺前世积了德,
老天爷给俺送来这么个好人,
好日子,
俺还想再活一百个寿辰!"
为了让岳母再活一百个寿辰,
谢延信弄了些坛子腌咸菜,
自己吃,
一吃就是一春。
省下来钱,
给岳母买肉吃,

七、文艺作品中的谢延信

让老人吃出来

生活的芳芬……

为了让岳母再活一百个寿辰,

谢延信

四块钱一双的凉鞋,

一穿就是六个夏秋,

五块钱一双的胶鞋,

一穿就是十个冬春。

省下来钱,

给岳母买棉鞋,

让老人穿出来

人间的温馨……

啊,我们古代的哲人们,

你们的哲思:

"老吾老

以及人之老",

是何等博大的爱心,

怎样广阔的胸襟!

那从线装书里

走出来的文言,

并不艰涩难品。

请看谢延信

用自己印在大地上的

一 生 言 信

脚印，
把这个哲思
解析得
是如此的分明，
讲说得
是这样的动人！

5

老家滑县的小土屋
记忆犹新，
村外小溪的涟漪
像光盘
刻录了那一段时光
如今
在最困难的时候
延信把年幼的女儿
送回远方的小村，
田野作为摇篮
风声，
雨声，
是女儿最初的竖琴……
没有钱啊，
不能给女儿购买

七、文艺作品中的谢延信

蛋糕和奶粉，

穷出智慧，

是穷让延信买来一只羊用羊奶

把生命滋润。

女儿通过羊奶

吮吸到

草的清新

和大地的体温，

同时也吮吸到

世间的艰难和

人生的艰辛……

这种看似严酷、

实则大爱至亲，

女儿说，

她从中的受益一生都用之不竭、

取之不尽！

正是这种大爱，

使女儿学会了

永远乐观地

面对生活的

泰山压顶和大雪封门；

正是这种至亲，

教女儿懂得了

永远坚定地

一生言信

相信未来会
春暖花开和前程似锦!
到了女儿该结婚的时候,
延信依然身无分文,
他送给女儿的嫁妆
是图书一本
这是一本织毛衣的书,
书上他还写上了自己
关于苦、
关于甜、
关于人生、
关于命运的深刻思忖。
女儿不嫌爹穷,
她像铁梅
接过爹爹的红灯那样,
把这本书作为传家之宝
带在身,
装在心。
日月在穿梭,
这本书教她手巧人勤
织毛衣,
她织出的花样
可以引来蜂飞蝶舞,
胜似绿芳红芬……

七、文艺作品中的谢延信

几十年过去了,

那段话一直是她生活的信心

即使在右眼失明的时候

她也能望见

阳光明媚,

满天云锦……

不是谢延信没有爱怜之心,

是他不会分身啊,

他的身边,

除了那年迈的岳父岳母,

还有一个呆傻的内弟,

吃喝拉撒

全靠着延信去过问

床铺,

需要整理晾晒;

被褥,

需要拆洗翻新;

头发,

需要经常打理;

身上,

需要天天洗尘;

甚至大便

也需要延信相随相跟……

一 生 言 信

有一年内弟跑丢了，
延信简直像丢了魂，
他骑上自行车
满世界飞奔，
从清晨到黄昏，
直到把内弟和圆月
一起驮在自行车上带回家门
家里才又恢复了
平日里的
炊烟的快乐，
炉火的欢欣……

啊，我们遥远的先贤们
你们的理想：
"老吾老
以及人之老"，
是怎样美好的世界，
何等美丽的乾坤！
那在课堂上
反复吟诵的警句，
教人为之振奋。
请看谢延信
用自己留在时间里的
身影，

七、文艺作品中的谢延信

把这个理想
身体得
是这样的具体,
力行得
是如此的亲近!

6

忠和孝,
对于一个人,
如同鸟之双翼和
车之两轮。
很难设想,
一个不孝之子,
能够成为忠臣!
一个连自己的老人
都不肯孝敬的人,
为了公家的事,
他肯去沥血呕心?
一个连自己的父母
都不愿侍奉的人,
当国家需要的时候,
他会去冲锋陷阵?
我们看一看那些

一 生 言 信

堪称忠臣的人们
董存瑞,
托起炸药包
高挺的腰身,
不正是他从父亲手中
接过重担时
那高挺的腰身?
……
黄继光,
堵着枪眼时
高呼的声音,
不正是他看到母亲
受到欺压时
那高呼的声音?
……

同样很难设想,
一个不懂爱怜的人
会成为人民的仆人!
一个连自己的儿女
都缺乏疼的人,
为了人民的利益,
他会去解怀开襟?
一个连自己的孩子

七、文艺作品中的谢延信

都不会爱的人，
当人民有危难，
他会去忘我舍身？
我们看一看那些
堪称公仆的人们

焦裕禄

在暴雨中
探测风口水流的身腰，
不正是他在父亲面前
向父亲问安时
那躬着的腰身？
……

孔繁森

在风雪里
问候藏族同胞的声音，
不正是他在母亲面前
向母亲告别的
那亲切的声音？
……

谁说忠孝难两全？
在我们的时代
忠和孝
是如此的密不可分

一生言信

譬如说谢延信,
他的大孝至爱
让一个家庭
和谐和美,
相爱相亲,
这不正是写在党的报告中的
"建设和谐社会"的
立体的回音!
如果我们的每一个家庭、
每一个街道、
每一个村,
都如同谢家那样
人与人相搀相扶,
手挽着手,
心贴着心,
党理论
就将成为盛开在大地上的
花山花海,
香队香阵!

我们是多么渴望
这一天
向我们走来,
同我们接近

七、文艺作品中的谢延信

那时候"爱"弥漫在

我们的时间的

每一分，

我们的空间的

每一寸，

人人爱我，

我爱人人，

人爱自然，

自然爱人，

水是碧波涟漪，

天是蓝天白云，

到处是花草，

到处是树木，

人们生活在这样的世上，

我敢说，

那才是真正的

人的生活，

那才是真正的

生活的人……

7

如果我们把孟子的一段话

译成白话文，

一生言信

大意是
天将要向某人委以大任，
则要先磨炼他，
苦其心，苦其神，劳其骨，劳其筋……
回首谢延信三十多年的
暮雨，朝云，劳碌，困顿，奔波，艰辛，疾病，清贫……
现在我们终于弄懂了，
那原来是"天"
在向他委以重任
让他成为道德的楷模，
引领着焦作的、
河南的、
乃至中国的
道德的大军，
在中国传统的、
今天又拓宽了的
道德的大路上，
前进、前进、前进、进！
啊，前进、前进、前进、进！
让我们和谢延信
编在同一个
道德的集团军
用我们铿锵作响的脚步
创作我们时代的

《道德经》；
让和谐的阳光
照进我们的
中国家！
照耀我们的
地球村！

《河南日报》2008年11月6日

大孝至爱

◆ 范 光

三十二年的光阴很长
是一万一千六百八十八个日夜轮回
一万多个日夜风雨变幻
花开了一遍又一遍
叶落了一茬又一茬
而普通的矿工谢延信啊
却只做了一件事情
侍奉年迈多病的前妻的父母
照顾弱智低能的前妻的弟弟
让他们享受清苦却很甜蜜的生活

在心里品味一百遍
再去翻阅中华民族的道德词典
在寻寻觅觅中
我们异口同声地惊叹
这就是大孝至爱

七、文艺作品中的谢延信

这就是中华民族的传统美德

怀川这片土地上
孝与爱的花朵
曾经绽放过无数遍
二十四孝的故事
有四个就在怀川
郭巨埋儿、丁兰刻木
杨香打虎、董永葬父
怀川人用生命演绎着
人世间最伟大的真情

在谢延信的记忆里
最清晰的是妻子临终前的嘱托
为了这一份郑重的承诺
这个平凡的男人放弃了一生的享乐
用并不坚实的双肩
扛起了一个沉重的家庭
一声非亲也是俺爹娘
感动了怀川
也感动了整个中国

延信的生命很素雅
延信的生活很清贫

一 生 言 信

女儿的嫁妆是手抄的箴言
后妻的聘礼是憨厚与虔诚
门前种下的一片油菜花
装点着生活也填充着厨房里的饭锅
只有心中绵延不断的无私大爱
彰显着人性的美好
也闪烁着新世纪永恒的光芒

《焦作日报》2008年2月5日

■ 报告文学

生命的重量

◆ 王剑冰

一

谢延信本来不姓谢，姓刘。在豫北的车村，刘姓是第一大姓，谢姓是第二大姓。

多少年后，谢延信想起和兰娥的好，眼前还像放电影。

延信是在村口碰见兰娥的。延信不知道几回碰见，都是兰娥预先打了埋伏。前些时兰娥去找弟弟彦妞，冷不丁被姑姑叫住了。姑姑在村里开着一个小门店，问过兰娥就拿这拿那地给兰娥，兰娥不要。姑姑说不是给你，是给彦妞哩。姑姑说这么大的闺女啦，该找婆家了。姑姑问最近又有谁给介绍了，问姚前营的可见了。兰娥知道姑姑关心自己，说见啦。姑姑问感觉咋样。兰娥说没啥感觉。姑姑说那你看中谁了，自己谈呗。兰娥不回话。姑姑说前街的那个亮我看人挺好，你俩不是还在一块说过话？兰娥脸就红了，说，姑，人家啥时候说话了。姑姑说,别啊,我都看见了。

延信的小名叫亮。兰娥说你昨天跟人家打架啦?延信说没有啊。兰娥说还没有,你看你脸上的那一道子。人家都说是他先动的手,把你打成这样,你咋不跟你三哥说说?三哥是乡里的棉花技术员。兰娥知道理在延信这里,延信看见人家不好好打花杈,就好言语劝说。人家不听他那一套,还跟他动起了手,结果因为延信的让,吃了亏。村里都说延信家兄弟多,堂兄延丕还是大队会计,肯定不会白吃亏。延信说那个花杈他要是掰掉了,俺就不跟他认真了,你说了他还是那样,还是不好好打花杈,俺也是太认真了。兰娥说生产队的庄稼,你恁认真干啥?光得罪人。延信听了有些不高兴,谁让俺当技术员呢?俺既然当了这个技术员,俺就得认真,不认真,这一片棉花地将来要被人笑话哩。兰娥笑了,笑中带着赞许,你呀,吃亏也就吃亏在太老实、太实在。

兰娥回姑姑说,那也是走到路口碰着了,说了两句。姑姑说那可不一样,看着可亲密。有一回,你不还给了人家一个苹果?兰娥的脸又红了。咋着姑姑啥都知道。那天兰娥拿着一个苹果,看见延信走过来,说,给。延信不好意思,说俺不要。兰娥说为啥,怕俺下药?延信说,不是,你吃吧。兰娥说,俺吃,俺吃了还在这里等你?延信说,那你吃一半给俺留一半。兰娥说,那不行,你没有听人家说不能分梨吃。延信说苹果又不是梨。兰娥说,都一样。好了,俺吃还不行?兰娥咬了一口,然后给延信递了过来。延信知道兰娥的意思,除了兰娥,谁还能咬一口给你呢?延信大口咬着苹果,咬得满口汁液。

谁想着就让姑姑看到了。兰娥说,姑,你再这样说俺走啦。兰

七、文艺作品中的谢延信

娥真的走了,兰娥急着去找弟弟回家吃饭。姑姑看着兰娥的背影噗的一声笑了。刚转进柜台,正好延信来买煤油。延信叫了一声姑,姑姑答应着,又和延信聊了起来,说亮啊,说媳妇了吗?延信说,没,没有。姑姑说,那咋不着急,大小伙子了,该成个家了。延信说,俺哥们儿多,家里条件不好,现在的闺女眼光都高。姑姑说那是她们不识货,亮一看就是个实在人,心眼儿好,咋能没人喜欢呢?姑回头给你介绍一个。延信说,姑你可别逗俺。姑姑说,谁逗你了,放心吧,姑姑肯定给你介绍一个好的。

转眼又是一个黄昏,兰娥嗑着瓜子,在村口跟延信说话。兰娥说,咱姑跟你说啥没有?延信装糊涂,说,说啥啦?兰娥急得跺了一脚,你,真不知道还是装不知道?就是,就是……兰娥把瓜子甩了一地,嗨,你觉得俺咋样吧?延信心里笑,嘴上却说,你说呢?兰娥说俺咋知道,你要是觉得……俺也没啥说的。延信说那你对俺啥看法?兰娥说,俺对你没啥看法,俺早看着你人好,心眼儿好。延信说,可是俺家条件不好。兰娥说,俺家条件好?俺家里有个拖累人的弟弟。延信知道那个天生智障的彦妞,比他姐姐兰娥小不了多少,却整天张着嘴"呵呵呵"地在村子里跑来跑去,兰娥经常喊着找他。延信说可你家是工人家庭哩。兰娥说,你别说那么多,俺只图人。

兰娥说这话时眼里充满了泪水。在这之前,兰娥已经在家和父亲闹了一场。父亲站在那里发脾气,说不行,咱家的情况你又不是不知道,咱家有一个人在矿上挣钱,咋着在村子里也站得起来,他连个正儿八经的房子都没有,娶了你咋生活?不行!兰娥说,现在是俺找对象,爹说不行就不行?俺看好了,俺就要嫁给他。你说咱家条件好?俺弟弟现在这个样子,实际上也拖累人家了。父亲说,

一生言信

你别说那么多，彦妞有你妈和我，那算啥不好，总不能让彦妞随着你嫁给他。你别执迷不悟，选个好人家比啥都强，爹还想着给你招个上门女婿哩。兰娥说，爹，俺弟弟总不能跟你一辈子，到头来还得找他姐，还得是俺来管他。俺看亮是个老实人，将来成家了，你俩年龄大了，俺把弟弟接过来，俺想亮也不会对他赖了。找其他的人，俺信不过。父亲还是一副犟脾气，说你别跟我扯那么多，就冲他那一大家子人俺也不愿意。要想找俺闺女，除非他姓谢！

娘冯季花有主心骨，娘说他爹，俺咋看着这亮是个好娃儿，她姑姑都说这小伙子中，如果妮子愿意，就让他俩成了吧。

这些话兰娥都告诉延信了，延信都知道，就因为延信知道，延信才觉得兰娥好，她没有拿他当外人。延信喜欢兰娥，他喜欢这个在爱情方面有些倔强的姑娘，这个姑娘没有在意家人的想法，只是认定她的喜欢。她的喜欢和延信的喜欢碰在了一起，碰出了爱情的火花，也碰出了爱情的力量。延信想，这一生都不会离开这个姑娘了。

兰娥信得过延信，延信当然能让她信得过。前些时，在地里干活儿的延信被兰娥叫住，说你看见彦妞了吗？她正急得四处找弟弟彦妞，村里都找过了也没有见着。延信让她别急，便帮着去找。最后在村后的水塘里找到了。彦妞是去撵猪玩了，猪一路顺着熟路往苇丛正旺的泥坑里跑，一进泥坑就拖泥带水地拱了进去。彦妞也就拖泥带水地摔倒了，幸亏水塘边上不深，幸亏他没有再往里挣扎。延信找到芦苇遮没的水塘的时候，彦妞已经在泥窝里哭了半天。延信扒去了彦妞那身泥水衣裳，又把自己的衣裳脱下来给彦妞穿上。那个时候已经是深秋，兰娥看到延信只穿着一条短裤浑身是水地背着彦妞从苇塘出来，眼睛立刻就潮了，眼睛一潮，心里反而暖了。

七、文艺作品中的谢延信

二

延信和兰娥的女娃降生了，那是他们婚后的1974年。婚后的延信一直沉浸在新婚的甜蜜中。妻子兰娥很快融入了这个和睦的大家庭，家里地里都是一把好手，并且孝敬公婆，与妯娌们相处也很好。有了闺女，延信当爹了，给妮取名叫变英。再等个一年半载，给变英要一个弟弟，就更圆满了。延信在兰娥月子里不停地为兰娥趸摸吃的，不是去买老母鸡，就是去逮鲫鱼，整天高兴着哩。延信哪里知道，一场灾难正在悄悄地朝他走来。

村子离滑县县城有70里远，就是到半坡店乡上也不近。那个时候，接生都是找的村里人，没有多少知识。兰娥产后受了感染，只是当成生产的正常现象来对待。女人不好多说，男人自然也不好多问。兰娥连续发烧，想着坐完月子也许就好了，没有想到，坐完月子反倒更严重，没有几天，兰娥竟然闭眼归去了。兰娥一直坚持着，让人感觉不出她快到了生命的尽头，她只想让自己的孩子多接受一些母爱，她坚持到了满月，然后又坚持了最后的10天。延信一直这样想，他一直想着是兰娥在争取着时间，兰娥是为了孩子而忘记了自己的危险。

刚刚同心爱的人过上一年的幸福日子，那个人就永远地去了，这让延信如何也接受不了。埋了兰娥的那些天里，延信精神恍惚得如同隔世。眼前还在拉着兰娥的手，兰娥的眼泪滴在手上，热热的，凉凉的，兰娥说了什么？兰娥说，俺过不去了，俺不能跟你到白头了。延信不让这么说，延信说你别瞎说，变英还等着叫你妈哩。兰

一生言信

娥听了又一滴热泪滚了出来,兰娥说,给她再找个妈吧,孩子不能没有娘,你也不能没有个家。延信听着兰娥的话,他完全没有注意到自己早已泪流满面。他不敢让她看见,偷偷地扭过脸去擦掉。

兰娥的抽泣声慢慢地消失了,屋子里回归了安静。延信说,兰娥,你说话,你跟俺说话……看到呼吸越来越微弱的兰娥,延信还是忍不住呜呜地哭了。兰娥又强睁开眼睛说,唉,好人,人的命,天注定,俺不能跟俺的好人过一辈子了,俺的命俺认了,可,可俺就是不甘心,俺爹俺娘咋这么苦呀,俺个傻兄弟咋这么苦呀,他们就该跟着俺享不了啥福,还搭上一辈子痛苦?

延信猛然抹了一把泪水,说,兰娥你别说了,你说了俺心里疼得很,俺娶了你,俺已经叫了爹娘、兄弟,俺就不会再改口。你放心,他们有俺在,就跟有你在一样!兰娥听了这话,嘴角露出了微笑。兰娥断断续续地说,好人,你、这么说,俺、放心了……兰娥微微地颤抖,不停地颤抖,并且用力地张开眼睛看着延信,呼出了最后一口长气。延信紧紧地抱着怀里的兰娥开始哀号,孩子样地哀号。

延信记得,兰娥最后使劲地将指甲抠紧了延信的手,抠着,一直不放松。延信觉出了疼,直到现在,延信还觉得疼。

延信把岳母和智障弟弟彦妞接回了家,开始了一个新的艰难的生活历程。他要抚养刚过满月的女儿,还要照顾和自己差不多大的弟弟。岳母身体不好,有着肺气肿、胃溃疡、低血压、关节炎多种疾病,早就不再下地干活儿了。但是她乐意帮助延信照看小外孙女,孩子太小太可怜了,延信怎么能带得了?

在焦作矿务局朱村矿上班的岳父谢召玉抽空回来了。延信过去请岳父，岳父一见延信就来了怨气，说姓刘的小子，俺说你是个扫帚星吧，人家还不信，俺闺女不嫁给你也不会死，嫁给你还没过上啥好日子，你就让俺家弄到现在这个田地，你还有啥说，你还有啥脸再往这个家里凑？你走吧，俺不认你！延信流着眼泪说，爹，你让俺在这个家吧，俺给兰娥说过话，俺要为您两位老人养老送终。岳父说，你别说了，俺没空儿听。你不走是吧？你不走，俺走！岳父怒气冲冲地离开了家。

延信初为人父，并不会照料刚过满月的女儿。他抱着变英四处串门，看谁家正给孩子喂奶，就央求喂变英一口。村里人也可怜他和孩子，都愿意帮他。那个时候看着变英在人家怀里吃得那个急，延信跪下的心都有。但这也不是个办法，到了晚上孩子饿的时候还是哭闹不止。孩子奶奶让三哥延胜从亲戚家牵来了一只刚下过崽的母羊。母羊的奶水流入小变英的口中，小变英觉得这个奶有些特殊的味道，喝了几口就不接受了。村里人说要是羊奶里放点儿白糖就好了。白糖属于紧缺物品，好在县里一位王部长在村里驻队，帮忙安排供销社给予了照顾。日子好歹就这样过下去。

还有弟弟彦妞，他三天两头地会给延信带来麻烦，以前有姐姐照应着，现在姐姐不在了，延信就多了一份责任，有时候彦妞吃不好饭，撒得哪里都是，延信还要一点一点地喂他。他跑出去不回家的时候，延信就四处去找。彦妞不是在麦秸垛里钻得一头麦秸，就是受了谁的欺负，在哪家的门楼下哭，或是浑身泥土在窑上滚。有时候他的裤带被谁抽掉了，裤子拖拉着，光着屁股哭着追打，身后跟着一群笑话他的孩子。延信见了很生气地把那些孩子撵走，给弟弟提上裤子带回家。一次彦妞在外边闹肚子，弄得浑身是屎尿，延

一 生 言 信

信把他带到了河边，好好地给他洗了身上，又洗了裤子。

这些岳母冯季花都知道，岳母的心里也是十分矛盾，她不能骗自己。因为老听到村里人说闲话，说亮干的就是一个傻事儿，亮还年轻，他完全可以给变英再找一个妈。可现在有一个傻兄弟的拖累，一个有病的岳母的拖累，没有人再会愿意跟亮啊。岳母不再出门，她把自己关在家里。

岳父回来了，岳父还是那句话，他对冯季花说，你咋就这么死心眼儿，人家姓刘，不姓谢，亲不亲，姓上分，闺女死了，女婿的名分也久长不了，更不可能成为你的儿。他就是抹不去那个脸，一时一会儿的事儿，能照顾你一辈子？死了这条心吧，早晚他得娶妻生子脱离咱们。你别让村里的唾沫星子把你淹死，说你赖上人家。我看这儿不能待了，咱还是走吧！

就有那么一天，延信收工回来发现岳母和弟弟不在了。延信四处寻找。娘抱着小变英对延信说，岳母跟着岳父走了，去焦作了。延信知道这一切肯定是岳父的想法。娘也说别去了儿，别跟着傻啦，在家好好守着娘，找个人成一个家庭，过好后边的时光吧。延信的心里五味杂陈，他一天不见岳母一家人，一天心里就乱得慌。他无心打理农活儿，也无心照顾小变英，兰娥是咋跟你说的，你又是咋跟兰娥说的？兰娥临终的惦念和自己的承诺像上堂鼓，不断地敲打着。

他必须得走了。他去找生产队长，找村主任，找大哥二哥三哥，找爹娘，不断地重复自己的想法，实际上是坦诚自己的心意。延信最后说，爹娘还有3个哥哥在家照顾，少了自己一个也算不了啥，可那边一个顶事的孩子也没有！延信几乎是求他的亲人了。

结果是延信抱着变英赶去了焦作。

七、文艺作品中的谢延信

三

你咋着是个死心眼儿啊，你缠磨着俺这半死不活的有啥好？拖不死你也累死你，你说你傻不傻？你比彦妞还傻！岳母见了延信，也变了态度，她是越说声音越大。你还年轻着哩，变英还小，你别不识事儿。快给俺滚！

延信不明白，从来通情达理的岳母咋说出了这样狠的话。岳母边骂边往外赶他。小变英在延信的怀里哭起来。岳母心里一紧，想伸手去抱，又停住了，还是往外撵延信。延信眼里一下子涌出了泪水，说娘，您要是嫌俺来家是个累赘那俺就走，要是怕俺娶不上媳妇就赶俺，打死俺也不走。

岳母听后，扭过头趴在床上失声痛哭起来。

岳母家只有一间房子，延信就在旁边搭个窝棚住了进去。白天他去找临时活儿，不是去搬运队当装卸工，就是去建筑队打小工，或是到附近农村的砖窑上搬砖。再累再脏的活儿他都接受。

晚上回来就照顾着岳母一家，逗哄小变英。

岳父谢召玉回家看到延信，还是生气，还是那个态度，他训过延信，撵过延信，不理不睬延信，无论延信说什么，冯季花说什么，态度始终没有一点改变。看撵不走延信，谢召玉干脆住到矿上不回来。

岳母则暗暗地接受着延信的好，尽力地帮着延信照看着外孙女。

延信的3个哥哥看延信过得实在艰难，也知道谢召玉一直不接受延信，多次悄悄来矿上劝延信回家。延信自然是不听劝说，他觉

一生言信

得时间会证明一切，也会改变一切。

时间就这样往前走着。突然有一天，一个晴天霹雳又砸向了这个家。1979年春，岳父在职工宿舍中风晕倒了！

延信赶紧抱着变英，拉着彦妞和岳母往矿上的总医院赶。赶到了急诊室，看到进出匆匆的医生护士，看到戴着氧气罩、插着输液管昏迷不醒的岳父，岳母当时就哭晕过去了。

延信也呆愣了，屋漏偏遇连阴雨！以前，尽管自己难，可还有岳父这根柱子撑着，现在这根柱子也倒了，这还让人咋活？他诅咒天地为什么对他这么不公平。可诅咒又有什么用？他痛苦得心中只剩下最后一点力量，那就是面对妻子嘱托时自己的承诺，还有一颗本真的良心。他生命里的火焰只能燃烧，不能熄灭啊。他一遍又一遍地呼喊着岳父，观察着岳父病情的变化，看着这瓶子那管子，随时去叫医生。岳母身体不好，还要照看两个孩子，不能守在医院，病床边就总是延信一个人。别的病人陪护还有个替换，延信一天24小时没有一时清闲。

护士走进来，总是发现延信在那里忙前忙后。有时候他坐在一个墙角睡着了，手里攥着半个干窝头。有时候他就睡在了一片席子上，那种疲劳的样子，让人不忍叫醒他。护士站的人议论起了这个16床的亲属，真是个孝子啊，这么多天就他一个人在这里忙来忙去，他家八成没有啥人，要不咋就把一个人累成那样？也有人说了，不是有时候还来个老太太吗？嗨，那不还带着一大一小？管不了事。

谢召玉的手指轻轻抖动了一下，又抖动了一下。然后他的眼皮儿微微地睁开了一道缝。他看见了白色的世界，白得刺眼。

这样一个小小的变化，竟然让延信发现了，他兴奋地喊，醒过来了,快来人啊!然后就跑去叫护士。有护士跑了过来,护士跑过来又扭头去叫医生。

与死神搏斗了七天七夜之后,谢召玉终于从昏迷中睁了一下混浊的双眼,而后又迷迷糊糊睡着了。这回是真的睡着了,静静的呼吸显得匀称。

等他再醒过来的时候,他真的是看见了一个白色的世界。墙是白色的,房间是白色的,床是白色的,被子是白色的,连来来去去的人穿的衣服也是白色的。我这是在哪里?在医院。是的,是在医院。都是谁?是谁在守着我?他看见了一个面孔,这个面孔他不愿意看。这个面孔对他叫了一声爹,他没有答应,反而声音浓重地说,你走吧……旁边的老伴儿冯季花说你看你,刚醒了就说这话。你不知道,亮守了你多久?他天天都在地上睡。这个时候谢召玉扭过头来看周围,他看见了地上那个凌乱的地铺,看见延信还在笑着高兴着,搂着那个憨憨的彦妞。

冯季花还在说着,说你都昏迷了7天了,都以为你醒不过来了,是亮一直守着你,喊你叫你,给你搓手搓脚。

倔强的谢召玉把头扭向了床里,闭上眼睛,不再看任何人。但是他的眼角分明涌出来一滴泪水,那泪水滚烫滚烫,顺着他的脸颊一直流到枕头上。

护士站又有人说了,听说16床的不是老人的儿子呢。不是儿子能是谁,这么孝顺。听说是女婿哩。女婿?女婿会是这个样子?那他的女儿呢?女儿不在了,早就不在了。众人更是张大了口。

一只勺子伸了过来,延信说爹喝点儿水吧,你看你的嘴唇太干了,你不说话,你只张开嘴,我慢慢地喂你。谢召玉顺从地张开了嘴，一股温暖而湿润的水润到了嗓子里。

延信高兴了，老爷子终于醒了，终于明白了，延信的努力没有白费，其实在这以前他还是很害怕岳父的，现在不怕啦。他告诉岳父要把一切都放下，他会很努力地照顾好这个家，照顾好弟弟。他说他真的是想做老人的儿子，而不是女婿，让老人颐养天年，活个大岁数。

谢召玉心里已经明白，在自己有病的这段时间里，侄子谁都没有来照顾自己，只有这个女婿在身边照顾了这么久。谢召玉想了心疼，他知道自己以前错怪了这个孩子。谢召玉想到女儿，想到女儿兰娥，谢召玉又难受了，说起来这都是孩子的命，说起来亮这个孩子的命也苦啊，他跟自己的女儿结婚以后也没有过几天好日子，还要带孩子，还跑过来照顾我。说起来这个孩子还是个老实人，自己对他那个样子，他都不在意。

岳父谢召玉虽然被救活了，却永远无法再站立起来。3个月后，医生告诉延信，回到家里照顾得好，可以多延续几年生命，照顾不好就难说了。面对现状，延信犯难了，变英太小，岳母体弱多病，内弟还顾不了自个儿，岳父需要静养和照顾。这个家怎么办呢？多少次产生的念头，像按下的葫芦，又一次浮了上来，延信不得不选择舍弃自己的女儿。

不懂事的女儿被带回了老家，延信临走时，女儿拉着父亲的衣角说啥也要跟着回去，奶奶千哄万哄也无济于事。这是他和兰娥共生的女儿，如何不让他倍加怜爱？可岳父一家的窘况，还是使他强忍着夺眶而出的眼泪，狠心掰开女儿的小手，头也不回地走了。想起身后那阵撕心裂肺的哭叫，延信说，不是我心狠，是不敢回头啊！

延信用平板车把老人接回了家，这是矿上为他们调整的有着两

七、文艺作品中的谢延信

间房屋的新家,延信把老人的床铺搬到靠窗的地方,不断为岳父开窗换气,医生交代,千万不能得褥疮,一旦得了褥疮,就有可能转为败血症而丢掉生命。延信记住了,每天给老人翻身几次,擦洗身子,抹爽身粉,还不断地背着老人到门口去晒太阳,去看大千世界。老人在阳光下变得开朗起来。他本来觉得女儿不在了,一切都是浑浑噩噩的,没有想到生活的阳光又照在了自己身上。

为了补贴家用,延信坚持去窑上打工,他已经适应并干得熟练了,也得到了人家的认可。脱坯、装窑、烧窑、出砖,他样样能干,干得也精细,成了窑厂的一把好手。别人都是临时地用一用,不合适就走人,延信却能够干好长时间。晚上回到家里,延信就抓紧收拾,岳父大小便失禁,岳母双手不能沾冷水,每天一大盆沾满屎尿的衣服、床单等着延信洗,洗完了还要为岳父擦身、烫脚、按摩、活动四肢关节。老人患病后,大便时常干结,延信就用手一点一点地给岳父掏。有时候岳父被折腾得受不了,就会老脾气上来,大骂延信,延信也不恼,笑着像对孩子似的安慰说好了好了没事了。岳父自然是过后又会送上后悔自责的眼神。

外人说起来,说搁谁身上也受不了,可延信就这么坚持下来,直到18年后岳父离世。邻居冯翠玲见人就说,我可是在那里帮忙亲眼见的,老谢走时身上干干净净的,一个病人瘫痪在床这么多年,还不是延信照顾的……

四

延信这次回了一趟滑县老家。这是一个多么艰苦的行程啊。从

一 生 言 信

焦作往东北去，他要经过大路，经过小路，经过坑坑洼洼的不平的路，要越过好些个县、好些个乡、好些个村。300多里的长路，延信骑着一辆破车子，他是怎么骑到的呢？万一路上车子坏了怎么办？这些他都没有考虑过，就是一味地向前骑着，只要有力气，车轱辘就在转动，不停地向前转动。他有时候会觉得头昏脑胀，目光眩晕，但是下来车子在路边休息一下，方便一下，又继续前行。

他终于看到了一片林木，那些掉了叶子的林木围绕着一个村庄，那就是他的村庄，叫作车村的村庄，他的家，好久没有回来了。

离村子不远碰到了本村的刘尊新，尊新拉着父亲要到乡里看病。延信从车子上下来，问了好，说了话。尊新说你这一走好些时候没有回来了。延信说那边太忙，回一次不容易哩。延信看到尊新的父亲大冬天穿得薄，说老人可不敢再冻着。便从身上把自己的棉袄脱下来。尊新说这可使不得，脱了你冷哩。延信不听，硬是把棉袄给尊新的父亲披上。看着尊新去远了才上车。

娘见了延信说大冷的天，你咋穿着件单衣回来了。延信就跟娘说了尊新的事情。娘就嗔怪说，你这个孩子呀，让娘咋说你。娘没有想到延信回来会跟她说出更让她吃惊的事来。

延信找了爹娘，又去找他的哥哥，让自家人和家族管事的开个会，说他作出了一个决定，这个决定在他的心里已经好久好久了，深深地铆在了那里，他说他决定要改姓，不再姓刘，他要姓谢。

亲人们听到他这个决定，先是一愣，随即就有人提出不妥，尽孝可以，但不一定非得改姓，不能为了前妻忘了祖根。随后大家就沉默了，久久地沉默，没有人表态。延信就不停地作解释，说自己改姓谢，是为了照顾两位老人，让老人认可自己。延信说兰娥走得早,俺要对得起她。说兰娥的时候延信就流了眼泪,延信说姓不是主要的,自己姓刘姓谢都没啥,即使是把刘姓改成了谢姓,刘家也不会不要俺吧。延信说,但是把姓改成了谢,把一家两姓,变成一家同姓,就让谢家老两口放心了,觉得自己是一心一意地回到他那个家庭,照顾他们,和他们合为一体。说到这里的时候,延信"扑通"一下子跪了下去,说俺在这里给大家磕头了,望长辈们亲人们理解俺……

众亲一看这个情形,无不动容,七嘴八舌地小声议论起来,觉得这个孩子是铁了心认了真了,不让他改也没有办法。而且这孩子的想法和举动从道义上说是对的,没有啥错,这个后生让刘家的人看好,不会给刘家丢脸。

最后老族长站起身来说话了,老族长说,好,就这样定了。说,亮,来,一起跪下给祖宗上炷香!

延信就这样把自己的姓从刘改成了谢,从这一天他不再叫刘延信,而叫谢延信了。怀里揣着村子的证明回到了焦作,延信一直兴奋地笑着。他在家里干得更来劲了。

这天早上阳光明媚,阳光照进了窗子,家里暖融融的。放在窗前的花儿也开了。延信像往常一样,打开一扇窗子,然后为岳父翻身、擦背,之后把换下的被褥拿到外边晒上,又在屋子里喷了花露水。9平方米的房间里透出了清新的气息。在岳父生病的18年里,延信始终让屋子干干净净的。

延信照顾着岳父起床洗了脸,喂着吃了饭。等弟弟彦妞从卫生间出来,一切都收拾妥当。岳母也坐在了岳父的床前。延信这个时候就跟岳父岳母说了,说爹,娘,其实俺一直就是想做您的亲儿子

一生言信

哩，可人家老说一个女婿半个儿，俺想成为谢家的一个儿，俺不当那半个儿了，从今天起，俺就是您的亲儿，俺把刘姓改成谢啦！

岳父没说话，但是他的肩膀明显抖动了一下，低着的头抬起来，又低了下去。延信看到，岳父的眼里含了泪光。岳母说你傻了，孩子，你把姓改了，你要让人说你哩，你娘你哥他们还有刘家的人能愿意？那是说笑话哩。延信说，爹、娘，俺这次回去就是办这个事儿了，俺可不是随便说说，俺是找了人哩，俺跟俺爹娘，俺哥俺嫂他们，俺舅还有族长都说好啦，他们都愿意了，俺都给祖宗磕过头上过香了，您就放心吧，您看，这是村里出的证明。延信拿出那张盖着大印的信笺，俺今天就是姓谢啦！延信拉起了岳父岳母的手，放在自己的手里攥着，深深地叫了一声：爹！娘！

这声爹娘似乎同以前的爹娘的味道不一样了，岳母大声地应了一声，便擦起了眼角，说好，好，娘愿意！延信再看看岳父，实际上延信始终在观察着岳父，岳父的头完全地扭向延信，他那浑浊的眼睛分明映出了温暖的光。那束光同射进来的阳光融为了一体，使这个小屋变得温馨起来，延信在这种温馨当中，愉快地笑了。一旁偎着的彦妞喊，噢，哥哥姓谢了，哥哥姓谢了。

谢延信来到了兰娥的墓前，那坟墓的周围已是高高的黄黄的茅草，还有一棵树也长得老高老高了，长成了大树。树枝摇摆扑扑簌簌摇下了叶子，叶子把坟墓罩了一层。

谢延信给坟头培了土，在上面压上了黄纸，然后摆上供品，点着了三炷香，坟前烧了纸。然后他对兰娥说，兰娥，俺来看看你，你走的时候，你给俺撂下的话俺都记住了，你就放心吧，咱爹咱娘还有咱弟弟俺都会照顾好的，你要是不放心你就看着俺，俺知道你看着俺哩。延信说着说着就掉泪了,延信想了好多话,现在都说不出来了。最后延信还是告诉兰娥,说一切都过去了,厂里还给咱调了房子,咱家几口人都有了住处,咱爹娘身体也好,俺一直也都挺好的,你就放心吧……延信还说,兰娥俺跟你说,俺姓谢了,俺现在叫谢延信了。

五

谢延信戴上矿灯,穿上矿工的衣服,然后进了罐笼下到了很深的井下。他感到一切都是那么的新鲜,他觉得新的一天开始啦,他可以给家里挣钱了,可以代替岳父下井了,他成了一名工人,名副其实的工人,响当当的工人。

那个时候成为一名正式的工人,是多么难得的一件事情。岳父不能再上班了,腾出了一个名额,让谢延信去顶工。这可是雪中送炭。谢延信干着零工,今天有活儿明天没有活儿的,怕不能维持一个家的费用,现在岳父有了退休金,自己再进矿当工人就会给这个家带来一定的收入。

谢延信成了一名工人,他要好好干,好好表现。这些都是他的想法,而他的做法是那么的自然,因为他不会脱滑,他只会努力地干。他很听话,干得很认真,他的活儿总是让组长很满意。张建良说,全组最好分配工作的就是谢延信,无论是攉煤还是搬运,他从没有二话。搞搬运的工作交给他,空车进得来,重车出得去,各种料准备得齐齐当当,从来不会让人操心。一次,班组在中北区掘进时,突然发生了冒顶,上面塌落了三四米,顶板水流如注。张建良

一生言信

大喊一声：绞架！全组人闻令而动，忙着备料。谢延信冲到张建良面前说我给你看着上面，干吧。说完递上了一根坑木。处理冒顶最危险的是绞架人，其次就是负责递料观察的人。经过一番苦战，冒顶处理妥当了。张建良这才发现，一直同他站在一起的谢延信像从水里捞出来的一样。

他和工友相处得也很好，谁都愿意和他搭班儿。组长叫他和小裴去掘进面，抬一根柱子往里走，走到半路，小裴不小心掉到了水仓里，谢延信赶紧把他拉上来，一看小裴的衣服全湿了，赶紧叫小裴把衣服脱了，穿上他的棉袄棉裤。过去好些年裴国林还不忘这件事。

发工资了。手里攥着沉甸甸的60多元工资，谢延信觉得那是多么大的一笔钱啊，以前从来没有见过这么整装的钱，这钱能干什么？这钱能买吃的，买穿的，买使的用的。但是谢延信想着应该先给岳父买一件东西，这件东西太重要太重要，这件东西就是一部收音机。他跑去了商店，左挑右选花去了整整一半的工资。

谢延信把这个能说会唱的匣子送到岳父的床前，岳父拿着这个匣子听到里边传出的豫剧《朝阳沟》的唱腔，岳父笑了。岳父的小屋子，因为有了这个小匣子，从此不再寂寞。看着岳父的笑，谢延信也笑了。岳父问这得花多少钱呢？谢延信说没有多少钱。

下井的职工每个人都发给两个油酥烧饼。那烧饼真好吃呀，谢延信三口两口就下到了肚里，然后看着手里的另一个烧饼，嘴角动了动，最后还是把它包起来揣进了怀里。同在掘二区一个组工作的赵超敏见了，说延信，你不饿吗，还不趁热吃了？谢延信说不饿了，一个就够了。

七、文艺作品中的谢延信

　　终于盼到了下班上井。回到了家里,谢延信掏出油酥烧饼递给岳父,说爹这烧饼可好吃了,你尝尝。岳父把烧饼放在了嘴里,啊,是好吃呀,这是你省下的吧,你可是专门省的?谢延信说俺吃一个就够啦,俺还有其他的饭食,爹喜欢吃俺每天都给你带回来。

　　就这样有谢延信的烧饼吃就有爹的烧饼吃。时间长了,赵超敏说你怎么总是留下一个烧饼?谢延信说,实话跟你说,俺爹爱吃油酥烧饼。赵超敏后来才知道,延信说的爹,实际上是他的岳父。

　　这天谢延信回家,听到岳父躺在床上咿咿呜呜地哼唱着大平调,那是家乡那一带喜欢的唱腔。谢延信一进门也就跟着哼起来,逗得岳母冯季花咧开嘴笑,说瞧恁爷俩,像遇到啥喜事儿似的。谢延信说是哩娘,你看这是啥,岳母看到谢延信手里提着鸡蛋和肉。岳母说,发工资了?谢延信说,还没有,俺用券换的。那个时候下井还发餐券,上井后可以用券到食堂吃饭。一块儿的赵超敏从来没有见谢延信用过,后来才知道他把餐券攒到月底,换成鸡蛋、肉、白糖之类的带回了家。

　　好像形成了习惯,每天到了下班的时候,岳父都急迫地等着谢延信,这个老人,他开始有了盼望。他盼望着亮回来,不仅是给他带来好吃的东西,还等着亮回来给他聊天,给他唱戏,给他念书。他是真的把亮当成了自己的儿了,他甚至有了某种担心,亮回来得稍晚些,他都会急得六神无主,不停地叨叨。

　　从岳父的感情变化里谢延信感到了高兴,这些年里,谢延信下班不能和一些人打打牌聊聊天,不能停在路边去看一盘残棋,更不能去看一场电影,这些都不可能。唯一的可能就是陪着岳父岳母,陪着彦妞在家里说笑。他没有别的爱好,就这一个爱好,他没有别

353

的乐趣，就这一个乐趣。一个家，让他缩小了生活范围，交友范围，还有向往的范围。他没有什么可想的，上班，就是好好上班，下班，就是踏着点儿往家里赶。家里的一切都在等着他。

谢延信去买了一个炉子，带着明晃晃的烟囱。以前的炉子是一个铁皮桶做的，一般人家还买不起带烟囱的铸铁炉子。谢延信说其他的可以节省，买炉子不能节省。他把炉子搬到岳父岳母的屋子里，圆圆的白银色的烟管从窗户里伸了出去。岳母说你那屋不冷？谢延信说不冷。

谢延信其实还有一个想法，有了这个铁炉子还可以给岳父烤衣服，他做了一个铁丝的架子放在炉子的周围，架子上搭满了岳父的用品，还有弟弟的袜子、鞋子，这样就解决了大问题。

彦妞也跑过来，把手伸得长长的高兴地笑着，谢延信对彦妞说你可不要到跟前来，它会烫着你。谢延信一次次做着被烫着的痛苦表情，弟弟好像明白，他不敢再到炉子跟前去了。

谢延信拍拍弟弟彦妞笑了。

晚上谢延信给彦妞灌了暖水袋提前放在被子里暖暖热，等彦妞钻进被窝的时候，谢延信又把暖水袋包上毛巾放在弟弟的脚下。最冷的时候，谢延信会在炉子上烧一块砖，在砖上包了破布放在自己脚底下，当暖水袋用。

这天，谢延信和彦妞在院子里和煤。他们从远远的地方拉来了黄色的黏土，然后在院子里把煤和土和成泥。彦妞很感兴趣，哥哥给他一把铁锨，两个人噼里啪啦地干着，彦妞不时地咧着嘴呵呵着。然后谢延信开始打煤球。他不愿花钱去买，他借了一个煤球机，一下一下地打出来漂亮的煤球。彦妞看着煤球好玩就用铁锨把煤球一

七、文艺作品中的谢延信

个个拍扁。在一旁坐着晒太阳的冯季花看见了恼怒地吵，看你，你哥才好不容易打好都让你给弄坏了，看我不揍你！

谢延信说，彦妞，来，你来试一试这个机器。彦妞没听母亲的话却听了哥哥的话，他去搬煤球机照着哥哥的样子，先在盆子里沾了水，然后在煤土里使劲地捣，打出来的煤球像个散黄蛋，但是彦妞呵呵呵显得很高兴。谢延信这个时候又跑去借了一个煤球机来。两个人打出来的煤球自然是不一样，但是谢延信还在夸奖着彦妞。谢延信和彦妞干得很起劲儿，岳母在旁边坐着，露出了幸福的笑容。

六

细窄叶子的嫩草在风中飘摇着，它们那么普通，平时没有谁注意到。

在田地间的沟坎上，谢延信带着彦妞走走停停，他已经认识了这种叫茅草的草。岳父的腿有些浮肿，而且总是解不下小便，邻居告诉他一个偏方，茅草根熬水给病人喝能利尿、消肿，此后这种草同他产生了长久的关系。

彦妞喜欢到田野里玩，谢延信就连他也带上了，延信给他做了一把小铲子，只要看到茅草，就教他去剜下来，彦妞，你看，抓住茅草叶子，然后使劲地往下剜，对，把下边的土都松掉，对，对了，再用劲拔出来，哎，用劲！好，真好。彦妞终于拔出了一棵连着根的茅草，之前他都是从半截铲断了。听到哥哥的夸赞，彦妞呵呵地笑了。他又抓住一棵草，准备下铲子。谢延信说，彦妞，那不是，那是曲曲菜，也可以吃，你就剜出来吧，我们回家凉掉了吃。彦妞

一生言信

答应着，连着把自己周围的曲曲菜都铲下来，虽然铲得零碎不堪，但还是受到了哥哥的夸奖。

谢延信还会带着彦妞去矿上的食堂，那里有师傅们为他留下的冬瓜皮。师傅们看见谢延信带着彦妞过来，就会递给彦妞一块茄子或者一块萝卜。彦妞就咧嘴呵呵地高兴，回家也会告诉爹娘，让爹娘也高兴。现在无论是矿上还是邻居，都知道了谢延信家里的事情，大家都热情地力所能及地给他们提供帮助。谢延信已经感受到了集体的温暖，人情的温暖，这些都给他增强了信心和力量。谢延信用茅草根、冬瓜皮，每天给岳父熬水喝，来减少老人的病痛折磨。

有时候谢延信还要去山里捉蝎子，当然这个时候就不带彦妞了。以前，那些压在小石头下面的蝎子是那么可怕，现在他眼里充满了喜爱，只要翻过来一块石头，有蝎子，他就会兴奋度上升，哪怕半天只是捉住一只，他也感到满足，回去把蝎子焙干，也能给岳父治病。

说起来世事总是那么难料，命运总是那么多舛。就在谢延信在这个家尽职尽责的时候，没有想到自己的亲娘会因心脏病突发离世，得到噩耗谢延信如五雷轰顶，忙不迭地告别岳父岳母回家奔丧，离村子不远就哭号开了，一直哭倒在母亲的棺上。回来的路上，他仍然难掩心中的悲伤，止不住地淌泪。

到了家门口，他终是把泪水擦干，不让二老看见。岳父岳母的心里也是十分难过，他们觉得亲家母的事似乎跟自己有关联，因为做儿子的亮一直不在母亲的身边。那段时间他们一直表现出一种愧疚的神情。谢延信觉察出来了，他对岳父岳母说，俺娘是身体不好突发的疾病，您二老别上心里去，俺就是在家也没有办法阻挡……

七、文艺作品中的谢延信

谢延信这天早起打开窗户，突然听到了布谷鸟的叫声，咕咕咕，布谷鸟清脆的叫声传到窗前，谢延信心情好起来，他跟两位老人说布谷鸟都叫啦，咱们应该去踏春，去野外看看吧。他早早地给岳父穿好了衣服，还特意穿厚一点，又给岳父找帽子戴上，用车子推着岳父，和岳母、弟弟一起出了院门。

住的地方离野外并不远，他们很快就来到了旷野，看到了一大片一大片的油菜，油菜已经开出了黄花，散布在阳光下。布谷鸟在头顶上飞去，麦子墨绿墨绿的，衬在远远的天边。

他们全家站在高处。眼前的这片地忽高忽低，有一种起伏的感觉，那些黄的和绿的色块儿也在视野中起伏着。

有人走进了田地，那或是在浇水。有些地方的麦子已经泛黄了，传过来阵阵的清香，那种香气是同野草和野花不一样的。谢召玉和老伴儿特别熟悉这种香气，从农村过来的人一闻到这种香气，就有一种不寻常的兴奋和激动，它将带给人们多少细腻和甜蜜呀。那个时候的细粮尚不是很多，都要搭配着粗粮吃，而粗粮大部分是秋天的收获，所以说夏天是一年当中的好光景。

谢延信看到岳父岳母今天很高兴，他们像孩子一样指指这里，点点那里。彦妞在路边采来一枝花，那是野菊花。弟弟笑着向哥哥展示。谢延信去帮着弟弟采了更大的一把，用草捆上递给了弟弟，弟弟举着向爹炫耀。谢延信又去采了一些蒲公英，然后递给了岳父。岳父把这束花接了过来，放在鼻子边嗅了嗅说好闻，有一股清新气。然后就对着蒲公英吹了一口，蒲公英的银针飞了起来。彦妞嗷嗷地叫着追去了。

大地无限宽阔，孕育着生命生长。一天天一月月地就这么过来了。后来再听到"吃杯儿茶"叫的时候，谢延信又带着全家人到这片田地来看，看成熟的麦子。

自此以后，每年听到布谷鸟的叫声，听到吃杯儿茶的叫声，老人都会说亮该出去看看啦。他们自然地就会跟着谢延信出来看风景。一年一年的风景虽然都是一样的，但是给人带来的心情却是不同的，因为毕竟又是一年了。

由此也让谢延信起了念头，为了节省日常开支，谢延信后来在自己看的泵房外开荒种起了油菜。春天油菜趁嫩的时候凉拌吃，长老了炒着吃，一直到初夏，收了油菜籽还可以换油吃。那个时候，谢延信的工资与岳父的退休金加起来有100多元，两位老人吃药打针，一家人的生活费用，100多元钱每月都是不见两头就花完。每月为节省出10元的菜钱，谢延信一年四季都不闲着，他去到地里挖面条菜、蒲公英、马齿苋，拾扔掉的红薯叶、白菜帮，然后腌制好了下饭吃。

生活的希望就是这样一次次点燃着。谢延信是多么高兴，他能给这个家庭带来这样的高兴，心中有说不上来的一种滋味。有时候他突然想起兰娥，眼角会湿润一下，但是他很快地背转脸去，让风把眼角吹干。他想着如果兰娥还活着，该是多么好啊，这个时候也会跟着他们一起出来看风景。那个时候的家庭成员更多了。

后来的妻子来了以后，也是推着老人一起出门，他们走在院子里，走在大街上，走在高岗上的野地里。一家人远远地构成了另一种风景。街坊邻居看见了，说你看这家人多会找乐子，看着他们就像一家人那样亲切。有人就说了，看你咋说呢，人家本就是一家人嘛。之前还有人问过冯季花，呀，你家吃饭都咋吃哩？冯季花说，

七、文艺作品中的谢延信

咋吃哩？端着碗吃呗，还能端着盆吃？岳母冯季花说得自己笑，大家也笑。

后来找谢延信的女人叫谢粉香。那年是1984年，离妻子兰娥去世都10个年头了。

谢延信对谢粉香说俺家的情况你知道吗？俺家的情况跟别人家不一样，你还有你的孩子，咱俩组成这个家庭不合适，要让你受累哩。谢粉香说这些不用你说，俺来俺就知道。

谢延信说俺就是想跟你说明白，省得将来你后悔。谢粉香说俺不会后悔，俺一来了就想定了，你这个家确实跟别人家不一样，你这个家拖累大，可是你都不怕，俺怕啥？俺认定了俺就是这个命，你是这个命，俺也是这个命，你是伺候人的命，俺也是伺候人的命，咱两条命合成一条命吧，不就是搭个伙儿吗？俺是看着你人好，实在，不会骗人，不会欺负俺，俺愿意来支应你的老人，还有孩子，俺也愿意支应你。谢延信说，你说这话俺就知道你也是个好人。

谢延信的眼里竟然有了一种热乎乎的感觉。多少年了，谢延信眼里都没有这种感觉了，实际上这种热乎乎的东西已经流到了谢延信的心里，从心里翻涌上一股热潮。他从来没有想过还有一个人会在远处看着自己，看着这个家。还会有一个人能够说出这样的话来，让自己感动。谢延信抬头看着这个叫粉香的高挑儿女人，女人也看着谢延信，他们互相看着对方，时光这会儿凝固了，两个人的眼里都有一种温柔的光焰。

谢延信想着这可能是上天对他的眷顾，是上天看着他太不容易，给他派来一个女人。他离开兰娥太久太久，现在这个人像兰娥一样了解他，理解他，看重他，他觉得这是兰娥的再现，兰娥又回来了，回到这个家里。

老家还有 10 来亩地，还有女儿，加上谢粉香自己的一儿一女，以及后来她和谢延信生的一个女儿，谢粉香在老家都管了起来，并和哥哥们一起照顾他的老人。过一两个月她会来一次焦作，来给谢延信整理卫生，缝缝补补，洗洗涮涮，照顾岳父岳母。这个大家庭的构成在别人眼里很是复杂，但全家人相处融洽，不富裕的日子也过得和和睦睦。

谢粉香又来看谢延信的这天早起，谢延信正在照顾老爷子翻身擦身洗脸吃饭，这个时候内弟彦妞从卫生间跑了出来。脱下的裤子在脚脖子拖拉着，谢粉香见了，刚开始把脸扭向了一边。看这个人，都大老爷们了！但是随即她又感觉到这是一个脑子不健全的人，这会儿不定又是犯了癔症，她随即上前帮助彦妞把屁股擦了，提上裤子。谢粉香想，在平时，延信一个人在这个家，顾了这头顾不了那头的，会有多难！

谢粉香到了这个家里，挑起了一半的担子，谢延信觉得很踏实。

到后来孩子们大了，成家了，她就来到焦作，和谢延信一道照顾老人，谢延信患病后，她实际上连谢延信也照顾了。那个时候谢粉香说，这么多年都过去了，咋着就过不去？人家咋过咱咋过。

七

不知从什么时候开始，谢延信觉得自己总是有些不舒服，是病了吗？不会吧，但是分明头有些晕，目有些眩，这是怎么回事？他不明白，但他绝对不会相信高血压病渐渐侵入他的身体。

七、文艺作品中的谢延信

终于有一天,他晕倒了。这是1990年。根据他的病情,医生建议他停工休养。

他一听就急,停工休养,就表明收入减少大半。他去找矿上,矿上的领导理解他也关心他,把他的工作从井下调到了井上。在那个离家不远的瓦斯泵房,他干得依然很精心,一切整理得井井有条,收拾得干干净净,还养了花,让人进去就赏心悦目。人们知道,谢延信总是自觉、敬业,当然也是感恩和回报。

也就是在这一年,谢延信还骑着车子回了一趟滑县老家。在路上骑了有100多里了,还有100多里地在等着他。为了省下长途车钱,以前骑车回去多次,但从来没有像这次这么疲累。

车把上挂着一盒饼干,那是矿上发的福利品,他舍不得吃,他想把这盒饼干带给孩子们,他把它看成多么贵重的东西了,多少年里他都是啃咸菜吃剩菜,从岳父患病到去世,十几年都忘了香蕉、苹果、西瓜是什么滋味。有了这样的一盒饼干,回老家就有了动力。

不知道又骑了多久,他骑着骑着就觉得眼睛一花,一下子栽到了路边。大车小车暴土扬尘地过来过去,似乎没有人发现他。

他终于看见了一点光亮,慢慢地醒了,爬了起来,看了看车子还能骑,那个饼干盒子还在,拿起来却哗啦啦地响,由于重重地摔打已经碎了大半。谢延信坚持着骑到家的时候,这盒碎饼干就成了他给孩子们送上的最好礼物。吃吧,你们尝尝,可好吃了……

这一年闺女变英16岁了,谢延信都快认不得了,长高了也好看了,像个大姑娘了。变英正要与小姐妹到乡上去玩,她们叽叽喳喳地说着要去买啥买啥。变英看见爹朝她走来,就扭扭捏捏地问爹,能不能给她几块零花钱。这是闺女第一次张口,爹当然要给了,他掏了半天，零零整整有5块钱。变英高高兴兴地跟着小姐妹走了。结果是，一块儿去的姐妹看见啥都想花钱，变英是看见啥都舍不得买，人家大包小包地回来，变英狠狠心花两块钱买了一盒胭脂。变英回来一说，就挨了爹一顿训，说是花了瞎钱。妮呀，咱不能跟人家比，钱该花的花，不该花的不花。说得变英哭着跑走了，从此变英好长时间都没有用过化妆品。

谢延信省吃俭用的自觉已经深深渗透他的骨髓。有次在北京参加颁奖活动，在饭厅里看到别的饭桌上还剩半根油条，他上前拿起来就吃了。他不能看到浪费，他对浪费十分敏感。

自从这一年他成为高血压患者之后，自己也重视起来，他知道这种可恶的病症将伴随终生，他恨这种病，在这个家庭里不应该再来一种病症。经济本来就很拮据，还要掏钱为自己买药，谢延信舍不得。以前采茅草根是为了给岳父治病，现在也要给自己治了。他还打听到了一种偏方，醋泡黑豆，然后连醋和黑豆一起吃。

一次次的磨难，总是不让这个小家庭消停。

灾难再次降临：谢延信的岳父病情恶化。他突然昏迷，口齿不清，目不识人。谢延信把他送到了医院进行抢救，医生说需要住院。岳母心里很清楚老爷子的病不可能再治好，坚持不让再花钱，人活多大是个够啊！但是谢延信不听，他又去四处筹借，而后没日没夜地在病床前陪伴岳父。

岳父谢召玉醒来后，对谢延信说，亮啊，别在我身上费钱了，我好不了了。谢延信说爹，你别说这话，好好活着，你不听俺念书了？上回不是念到，王荆公让东坡顺道取点儿三峡中的水，东坡却取了下峡的水，被王荆公识破了……在岳父瘫痪在床的时间里，谢延信不是陪着岳父唱戏，就是给岳父念书，他是图书馆里的常客，借的书都有100多本了。岳父这次昏迷之前，还在听他念《三言二拍》。

一年后岳父走了，这是谢延信用了最大的努力和最后的努力也无法挽回的事情。在岳父去世的前一天晚上，谢延信竟然听到岳父在迷蒙中"亮……亮……"地叫着自己的小名，谢延信忍不住跑出病房失声痛哭。

岳父从51岁患病到69岁去世，病了整整18年，是怎么熬过来的呢？谢延信已经忘记了，记不大清楚了，谢延信现在难过的是不能挽回岳父的生命。

岳父谢召玉要走了，他实在舍不得这个世界，尽管他觉得整个身子都不是自己的。1996年8月28日，昏迷两天两夜的老人突然睁开了眼睛，他看着谢延信，他想跟亮儿说什么，嘴却发不出声音。谢延信明白他的眼神，18年了，谢延信啥不明白呢？他想说，孩子你受苦啦，受累啦，爹走了，爹给这个家腾腾位儿，不再拖累你们了。谢延信还明白他的眼神，那眼神里还有另外一种担心，那就是岳母，还有弟弟。谢延信说爹，你放心吧，娘有我哩，彦妞有我哩，您老都放心吧，我会照顾好他们。谢延信看着岳父还有话，就又说，哦，爹，俺没事，俺的身体好着哩，俺会活得好好的，俺你放心！岳父听了亮儿的话，两行热泪猛然从深陷的眼窝里流了出来，那是多少年对亮儿无尽的依恋和感激啊，老人脸上挂着那两行泪，安然地闭上了眼睛。

谢延信把岳父的骨灰盒抱进了家里，放在自己的床头。谢延信说存在殡仪馆还得拿寄存费，放到屋里俺心里踏实，俺就想着爹没

一 生 言 信

有离开家。谢延信对人说这话时，是含着泪说的。

这一年的冬天格外的冷。北风早就顺着街筒子簌簌溜溜地刮了进来，而后会扬起一些粉尘，那些粉尘是白色的，在天上飞，还有一些粉尘是黑色的，在地上窜。天上的是雪，地上的是煤灰，杂在一起给这个煤城带来一种苍凉的感觉。

谢延信在街上走着，他找了一辆板车，车上拉着从五金店里新买的炉子。这种煤球炉是刚刚兴起的新产品，能带两组暖气片。谢延信要往家里装暖气。这是这个家属院大楼里的头一家。

岳母看见他买了炉子就说老的还能用，咋着又花钱？谢延信说这个不一样了，该花的钱还是要花。谢延信和工人一起鼓捣，到最后都装完了，岳母才发现两组暖气片一个装在了自己和彦妞的房子里边，另一组装在了客厅里，这都是他们母子生活和活动的场所，而谢延信的屋子却没有装。岳母问谢延信为什么不装一个，谢延信说那屋子里不冷。还在搬房子的时候，谢延信就给自己选择了背阴的一间。那屋子能不冷？放一盆水都会结冰。谢延信知道炉子装的暖气片多了，炉子带不动，热量就会降低。谢延信知道，岳母何尝不知道？亮儿孝顺呀！

谢延信动手在门口和泥。他卷起袖子用手把麦秸和泥土和得更黏糊，然后一点点贴在炉子的内壁上，使得炉胆更严实。岳母走过来要给他搭把手，谢延信不让，岳母看着谢延信冻红的手指，心疼地去屋里弄了一盆热水端过来。谢延信点着火，火苗蹿得老高，然后加进去煤炭，炉子呼呼地响起来。谢延信摸了摸暖气片，热了，好暖和。他笑着对着岳母说，娘，今年冬天不冷了。

又一个明媚的早晨，谢延信叫了一声娘，说该梳头了，娘您坐

七、文艺作品中的谢延信

好，我给您老梳梳头。

谢延信一下一下地抚着老人的头，梳子在发上滑上滑下。银色的发，让谢延信的心里起波澜。娘老了，头发都白完了。可是谢延信的嘴里却说，娘，您老的头发可真好，人家说，头发好，身体就好。娘正闭着眼睛享受着，她不只是享受着梳子滑上滑下的过程，她是在享受着亮儿的细致入微。多少回，多少年了，亮就是这样给她梳过来的。

因为有病，冯季花的手早就举不起来，拿着梳子试了几次，都没法放到头上。谢延信看到了，说娘，让俺给你梳吧。开始还不好意思，不惟谢延信是个男娃，他还不是自家亲生，怎好让这老大不小的亮给梳头呢？可是她看着亮儿的眼睛，她到底安稳地坐在了凳子上。

唉，真舒服啊！比亲闺女的手还细发。娘这辈子有了亮儿，算是有福了。当年也曾经有人说闲话，说是不能指望女婿，可她冯季花靠的不就是女婿吗？每到这个时候，她就幸福地眯起了眼睛，仰头在光线里，那种神态，竟然让偶然见到的人也感慨万分。

但是她没有想到，女婿谢延信也会生大病出危险。2000年，谢延信在家里突发脑溢血，岳母冯季花对不省人事的谢延信喊着，儿啊，你可不敢出事啊，你可要挺住啊！救护车即将开动的瞬间，年近九旬的冯季花发疯似的追着车子拐了老远。

冯季花边收拾东西准备去医院，边不停地抹眼泪，亮啊，你要是有个三长两短，你可叫娘咋办呀？邻居们来劝她，她还是哭着说，俺这家啊，就像扁担上立个鸡蛋，没有亮早就碎了……亮的病都是俺一家人拖累的，他爹药不断，俺的药也没断过，他得了那么严重的高血压，就是不舍得给自己买点药！患这个病那么多年，就吃醋泡黑豆，那咋着会管用哟……

经过抢救，谢延信醒过来了，他看着闪着泪花的岳母冯季花说，娘，俺没事，俺好好的，俺这就回家。冯季花说，你说啥也要在医院里好好看一看。谢延信还是很快就回家了，他待不住，家里有他的牵挂呀。

内弟彦妞2011年1月走了以后，岳母就不想再活了，她总是少气无力地躺在床上。谢延信发现她明显的变化，就问，娘你咋着什么都不愿意吃了？你说你想吃啥，儿给你买。岳母说，唉，娘已经感到你爹你兄弟的召唤了，娘今天脱下的鞋，明天不一定能穿上了。谢延信说娘你千万别这么说，俺知道你是因为俺爹俺弟走了，你心里想他们，可你知道还有俺呢，俺跟你做伴儿，俺陪伴你到老，你可不敢胡思乱想，你要是有个啥事，俺活着还有啥意思？娘说，说傻话哩亮啊，娘这病歪歪的身子，拖累了我儿这么多年，娘要是闭眼走了，俺儿就轻松了，俺儿现在也是一身的病啊。

谢延信"扑通"跪倒在娘的跟前，他落泪了。

娘一见亮儿落泪，也抹起了眼泪，娘心里的泪实际上比谢延信多呀！娘只是不轻易说。娘说，唉，亮呀，娘听儿的，娘好好活着还不中？娘要看着亮儿好好的。去吧，你去给娘买点肉，买点韭菜，娘想吃饺子了……

冯季花走的时候没有一点征兆，这个通情达理的岳母，不想给谢延信再增加任何负担，她安详地在腊月的一个黎明走了，那年是2013年，她活到了90岁。她很知足，活了那么大的岁数，有个那么孝顺的儿子，跟谁比她都不差，在人面前，她有的是值得夸耀的。

七、文艺作品中的谢延信

内弟彦妞走的时候也没有痛苦，他好像也知道亮哥太不容易，把他照顾到 57 岁。亮哥到家这 30 多年，他不缺吃，不缺穿，也不缺爱，他每天都活得快快乐乐的，想吃啥吃啥，想做啥做啥，啥都有亮哥照应，担待，甚至自己的手指甲脚指甲亮哥都是给剪得整整齐齐的。有时他连娘的话也不听，就愿意听亮哥的话。人家问他谁最好，他会说，亮哥。他心里一点都不糊涂。

爱需要承诺，或也不需要承诺。谢延信的爱真的在这个小家里埋了种，开了花。那是对岳父岳母和内弟的一片真挚，没有任何虚情假意，也就不为先前的承诺担责受累。他觉得这些亲人身上都流着他的最爱的血，他们的音容笑貌都带有着那个最爱的影子。

八

人民大会堂里响起了海浪一般的掌声。

人说久病床前无孝子，说的是时间；好人不常有，说的是时间；青春不长在，说的也是时间，时间是多么可怕的敌人，时间又是多么公道的见证者。谢延信不是坚持了三年五年，而是整整 39 年。自 1974 年开始，他全力照顾了亡妻的 3 个亲人——瘫痪在床的父亲、丧失劳动能力的母亲、先天智障的兄弟。

年华就这样耗去了，那是数倍于常人的匆忙的年华，数倍于常人的疲惫的年华。

谢延信的事迹首先感染了矿上的职工和家属，他们都觉得这是一个好人，好人是一面镜子，谁家的事都会对着这面镜子照一照。

郝天海 10 多年来精心照顾瘫在病床上的老母亲，郝天海说，人家谢延信才是个女婿,我作为儿子咋不能做好?

赵廷正有4个女儿,以前总是担心老了以后没人养老送终,4个女婿跟他说,老谢一个人能把老人伺候好,我们4个也一定能,您老放心吧。

和谐社会的构建,需要良好的社会道德氛围予以支撑。每一个家庭都是社会的一个小单元,假如每一个单元都有这样的一个和谐氛围,社会大环境就会更让人欣慰。

谢延信用自己的生命演绎了一段人间佳话,他是雪中的草,尘中的花,他是雷中的燕,浪中的船。社会钦佩他、赞赏他、需要他。谢延信不光成为焦煤集团的模范、省里的模范,他还当选为全国道德模范,成了感动中国年度人物。组委会授予他的颁奖词中说:当命运的暴风雨袭来时,他横竖不说一句话,生活的重担压在肩膀上,他的头却从没有低下!延展爱心,信守承诺。他就像一匹老马,没有驰骋千里,却一步一步地到达了善良的峰顶。

谢延信受到全国人民的钦佩和关注。他的名字出现在几百家网站上,几天内跟帖评论就达3000多条。人们用最美的语言、最真挚的情感来赞颂他。

不就是普通的一个人做出来的普通的事吗,怎么能有那么多的人来关心他、称赞他?谢延信总是有些感动,有时候眼睛里就含了泪水,看着那些证书和鲜花,他有些受不了。甚至还有一次有一个10万元的奖励更让他受不了,怎么会给这么多的钱!说啥都不要。以前他也从不向组织上伸手,每年的困难补贴,都是他的领导为他填的申请。他说自家的日子自家过,困难的人多了,不只是我一家,他的钱够了,给需要的人吧。没有办法,组织上把这笔钱给他存成

七、文艺作品中的谢延信

了保险。可是汶川地震、玉树地震,哪里有了困难,他都要献上自己的心意。你去他家里看看,他家小小的屋子里没有什么东西,最值钱最显眼的就是一台平板电视机,那还是公家资助的。

当中央领导把温煦的目光投来时,谢延信的眼睛里有些潮湿。怎么走下来的都忘了。他的心里很满足,很复杂,他觉得心底里有好多话想对兰娥说,想对女儿说,她们是他心中的疼,这会儿越发疼起来了。

谢延信的胡子白了,头发脱了,眼睛花了,腿脚不便了。

又一年的门对贴过,鞭炮响过,阳光照进这个小屋,照在小桌一堆的药盒子上,那就是谢延信每天的伴守了。

在送走了岳父,送走了内弟,送走了岳母之后,谢延信的身体一下子垮了,这或许是他一直在强撑着那个拉满的弓,直到有一天,弓弦一松全断了。

只有我们知道他的身体是如何变成这个样子,也许是缺少营养,也许是过于透支,反正现在他的常年急迫转动的机器出现了故障,那是每况愈下的故障。严重的高血压使他连续3次脑出血。冠心病、糖尿病、脑萎缩都来了。现在他变成了一个行动迟缓、说不清话、记不清事情的老人。这个老人就是多少年前岳父的状态。想起来,谢延信倒也释然了,假如故障出现过早,倒是自己的一个遗憾。

每天早起,他被谢粉香领着,慢慢地走到门口去晒太阳,去看人。他见了人就点着头笑,就想说话。岳父岳母他们走了以后,这个世界显得空旷起来。

坐着的时候他会想一些事情,会想得很远很远。

他去到了兰娥的坟上,去跟她说话。他对于兰娥的事情,是不避谢粉香的，粉香理解他。

　　谢延信给兰娥带来了苹果，他知道兰娥爱吃苹果，多少年前的那个苹果，啥时候想起来都甜。谢延信到坟上跟兰娥说，兰娥俺来跟你说说话，你说，俺这辈子活得值不值？俺活得值哩，咱娘、咱爹，都按你说的养老送终了，咱弟弟彦妞也好好地走了，还有咱的闺女变英也成家了，女婿对咱闺女也好，他们有了自己的孩子。还有粉香的一双儿女，也成家有孩子了，他们对俺也孝顺，时常来看俺。俺现在虽然落了一身病，但是俺也不在乎了，因为俺把事都办完啦，心里没有节啦。兰娥啊，有人说谢延信这个人真傻，这个人不值，这个人几乎把命都泼上了。俺听了就笑，俺就想跟你说，他们不知道，就俺知道值不值，俺是在给你续命哩，延情哩……

九

　　再一次去兰娥的坟上，谢延信是带着闺女变英一起去的。

　　摆了贡品，上了香，烧了纸钱。谢延信眼睛被熏得红红的，他看着闺女说，闺女，你恨爹不？

　　女儿都40多岁了，女儿与父亲在一起生活的时间，总共还不到7年。

　　女儿变英说，俺恨你！

　　谢延信知道闺女会这么说，谢延信不怪闺女，闺女能跟自己说实话，就是没有忘了这个爹。谢延信说该恨，恨是对的，爹对不起你哩！

　　有两件事一直压在谢延信的心头，重重地，长久不能卸下。先说第一件事，那个漆黑的夜，一群孩子在疯闹，不知道谁扔了块小石头，一下子砸在了出门走路的变英的右眼上。去了乡里，乡里的医生说伤得太重，看不了，只是简单包扎了一下。谢粉香陪着变英来到焦作找爹，到医院医生说要住院治疗，谢延信一听押金的数目，就跟医生说钱不够，明天再来吧。那正是陪着岳父最后住院的时候，当爹的别说几千，就是几百也拿不出来。最终爹唉声叹气地把女儿送走了。没有得到及时的治疗，变英的右眼几乎是失明的。为此，跟谢延信早已生疏的女儿，更是结下了怨恨，多少年从不叫爹。

谢延信现在想起来真是愧疚得很，谢延信说，不怨闺女，只怨爹！爹今天当着你娘的面说，爹对不起闺女，对不起俺闺女啊！

变英扑到了爹的怀里说，别说了爹，别说了，俺心里难受，你越是这么说俺心里越难受，俺刚才是说谎哩。变英说俺过去是恨爹，现在俺懂了，俺不恨爹了。

谢延信的眼泪一下子掉了下来。其实，在那次自己生病昏迷中，他已经听到了变英"爹"的呼叫，那是闺女第一次叫爹。

谢延信拉着闺女的手说，在妮儿小的时候，爹不记得给你买过啥，妮儿成家出嫁，爹都拿不出什么，爹真的对不起俺闺女！谢延信把压在心头的第二件事说了出来。

闺女出嫁是一生中的大事，谢延信骑着车子跑了300多里地赶回家，一路上满脑子里还是昨天那个扎着小辫儿的小妮子。见了变英亲得不得了，虽说继母谢粉香在家早早地把嫁妆准备好了，但是谢延信带给闺女的礼物，只是一本织毛衣的书，还是从旧书摊上买的。当时怎么跟妮儿说的？谢延信说，妮，好女不争嫁妆衣，你结婚，爹没啥送给你，送你一本织毛衣的书，还有我抄的几句话。那

一 生 言 信

可真是一份独特的嫁妆。都到什么时候了，还是太穷。谢延信说那个时候，光顾着你姥姥、姥爷和你舅舅了，你呢，不管怎么说，你还有你叔叔婶婶，还有你粉香妈，爹那个时候就是这么想的，你还有亲人。但是你姥姥、姥爷和舅舅，他们就只有你爹一个人，爹没法分成两半呀！

变英说，别说这啦爹，俺娘刚走的时候，俺刚刚过了满月，还不是您一把屎一把尿地拉扯俺，那个时候多难啊，你一个大男人，谁说起来都说你不容易，虽然俺四五岁的时候你就把俺送回了老家，可你到底还是受了那么多的苦，为省点钱给俺姥爷姥姥看病，你说你花4块钱买一双塑料凉鞋，穿坏就粘粘，你能穿6年，就那一件衬衣你白天穿晚上洗，你能穿10年。听到这些俺还能再说啥，俺知道你是为了俺娘哩。俺是恨过你，埋怨过你，但是那时候小，不知道事儿，现在说来，爹那个时候太难了，自己都没享过什么福。说着变英的声音哽咽了。

谢延信说，亏得俺闺女，闺女说这话让爹高兴。谢延信说，爹问你，你还记着我给你的书上写的那些话吗？变英说当然记得：黄连虽苦，饮后舌根下却有甜的回味；糖精水甜，饮用过度则变成苦水。有苦方有甜，甜与苦相连，甘愿常吃苦，方能长久甜。变英说对吧？要不是俺常常想起来，俺就不会理解你。俺后来的生活一直过得舒坦，就是因为你的那些话。谢延信说，唉，结婚是人一生的大事，爹还记着你出嫁的日子，是1994年农历腊月二十二。你出嫁那会儿，爹想起来心里就难受！那时候老想，怎么一晃眼闺女就20了，这20年是咋过去的呢？变英说那可不是，你不来，俺不去，你回家一次惊讶一次。俺呢，不知道从什么时候都不认识你了，俺看

七、文艺作品中的谢延信

着你,这是谁呀?人家说是俺爹,俺爹咋就这么老了?俺也是觉得时光太快了。谢延信说你看这日子过得,一晃眼你爹60多了,这一辈子眼看就过完了,大半截身子都入土了,你说,这是咋着过来的呢?

时间又到了新一年的春末,这天天气有点儿闷热。谢延信早早坐在了楼道口,他知道今天有人会来看他。尽管十几年来经常遇到这种情况,但是他还是显得有些兴奋,毕竟是有人又来看他啦。在他生病的这些天里,他经常地想着有人来,他有点儿喜欢热闹了。以前那个大家庭岳父岳母还有弟弟都在的时候,全家五口每天都是闹闹嚷嚷的,每天都是人显得那么地多,显得那么地忙,大家你一句我一句地说着话,现在只剩下他和谢粉香两个人了,没有了那么多的话。而且在自己生病晕过去几次之后,他越来越感到有一种危机感,他也说不上来这种危机感是什么。

人终于来了,他都认识,有焦煤鑫珠春公司的,还有街道办的,还有谁呢?人家介绍说是省里来的,还有市里文明办的。哦,这会儿来了这么多的人,可有人说话啦。谢延信高兴得合不拢嘴。

有人说谢师傅,你可不能坐在楼门口,还不穿袜子,光着脚拖个凉鞋,这儿风太大。谢延信光是笑。人家又说,你下回出来的时候,要坐时间短一点儿,在太阳下坐坐。谢延信的表达能力实在是不如以前了,他变得有些木讷,听了别人的话,反应也有些迟钝,他只是不停地笑着,有时候笑出声来,嘿嘿的。他老伴儿谢粉香说他现在不中啦,是啥东西都忘了,也记不清楚了,你们有啥事让我跟你们说吧。

客人要走了,谢延信非要送出来,一步步蹒跚地送出来,出来的人在外边等着,等着谢延信走出来对着大家笑。有人提出给老两口照个相吧,谢延信同样高兴地整整衣服,跟他老伴儿谢粉香站在一起。他没有老伴儿高,但是两个人那么协调地沐浴在阳光里。谢延信还是嘿嘿地笑着,让人有一种酸酸的感觉。

人们走了以后,老伴儿谢粉香跟谢延信说你一会儿该打针了。每天,打针的必修课是由谢粉香来完成的。谢延信撩起了衣服,端坐在凳子上等着谢粉香去拿针头。

液体缓缓地推入了谢延信的身体。谢延信放下衣襟,久久地看着老伴儿谢粉香,谢粉香说耶,你看我弄啥哩,没见过?谢延信还是看着谢粉香,他开始絮絮叨叨地跟谢粉香说着话,虽然说得不利落,但谢粉香听明白了,谢延信是说,今天特别想看看你,人家总是来采访俺,说俺是道德模范,其实这么多年来,俺觉得你才是背后的道德模范。谢粉香说,耶,别说了,说啥呢?那都是俺该做的,谁让俺寻了你呢。谢延信说,唉,这么多年来你都不说一句啥,你说一句啥埋怨俺,俺心里也舒服点,你一句埋怨都没有,人家还把荣誉都给了俺,俺心里越来越觉得不落忍。

谢粉香听着谢延信说这些话,一滴泪水就从眼角流了出来,她能不知道,这个叫亮的硬汉子,从来不好说好听话、宽心话,可他心里有你,有这个家。每次回老家,他一进门就抢着帮你干活儿。后来家里的新房刚盖好,没有门竖,墙面也没干,谢粉香就带着孩子们搬了进去。他听进城的邻居说了,就嘱咐邻居一定把话捎到:床可不要挨着墙,免得大人孩子受潮落下病。谢粉香知道这个人要强,不管多苦多难他都面带笑容。谢粉香心里也要强啊,她不能给他丢人,咋着都得把日子过好。这不,都熬到今天了。

谢延信自己的眼睛也湿润了,谢延信说俺这句话,闷在心里好久了,俺早就想跟你说一说,你跟了俺这么长时间,全家拖累了你这么长时间,老人走了俺又得了这个病,又给你带来好多的累赘。谢延信还在絮叨着,你说活着往下还有啥哩,孩子们都大了,俺也满足啦,俺都当爷了,当姥爷了,俺的事儿都办完了,俺现在没有任何牵挂了,俺就想如果哪一天要一闭眼不在了,这些话对谁说?俺今儿个就是想跟你说句感谢话,俺现在说了,俺就不后悔了,将来走了,俺也不后悔了……

谢延信这个时候已经泪流满面。

《中国作家》2018 年第 11 期
2021 年 4 月获得第八届徐迟报告文学奖

八

送别谢延信

一生言信

全国道德模范谢延信同志病逝讣告

首届全国道德模范、感动中国"双百"人物、2007年"感动中国"十大人物、中华孝亲爱老之星、全国煤矿工人的优秀代表谢延信同志于2022年8月28日上午10点36分在焦煤集团中央医院病逝，享年70岁。

谢延信同志1952年10月出生于河南省滑县，1983年7月在原焦作矿务局朱村矿参加工作，2007年9月退休。

谢延信同志继承和发扬中华民族传统美德，以强烈的社会责任感、家庭责任感和道德责任感，在妻子病故后数十年如一日，悉心照顾岳父、岳母和内弟，以实际行动模范践行社会主义荣辱观，为家庭谋幸福，为社会创和谐。

他自强不息、乐观向上；他爱岗敬业、忠于职守；他胸怀宽广、常怀感恩；他善良做人、诚实守信；他爱老敬老、大孝至爱，生动诠释了焦作煤矿工人"特别能战斗"精神的时代内涵。

谢延信同志遗体告别仪式定于2022年9月1日（农历八月初六）9时，在焦作市殡仪馆举行。

焦煤集团谢延信同志治丧委员会

2022年8月29日

河南省委宣传部领导吊唁谢延信

◆ 李雪莹

8月30日上午,河南省委宣传部思想道德建设处副处长孙建文一行到中站区梅苑小区吊唁谢延信同志,焦作市委宣传部副部长、市文明办主任范杰,焦煤集团党委副书记陶鹏等陪同。

当天上午阴雨蒙蒙,孙建文一行向谢延信同志敬献了花圈、挽联,并向谢延信同志遗像三鞠躬。在谢延信家中,孙建文代表河南省委宣传部、省文明办向谢延信妻子谢粉香及家属表示深切的慰问,并送上了慰问金。

孙建文说,谢延信是时代楷模、全国道德模范,是大家的榜样,他的"大孝至爱、诚实守信、爱岗敬业、无私奉献"精神值得所有人学习弘扬。谢延信同志虽然永远地离开了我们,但他的事迹将永远流传,不断激励更多人弘扬中华民族传统美德,让文明之花绽放得更加绚丽多彩。同时,他叮嘱谢延信的家属保重好身体,照顾好家庭,有困难及时反映,组织会积极帮助解决。

陶鹏说,焦煤集团将按照上级要求,全面做好后续安抚工作,切实帮助谢延信家属解决实际困难。同时,将持续引导广大干部职工弘扬"大孝至爱、诚实守信"的传统美德,将"谢延信精神"发扬光大。

　　谢粉香感谢省委宣传部领导的关心和慰问，并表示将重拾信心，积极乐观生活。

《焦煤视窗》2022 年 9 月 2 日

河南能源领导吊唁谢延信

◆ 王丹凤

2022年8月30日上午,河南能源总经理田富军来到中站区梅苑小区吊唁谢延信同志,河南能源党委常委、工会常务副主席刘慧发,组织部部长孙春晓,焦煤集团党委书记、董事长魏世义,党委副书记陶鹏等陪同。

11时许,田富军一行缓步来到谢延信同志遗像前肃立默哀,向谢延信同志遗像三鞠躬,表示沉痛的哀悼。随后,田富军代表河南能源领导班子向谢延信妻子谢粉香及其亲属表示深切慰问,并鼓励他们要顾全家庭,保重身体,节哀顺变。

田富军说,谢延信是河南能源的骄傲,是广大干部职工学习的榜样。大家要持续弘扬"孝老爱老、诚实守信"这一中华民族传统美德,将"大孝至爱、一诺千金"精神传扬开来。同时,要高度重视,持续关注,做好各项安抚工作,积极主动帮助谢延信家属解决实际困难。

魏世义说,焦煤集团将严格按照河南能源有关要求,妥善做好后续各项工作,并一如既往地关心关爱其家属,帮助他们解决生活和工作中遇到的问题困难,把企业的关怀与温暖送到他们心坎儿上,助力他们早日从悲痛中走出来。

　　谢粉香感谢企业的关心和关怀，并表示将调整好心态，积极面对生活，早日走出阴霾，不辜负企业和领导的关怀和期望。

《焦煤视窗》2022 年 9 月 2 日

焦作市领导吊唁谢延信

◆ 赵 鑫

2022年8月30日，焦作市委常委、宣传部部长、市文明委副主任宫松奇一行怀着沉痛的心情到中站区梅苑小区吊唁谢延信同志。焦作市政协副主席、中站区委书记董红偶，市委宣传部副部长、市文明办主任范杰，中站区委常委、宣传部部长、副区长牛二永，区委常委、办公室主任杜洪波，焦煤集团党委副书记陶鹏等陪同。

宫松奇一行神情肃穆地缓步来到谢延信同志遗像前肃立默哀，向谢延信同志的遗像三鞠躬。随后，宫松奇向谢延信的妻子谢粉香及家属表示慰问，并敬献了花圈、挽联。

《焦煤视窗》2022年9月2日

焦煤集团领导前去吊唁谢延信

◆ 王丹凤

2022年8月28日上午10时许，首届全国道德模范、鑫珠春公司退休职工谢延信在焦煤中央医院病逝。

8月29日上午，怀着万分悲痛的心情，焦煤集团党委书记、董事长魏世义，主持经理层工作的副总经理赵社会，党委副书记陶鹏，党委常委、工会主席曹其跃一行来到现场吊唁谢延信同志，深切慰问谢延信同志亲属，代表焦煤集团领导班子和全体干部职工，对大孝至爱谢延信同志逝世表示沉痛哀悼，并现场敬献花圈、挽联。

谢延信病重期间和逝世后，焦煤集团领导魏世义、赵社会等主要领导，先后前往医院看望或通过各种形式对谢延信同志逝世表示沉痛哀悼，并向其亲属表示深切慰问。

《焦煤发布》2022年8月29日

谢延信同志遗体告别仪式在市殡仪馆举行

◆ 王丹凤

2022年9月1日,首届全国道德模范谢延信同志遗体告别仪式在焦作市殡仪馆举行。

焦作市委常委、宣传部部长、市文明委副主任宫松奇,市委宣传部副部长、市文明办主任范杰,市总工会党组成员、副主席吕明亮,中站区委常委、宣传部部长、副区长牛二永,焦煤集团党委书记、董事长魏世义,主持经理层工作的副总经理赵社会,党委副书记陶鹏,党委常委、工会主席曹其跃,机关有关部室、基层有关单位负责人和谢延信同志家属及生前亲朋好友参加仪式。

当天的告别仪式大厅气氛庄严肃穆,哀乐低回,正厅上方有"沉痛悼念谢延信同志"字样,谢延信同志遗像悬挂正中,两侧悬挂着"一诺千金四十载　大孝至爱万古传"挽联。谢延信同志遗体安卧在鲜花翠柏丛中,社会各界敬献的花圈、挽联环绕四周。

8时55分,参加告别仪式人员胸戴白花,神情凝重,缓步走进告别仪式大厅,在谢延信同志遗体前驻足,整齐列队。

9时整,赵社会在向谢延信同志遗体行鞠躬礼后,庄严宣布仪式正式开始。在哀乐声中,全体人员默然肃立,向谢延信同志遗体致敬、默哀，表达沉痛哀悼。

随后，魏世义怀着悲痛的心情介绍了谢延信同志生平。他说，谢延信同志是新时期中国煤矿工人的杰出代表，是焦作煤矿工人"特别能战斗"精神的楷模。他代妻行孝四十载，用爱心、诚心和孝心撑起了苦难多灾的家庭，以实际行动践行着社会主义核心价值观，生动诠释了中华民族尊老爱幼的传统美德。谢延信同志有着大孝至爱、大爱无声的优秀品格和崇高精神，自强不息、乐观向上的生活态度，爱岗敬业、忠于职守的优良作风，胸怀宽广、常怀感恩的高尚情操，善良做人、诚实守信的宝贵品质，他的身上集中体现了中国产业工人对社会高度的负责精神和对家庭的高度责任感。他一生诚实守信、无私奉献，以大孝至爱践行自己的承诺，树起了一座精神丰碑，留下了宝贵精神财富，这种精神将永远激励着我们直面困难和挑战，勇于担当和奉献，敢于创新和突破。

告别仪式现场，全体人员怀着沉痛的心情，向谢延信同志遗体深深三鞠躬，表达崇高的敬意和敬仰之情，依次围绕谢延信同志遗体一周做最后的告别，并向其亲属表示深切慰问。

白色的挽联、黄色的菊花、低沉的哀乐、悲泣的声音、四周环绕的花圈和挽联寄托了大家对谢延信同志的无尽哀思和缅怀。

当天，中国煤炭职工政治思想工作研究会、河南省总工会、省劳动模范协会、省能源化学地质工会委员会、《当代矿工》杂志社分别发来唁电。

《焦煤视窗》2022 年 9 月 2 日

中国煤炭职工思想政治工作研究会
唁电

焦煤集团谢延信同志治丧委员会：

惊悉首届"全国道德模范"、感动中国"双百"人物、2007年"感动中国"十大人物谢延信同志不幸病逝，我们深感悲痛，谨向谢延信同志表示沉痛哀悼，并向其家属表示亲切慰问！

谢延信同志继承和发扬中华民族传统美德，以强烈的社会责任感、家庭责任感和道德责任感，在妻子病故后，数十年如一日，悉心照顾岳父、岳母和内弟，以实际行动模范践行社会主义核心价值观，为家庭谋幸福，为社会创和谐。

谢延信同志的逝世，是煤炭行业道德垂范领域的一大损失，我们为失去了一位好工友而深感惋惜和哀痛，我们永远怀念他！

谢延信同志永垂不朽！

中国煤炭职工思想政治工作研究会

2022年8月31日

河南省总工会
唁电

惊悉"全国五一劳动奖章"获得者谢延信同志不幸逝世，深感悲痛。谨向谢延信同志表示深切哀悼，并向谢延信同志的亲属表示亲切慰问。

河南省总工会　河南省劳动模范协会

2002 年 8 月 31 日

河南省能源化学地质工会委员会
唁电

  惊悉谢延信同志不幸逝世，省能源化学地质工会全体人员深感悲痛。谢延信同志作为河南能源焦煤集团鑫珠春公司的一名普通矿工，能够成为全国道德模范、2007年"感动中国"十大人物是全省能源化学地质系统的光荣。省能源化学地质工会全体人员谨向谢延信同志辞世表示深切哀悼，并向谢延信同志的亲属表示亲切慰问。

河南省能源化学地质工会委员会

2022 年 8 月 31 日

《当代矿工》杂志
唁电

河南能源焦煤集团谢延信同志治丧办并转其家属：

惊悉谢延信同志逝世，《当代矿工》杂志编辑部全体同志万分悲痛，谨以此向谢延信同志的逝世表示沉痛哀悼，向其亲属表示亲切慰问。

谢延信同志几十年无怨无悔，替前妻伺候瘫痪的父亲、丧失劳动能力的母亲和呆傻的弟弟，用人间大爱撑起了一个苦难多灾的家庭，践行了中华民族尊老爱幼的传统美德。他坦然面对生活中的重重磨难，用自己的行动和真诚的孝心为中华民族的传统美德作了最好的诠释，堪称当代矿工的优秀代表。

谢延信同志的事迹和品格感动了亿万国人，我们为失去这位好人深感痛惜。

谢延信同志永垂不朽！

《当代矿工》杂志

2022年9月1日

至善至孝　大爱无言

——写在首届全国道德模范、100 位新中国成立以来
感动中国人物之一谢延信病逝之际

◆ 董柏生

2022 年 8 月 28 日 10 时 10 分，正在家中整理《朱村矿煤矿志》的焦煤集团鑫珠春公司原政工部宣传科科长赵国堂接到谢延信妻子谢粉香的电话："你亮哥快不行了。"赵国堂一惊，放下电话，丢下一切，拿把雨伞就往焦煤中央医院赶。到医院时，医生正在抢救，10 时 36 分，噩耗传来，谢延信因抢救无效病逝。

作为谢延信多年的好友，没能来得及见上他最后一面，赵国堂内心悲痛。当天下午，他提笔写下了几句感言：

谢延信走了

走在阴雨连绵的秋天里

老谢走得很安详

终于与牵挂的岳父母和内弟团聚了

老谢是个好人

你是焦作人的骄傲

八、送别谢延信

更是焦煤人的自豪

上苍也为你垂泪

老谢走了

天堂里没有病痛

亮哥

愿一路走好

8月28日下午，随着谢延信病逝的消息在各大网络平台发布，这位首届全国道德模范、2007年"感动中国"十大人物、100位新中国成立以来感动中国人物之一的明星人物，用一生的真情延续诚信、用半辈子的光阴践行诺言的感人事迹再次引发大家的关注和共鸣。

大孝至爱　守信践诺四十载

谢延信，本名刘延信，原籍河南省滑县半坡店乡车村。

1973年4月16日，刘延信与同村姑娘谢兰娥喜结良缘。次年，谢兰娥生下女儿40天后因产后风不幸撒手人寰。临终前，妻子眼含热泪拉住延信的手，一遍遍地嘱咐："俺走后最放心不下的是咱的闺女、咱爹娘和那个傻弟弟，你今后要多替俺照顾好爹妈和咱兄弟，俺在九泉之下也感激你。"

看着刚刚建立起来顷刻间就要破碎了的小家，望着襁褓中嗷嗷待哺的女儿，延信眼在流泪，心在滴血，他握着妻子的手，郑重地承诺："岳父岳母也是俺的亲爹娘，内弟就是俺的亲兄弟。你放心吧。"

料理完兰娥的后事，延信的岳父带着悲伤又回到170多公里外的原焦作矿务局朱村矿上班。一年后，对将来生活已深感绝望的延信的老岳母带着傻儿子不声不响地离开这个满眼伤痛的家，来焦作找老伴了。

为了妻子临终的嘱托，也为了给那个悲痛的家增添一丝欢乐，延信毅然在岳母离家的两个月后，带着女儿撵到了焦作，在朱村矿附近的一个砖瓦窑打短工，以便随时照看自己的岳父母。为了打消两位老人对自己的顾虑，为了"死心塌地"地照顾好两位老人和呆傻的内弟，也为了延续自己信守的承诺，延信跪求祖宗、父母和兄长同意自己改妻家"谢"姓，恳求兄嫂替自己行孝父母。从此，刘延信成了谢延信，落户焦作。

1979年10月，他岳父突患脑中风，全身瘫痪，长期卧病在床，直至1996年8月去世的18年里，谢延信每天都要给老人翻身、擦背，不时背老人晒太阳，使长年卧床的老人从未生过褥疮、穿过湿衣服。为了减轻岳父的痛苦，他自学护理按摩；为了给岳父治病，谢延信依照偏方挖过茅草根、逮过蟾蜍，想方设法为岳父求医问药；为了给老人解闷，他时常给岳父读小说；他为岳父养老送终，使老人度过了平静的一生。

老岳父患病卧床后，为了缓解家庭生活的困难，他一边伺候岳父，一边还抽空到附近农村的砖瓦窑、建筑队、搬运队打工，挣到的钱给老人买肉买水果补身子，而他的一日三餐吃的是自己腌制的咸菜。为了省几元钱车费，每次给岳父看病，他都是用架子车送岳父去十几公里外的医院。即使在1990年自己患了高血压后，也舍不得花钱买药。4元钱一双的塑料凉鞋，他一穿就是6年，一件衬衣他穿了10年，白天穿脏了晚上洗，第二天再穿。有时候岳父心情不好，对谢延信无端发火，他总是满面笑容哄着岳父高兴。

谢延信始终对岳母敬如亲母，岳母多病，基本丧失劳动能力，他总是出门搀着、看病跟着，发了工资交给老人掌管。2003年，谢延信因脑出血落下了反应迟钝、行动不便的后遗症，可他想的仍然是如何照顾岳母的晚年生活。呆傻的内弟经常走失，谢延信总是不厌其烦到处寻找，从来没有过一句怨言，直到2011年送走了内弟，2013年送走岳母。

40年间，谢延信以常人难以想象的耐心、爱心、孝心和责任心照顾着亡妻的父母和傻弟弟。在妻子去世后的多年里，很多人给谢延信介绍对象，他开出的唯一条件就是：不能违背自己的承诺，决不能丢掉这个家。直到妻子去世10年后，他才与志同道合的谢粉香重新组建了家庭，夫妻俩细心照顾两老一小。40年间，谢延信以自己平凡的身躯和庄重的承诺庇护了一个和自己没有血缘关系的家庭，以自己无私的奉献换来了一家人的幸福安康。

谢延信对家庭的责任同样表现在工作中。1983年7月，他在焦作矿务局朱村矿掘二区当了一名掘进工，工作中他脏活累活抢着干，苦活险活冲在前，每年出勤都在300个工时以上。1990年患病后，矿上把他调到井上瓦斯泵房工作，他每天总是尽职站好最后一班岗，坚持到最后一分钟，工作10多年，从未发生过一次事故，连年被矿上评为"先进生产者""四有职工"。

名扬全国　朴实淳厚仍依旧

谢延信倾注自己的青春、幸福甚至健康，无私无悔、任劳任怨

一 生 言 信

关爱前妻一家人的事迹在百里矿区口口传颂,也引起了各级新闻媒体的广泛关注,焦作矿工报、焦作日报、焦作广播电视台、河南工人日报、大河报、河南日报、当代矿工等媒体,先后对谢延信三十多年如一日,无怨无悔的真情付出以及尊老爱幼、无私奉献,用家庭的和谐去倡导社会文明的新风尚进行了详细报道。

2006年8月31日的《人民日报》发表了《谢延信:一诺至孝三十载》,首次在中央主流媒体报道了谢延信的感人事迹。时任河南省委书记徐光春书记对此作出重要批示:"读了这篇报道,心灵受到极大震撼,大孝至爱的谢延信以其崇高的道德境界揭示了做人的真谛,是我们学习的榜样,全省媒体要广为宣传。"

此后,随着全省各大媒体的广泛宣传,谢延信的感人事迹也引起越来越多干部群众的共鸣。2006年年底,中共河南省委、河南省人民政府发出了《关于在全省开展向谢延信同志学习活动的决定》。作为谢延信工作生活的第二故乡、谢延信精神的发源地,中共焦作市委、焦作市人民政府也发出了《关于开展向谢延信同志学习的决定》,要求全市城乡广大干部群众深入学习谢延信爱老敬老、大孝至爱的高尚情操,学习他重诚守诺、无私奉献的优秀品质,学习他热爱生活、迎难而上的坚强毅力,学习他爱岗敬业、忠于职守的崇高精神。2006年,谢延信被评为"河南省敬老楷模特别奖",并入围"感动中国十大矿工"。

2007年年初,由中宣部、全国总工会、全国妇联组织的采访团莅焦对谢延信事迹进行专题采访报道,谢延信的名字和感人事迹由焦作走向全省、走向全国。2006年到2007年,谢延信荣幸当选首届全国道德模范、2007年"感动中国"人物、河南省"十大道德楷模"、"中华孝亲爱老之星",荣获全国五一劳动奖章。

2009年,在中央宣传部、中央组织部等11个部门联合组织开展的"100位为新中国成立作出突出贡献的英雄模范人物和100位新中国成立以来感动中国人物"评选活动中,谢延信当选100位新中国成立以来感动中国人物。由河南省豫剧三团倾力打造,反映谢延信三十多年如一日照顾亡妻一家人先进事迹的大型现代豫剧《好人谢延信》在全省巡回演出。中央电视台以谢延信为原型创作的18集电视连续剧《好人谢延信》,也在央视八套黄金时段播出。

一夜成名,头顶各种光环的谢延信没有忘记自己的身份和责任,也没有任何的华丽辞藻、哗众取宠,依然保持着朴实淳厚的本色。

老谢当选全国道德模范后,中央文明办对当选全国道德模范困难者进行救助。老谢说:"我的日子过得去,不能要这个钱。"河南省文明办的领导多次征求老谢的意见,老谢说:"这钱不能要,比我困难的多着的,我每月有工资,够花了。"最后,有关部门用这笔钱给他买了保险。

老谢参加"感动中国的矿工十大杰出人物"颁奖时,中国煤矿文联帮扶他1万元,老谢成立了"谢延信基金",用这笔钱回报社会,帮扶一些生活困难家庭的人。老谢还把一些单位和团体给他颁发的奖杯、证书和纪念品无偿捐赠给了鑫珠春公司谢延信事迹展览馆。

他的妻子谢粉香说,每次住院只要超过两天,老谢都嚷嚷着要回家输液,害怕老人和内弟吃不好睡不好。老谢出名后,北京、武汉、天津、海南等地的好心人打电话、写信要求寄钱、寄物,都被老谢拒绝了,还有几个家政、托老公司来家里找到老谢,提出给丰厚的报酬,要求老谢代言广告和以他的名义合伙办公司,这些别人

一生言信

眼中的"大好事"也都被他一一婉言谢绝了。

多次陪同谢延信参加各种活动的赵国堂说,有一次,他陪老谢在北京参加完一个活动后,一块儿到天坛公园游览,买票时,一位工作人员认出了他,不让他买票,老谢婉言谢绝。后来问起这件事他说出了缘由:占国家的便宜,我心里不踏实。前几年,经常有记者采访、领导慰问,老谢嘴上不说,心里却感到不安,他更愿意让记者在矿上采访他,一次闲谈中老谢说出了自己的心里话:他们一来,前呼后拥的,邻居们不方便。

2008年,我国南方许多地方遭受了罕见的雪灾,老谢从电视上了解后,将1000元送到了焦作市红十字会。看到四川汶川遭受地震灾害后,在外地的老谢第二天就捐款500元,又打电话叮嘱老伴在公司再为他献上一份爱心。2010年4月,青海玉树发生地震,他从自己700余元工资中拿出了300元钱来为灾区人民奉献出自己的一份力量。他时常跟老伴说:"咱遇到困难时,社会各界群众向咱伸出了手,当国家和别人遇到困难时,咱也应该伸伸手帮帮忙。"

"人家吃得好一点,咱吃得差一点,人家穿得好一点,咱穿得差一点,日子还好往前过。""做人就得说一句算一句。我对妻子许过愿,人不能说话不算数。""做人要讲良心。""一家人不生气就是甜。""我以前这样做,今后也要这样做。""我年轻时会背毛主席的很多著作,'老三篇'等。虽然我不是共产党员,但毛主席影响了我的一生,他教会我怎么做人。""孝顺老人是子女的义务。自己父母是父母,岳父母也是父母。""不生气便是福,在一块儿就是家。"

大义无言,大爱无声。这就是谢延信,一个甚至连话都说不完整的矿工,一个用一生照顾亡妻一家的血性男儿,他每一句简短的话语都让人为之动容，他的每一次行动都让人为之感慨，他在平凡中显示着一位道德模范的不平凡。

精神永驻　文明创建更增辉

道德模范能够带动一个城市的精神文明建设，是建设文明城市的重要力量。

谢延信，一名普普通通的矿工，一名令人啧啧称赞的孝星，一个让人敬仰的全国道德模范，一个感动中国的平民百姓，不仅荣光了自己，也给百年煤城、山水焦作增添了光彩，更影响感染着越来越多的干部群众立足本职，积极践行社会主义核心价值观，为构建和谐焦作、创建全国文明城市身体力行、率先垂范。

学习谢延信活动开展以来，焦作市各界紧紧围绕"深入学习谢延信，建设和谐新焦作"这个主题，全面开展了以"团结奉献进机关、诚实守信进企业、友爱互助进学校、文明和谐进社区、尊老爱幼进家庭和争做谢延信式好公民"为主要内容的"五进一争"活动；围绕"学习道德模范、倡树文明新风"这一主题，在全市公务员中开展了树立"十种心态"教育；报纸、广播、电视、互联网等媒体发挥主渠道作用，开设了《学习谢延信、践行荣辱观》等诸多专栏，街头商场的板报、灯箱、电子显示屏、公交出租车、农村和社区的文化长廊，都张贴着学习宣传谢延信的标语、连环画，各地各部门也都开动脑筋，以歌曲、漫画、快板、故事、戏曲的形式宣传谢延信的先进事迹，让模范人物来到了普通百姓的身边，走进了普通百姓的心里。

一生言信

近年来，全市大力弘扬培育社会主义核心价值观，广泛开展时代楷模、道德模范、最美人物、身边好人等评选活动，开展了四届焦作市道德模范评选表彰活动，发挥了先进典型示范引领作用，激励人们见贤思齐、向上向善。

围绕立德树人根本任务，以传承弘扬雷锋精神为主题，以培养好品德、好行为、好习惯为目标，在青少年中广泛开展"学雷锋我行动"主题教育实践活动，引导青少年以雷锋为榜样，乐于助人、热爱集体、服务社会，厚植爱党爱国爱社会主义情怀，努力成长为德智体美劳全面发展的社会主义事业建设者和接班人。

为集中展示全市公民思想道德建设的丰硕成果，充分发挥道德模范在公民道德建设中的示范引领作用，全市持续开展"我推荐我评议"身边好人和百名好人进讲堂活动，选树了一批作出贡献大、群众口碑好、事迹突出感人、体现崇高精神、典型示范性强的道德模范，涌现出谢延信、郝茂盛、任抗战等一大批先进典型模范，"焦作好人多，好人在焦作"越来越成为人们的共识。

截至 2021 年年底，全市 1 人荣获全国道德模范，1 人获全国道德模范提名奖，4 人荣获省级道德模范，4 人获省级道德模范提名奖，95 人荣登"中国好人榜"，58 人入选"河南好人榜"，4 人入选河南省"新时代好少年"，荣获全国文明家庭 4 个、河南省文明家庭 3 个，选树"乡村光荣榜"等各级各类典型人物 1.19 万余名，在全市掀起了学习道德模范、崇尚道德模范、争当道德模范的热潮，为建设现代化焦作提供了强大的精神动力和道德支撑。

榜样的力量是无穷的！榜样就在身边。社会主义现代化焦作建设需要树立榜样、推崇榜样，更需要广大干部群众学习榜样、成为榜样。只要我们每个人身体力行、躬身践行，就能汇聚起推动经济社会发展的澎湃动力，就能重塑焦作新形象，争创全国文明典范城市，闯出焦作高质量发展新路子。

《焦作日报》2022 年 8 月 31 日

平民英雄　百姓楷模

——追忆与谢延信相处的日子

◆ 薛长明

谢延信走了，噩耗传来让我不禁潸然泪下，想起我们3年多推荐、宣传谢延信这个典型的过程，想起我与谢延信一起相处的日子，心情久久难以平复……

推荐谢延信的起因是全国要评选"感动中国矿工"，当时在政工例会上得知这条信息后，我与张瑞霞在一起交流谈想法。我们焦作是座百年老矿，论机械化采煤、论企业规模、论今天对国家的贡献我们都不占优势。但是焦煤文化传承百年，用时任中煤政研会会长马德庆的话，我们早已进入了感恩文化阶段，感恩是我们文化的主旋律。当时胡锦涛同志提出了"八荣八耻"的社会主义荣辱观，"以诚实守信为荣，以见利忘义为耻"。谢延信照顾亡妻一家30多年，正是一诺千金，诚实守信的典型，1年的夫妻付出了30多年的坚守，不是亲人胜似亲人的情感，就是谢延信的特殊性。

我和瑞霞一起向时任焦煤集团党委常委、工会主席的郭根法汇报，他也很支持我们的意见，就这样推荐谢延信有了一个良好的基础。政工例会的好处就是能调动政工各个口协同作战，推荐谢延

八、送别谢延信

信形成统一意见后，拿出像样的材料是第一步。于是，我就到鑫珠春公司采访谢延信。最早报道谢延信的是鑫珠春公司的赵国堂，我们一起对谢延信进行了采访，这些看似平凡的事迹在30多年时光的磨砺下，就是非凡。就这样，我们很快拿出了上报材料《至孝，三十二年的见证》，记得在审材料的时候，宣传科的孟福生说："我看过这个材料我是哭了。"

有了这个材料，接着就是电视专题片，我们按照这个思路很快写出了专题片的本子，完成了片子制作的任务。在中央电视台第九频道，他们提出了修改意见，我们立即连夜改片子，从晚上一直到凌晨。就在申报材料的时候，传来了时任河南省委书记的徐光春对谢延信的事迹作出批示，我马上作了汇报。这是所有参加"感动中国矿工"推荐人中，唯一由省委书记做过批示的，我想这就是我们的先机，谢延信有希望了。

评委会的老同志也说："有了你们焦作的典型，我们评选的档次提高了，活动的影响扩大了。"就这样，谢延信以并列第一的优势被评为"感动中国十大矿工"。

回到家里，河南省的新闻单位也动了起来，纷纷来焦作采访。于是我们制定了第二个目标——冲击"感动中国人物"。这个目标单靠焦煤的力量是不够的，时任宣传部部长刘守良决定焦煤党委宣传部以文件的形式，请求市委宣传部在宣传谢延信这个典型上给予支持。市委宣传部第一次收到这样的文件，当时负责外宣的副部长郑长太专门到鑫珠春探底。时任鑫珠春公司党委书记、董事长的张长明当即表态："不管宣传到哪一步，我们都全力支持。"不久，李长春对谢延信的宣传作出了批示。于是，我们就二进北京到中宣部，

一 生 言 信

时任中宣部新闻局局长的刘汉俊和我们一见面第一句话就是:"老谢是平民英雄,百姓楷模。"这话让从事多年报纸工作的我茅塞顿开,这就是今后我们宣传的基调。

后来,政工例会上我们接到了中央新闻记者采访团要现场采访的消息。时任焦煤集团党委副书记的谢金朝当即对我说:"长明你去吧,把记者接回来。"就这样我们到了北京,中宣部、铁道部两头跑。要拿卧铺票,还要分配得合理,这些记者来自53家新闻单位,共计92名记者。男的、女的、老的、小的,谁在下铺,谁在中铺,谁在上铺分票,确实要费一番工夫,还要考虑路途上为记者准备水果。好在刘汉俊局长安排尹汝涛协助我,这样总算是把记者请回了焦作。这是焦作接待最大规模的新闻采访团,焦作也是全市新闻界总动员,保证一名焦作记者配一名中央记者,日报、电视台、矿工报一起上阵。为了减少报道中的失误,我们专门为每位记者发了一枚U盘,把谢延信的亲属关系以及名字,谢延信的照片和事迹简介,谢延信诗歌朗诵会的书籍,一并交给中央新闻采访团。

我们对记者不设门槛,工人村不管采访哪一家都可以;鑫珠春公司不管采访哪个人都可以;到滑县车村不管问谁都可以。因为我们很自信,谢延信的事迹没有一点水分,没有一点假。正是这个因素,很多记者采访后,自觉给谢延信兜里塞钱。

谢延信被评为"2007年感动中国十大人物"后,我们一行人陪着老谢到北京领奖,途中想教老谢几句话,老谢也说不成。在颁奖采访现场,敬一丹难为坏了,谢延信一句闪光的语言也没有,不管怎么问,他的回答都是很简单的。真是应了时任焦煤集团党委副书记张生赋的话:"会说就不是老谢了。"

八、送别谢延信

后来，焦煤集团组织了谢延信事迹报告团在全省巡回演讲，我作为报告团的主持、串场人参加了全过程。每到一处，大家对谢延信的事迹都深受感动，在报告团期间，我顿生一个念头。尊老爱亲最需要接受的是年轻人、大学生，大学生最好的方法是讲座，讲座可以将理论与谢延信的实际结合得更好。于是，我就撰写了讲座稿《谢延信精神与社会主义道德教育》，先后在河南理工大学等焦作的大中专院校开展了讲座。

● 天津大学学生纷纷与"谢爸爸"合影

2007年10月，天津大学焦作籍的学生是大龙为我们联系了讲座。天津大学是一所治学严谨的学府，北洋大讲堂是他们开展学术交流的地方，程序非常严格。开讲前，要求我们把讲座稿发给他们，经过审核后才能宣讲。就这样谢延信走上了天津大学"北洋大讲堂"，讲座获得成功，很多学生围着谢延信喊他"谢爸爸"，学校团委的同志告诉我："这样的思政课讲座多少年没有这样气氛热烈。"我的这一篇讲座稿后来被评为河南省思想政治工作研究成果一等奖，也算是对我3年多来接触谢延信、感受谢延信、宣传谢延信的一种肯定吧。

后来，我和老谢结下了不解之缘，有时他会教我如何锻炼身体，我离开岗位后，曾专门到他家探望过他。记得有次开会，谢延信坐在我的后排，他拍了拍我的肩膀说："彦妞走了。"我问他咋回事？他不无惋惜地说："不好好吃饭了，就走了。"对于谢延信我更中意感动中国人物评委会的颁奖词："当命运的暴风雨袭来的时候，他横竖不说一句话。生活的重担压在肩膀上，他的头却从没有低下。用33年的辛劳，延展爱心，信守承诺。他就像一匹老马，没有驰骋千里，却一步一步到达了善良的峰顶。"

《焦煤视窗》2022年8月30日

老谢，永远的挚友！

◆ 赵国堂

2022年8月28日，上午10点10分，谢延信的老伴谢粉香打来电话说："国堂，你亮哥快不行了……"

接到电话，我猛一惊，愣了几秒。老谢的病情我是有心理准备的。前段时间，原鑫珠春公司领导张长明、张明军、何延生和我四人去医院看望老谢时，他的意识已经不清醒，但我没想到会这么快。

我拿把雨伞就往外冲，赶到焦煤中央医院16楼，医护人员正在全力抢救。不幸的是，老谢于8月28日上午10时36分因病抢救无效逝世。

我跟嫂子谢粉香说，赶紧把老谢去世的事向焦煤集团鑫珠春公司汇报。同时，我忍着悲痛写了一首《老谢走了》。

1985年到1994年间，我住在西沟工人村与老谢为邻。

认识老谢是在1987年春，对老谢孝顺老人的事儿，我是知道的，但没想到他是谢家的女婿。当时，老谢喊岳父、岳母叫爹妈，他岳母也一口一个亮的叫（老谢的乳名叫亮），我一直认为老谢是老人的儿子。

一次，我与家人吃饭说起老谢。岳母告诉我，老谢不是儿子是

一生言信

女婿，我倍感意外！俗话说："父子连着筋，死了媳妇断了亲。"像老谢这样的女婿把岳父母当作亲生父母赡养，我是真没有见过。

当时，我在朱村矿从事宣传工作。在接触中发现，老谢是一位有文化的人，爱好书法，喜欢看书。他会在看过的杂志、书上写许多名家名言，还收集民间治疗疑难杂症的小偏方、单方，这些偏方和单方大多是用来治疗岳父偏瘫、岳母肺气肿、内弟癫痫的。在他家经常看到晾晒的茅草根、冬瓜皮，这些东西熬水喝了利尿，是专门为其长期卧床的岳父准备的。当时我就跟老谢说，你把这些东西都存放好，说不定以后会用到。

2006 年，焦煤集团鑫珠春公司筹建谢延信事迹展览馆，我找到老谢，询问他平时存放的东西还有没有。他说"你让我存放的东西，一件也没有扔"，说着，就从床底下拿出一个盛满物品的篮子。

在谢延信事迹展览馆，除了展示他写过的励志书籍，抄写单方笔记本外，还有他为岳父母亲手制作的鹅毛扇、用第一个月工资为岳父买的收音机，利用空闲时间为邻居编织的提篮、磨具等物件。

老谢与邻里之间相处和睦。我们住的是矿上的排楼，楼上住户都是直接往楼下倒废水，老谢家住一楼。一次，二楼邻居往楼下泼水时，正好洒到了楼下晒太阳的老谢岳父身上。老谢的岳母很气愤，非要上楼找邻居理论，正在屋里做饭的老谢听到了这件事，就劝岳母说，邻居也不是故意的，我去说说让邻居今后注意点就可以了，一场纠纷被老谢化解了。

为了内弟的事，老谢也没少费心。老谢的内弟很喜欢小孩儿。但在逗小孩玩时，因为相貌原因，经常把小孩吓哭。老谢总会第一时间到邻居家赔礼道歉。内弟跑丢了，老谢就发动人去找，一找就

八、送别谢延信

是大半夜。

20世纪80年代末，我为老谢照了许多伺候岳父、岳母和内弟的照片。当时，我给他们洗出好几张。2006年，在申报"兖矿杯——寻找感动中国的矿工"活动中，需要提供老谢伺候岳父母的照片，我就提供了这些珍贵的画面。

在上报材料时，为收集老谢的事迹，我还采访了许多邻居。特别是负责住户水电和卫生管理的孟繁月。他与老谢一家打交道多年。在采访时，他跟我说，国堂，老谢的事真应该大力宣传，他的事我也写有文章，于是拿出来记录了十几页的稿纸。看过后我深受感动。

我与老谢相交，不仅仅是因为工作的原因，更多的是有深厚的情感。老谢没事了就会去我那儿坐坐，扯扯家常，我也会和他念叨工作上的事情。

还记得，老谢喜欢吃烩面。在矿上，我经常请他到食堂吃烩面，他说，矿上的烩面比外面的好吃，外面的烩面油太大，吃了不舒服。

谢延信走了，我失去了一位好挚友，但他"大孝至爱、诚实守信、爱岗敬业"的精神代代相传。

《焦煤发布》2022年8月31日

谢延信大事记

谢延信，原名刘延信，1952年10月14日出生，初中文化，原籍河南省滑县半坡店乡车村，在务农期间当过生产队棉花技术员、带领生产队社员搞过副业编织箩筐等，参加过村里的大平调剧团。

1961.1—1969.1 滑县半坡店公社车村上小学。

1969.2—1971.1 滑县半坡店公社车村上初中。

1971.2—1983.7 滑县半坡店公社车村务农。

1973年

4月21日，21岁的刘延信与同村姑娘谢兰娥喜结良缘。第二年的9月，女儿刘变英降生，产下女儿仅40天的妻子就患了产后风去世。从此谢延信担负起侍奉岳父母一家的重任。

1983年

7月3日，谢延信顶替岳父参加焦作矿务局工作，朱村矿掘二区掘进工。

八、送别谢延信

1987 年

6月10日，朱村矿宣传科宣传干事赵国堂，在西工人村谢延信家中，为谢延信拍摄了伺候岳父、岳母和内弟的照片。

1990 年

10月1日，谢延信因患严重的高血压，不适合井下工作，矿上调他从掘二区到机电科工作。

1994 年

12月22日，谢延信大女儿结婚，谢延信送给女儿的嫁妆是一本织毛衣书，上面抄写了一首诗："黄连水虽苦，饮后舌根下却有甜的回味，糖精水是甜的，饮用过度则变成苦水，充分表明有苦方有甜，甜与苦相连，甘愿常吃苦，方能长久甜。"希望女儿在以后的生活中勤俭持家。

1996 年

8月26日，谢延信69岁的岳父，卧床18年的谢召玉去世。

一生言信

1997 年

9月12日,《焦作日报》刊登赵国堂采写的介绍谢延信事迹的文章《爱心弥合一个破碎的家》,在焦作市民中引起强烈反响。

10月5日,《焦作矿工报》刊登赵国堂采写的介绍谢延信事迹的文章《爱心撑起一个破碎的家》。

10月28日,焦作市总工会、市妇联举办"家庭美德"演讲比赛,谢延信的先进事迹在群众中引起了极大的反响,比赛荣获一等奖。焦作市委常委、常务副市长候趁意等领导参加。次日,焦作市总工会副主席贾军、焦作矿区工会女工委主任张瑞霞等,由朱村矿工会主席张长明陪同到西工人村谢延信家中慰问。

12月1日,焦作矿务局党委副书记、工会主席张生赋与谢延信结成了"一对一"帮扶对子,对谢延信在生活、工作上进行帮扶。

1998 年

1月1日,谢延信大孝至爱的先进事迹引起了社会的广泛关注,谢延信的家庭荣获河南省总工会"文明家庭"荣誉称号。

1998—2006 年

焦作矿务局、朱村矿把谢延信一家列为特困户,焦作矿务局党委和朱村矿党委、工会逢年过节对其帮扶和慰问。

八、送别谢延信

2006 年

4月18日，按照中国煤矿文联的通知精神，焦煤集团党委召开政工例会，一致同意推荐谢延信作为"兖矿杯"感动中国的矿工候选人上报，学习宣传谢延信活动的相关工作由此拉开帷幕。

4月22日，《大河报》刊登通讯《岳母病 岳父瘫 内弟傻——32年，他替亡妻照顾多难的家》，这也是省级以上媒体第一次介绍谢延信大孝至爱先进事迹。谢延信的事迹引起了社会的广泛关注，社会各界人士纷纷到谢延信家中慰问和看望。

4月28日，中国能源化学工会主席徐恩毅，中国煤矿工会部部长赵小康听取了谢延信事迹的专题汇报，对谢延信的事迹给予了高度评价，徐恩毅指示中国煤矿工会全力配合谢延信的评审工作。

4月28日，焦煤集团董事长、党委书记杜工会看了谢延信事迹后作出重要批示："谢延信师傅真爱事迹感动着我们焦作百里矿区，他的事迹是百年焦作煤矿'特别能战斗'精神的生动体现，他是知荣辱、明是非、重美德、讲良心的光辉典范，应大力推荐，大力弘扬"。杜书记批示后，在焦煤集团掀起了学习谢延信的热潮。

5月15日，焦作电视台《零距离》栏目播放谢延信大孝至爱先进事迹长达6分钟。

5月16日，《焦作日报》生活晨刊刊登记者王玮萱采写的通讯《三十二年演绎别样亲情》。

5月18日，《河南工人日报》记者赵丹到鑫珠春公司采访谢延信，撰写了长篇通讯《谢延信：在坚忍中付出特别的爱》，并配发了

413

短评《爱护"良心"》,这篇通讯在河南省各行各业职工中掀起了学习谢延信活动。

5月19日,《焦作矿工报》山阳周末版刊登记者张玉玲、孔小海采写的通讯《真情,永不褪色》。

5月22日,《中国煤炭报》4版刊登记者石远峰、刘宏,通讯员靳建国、赵国堂采写的长篇通讯《好女婿32年真爱感天地》。

5月29日,《工人日报》社会周刊部主任白青峰看到全国能源化学工会报送谢延信事迹的材料后,他被谢延信的事迹深深感动,5月29日主动到鑫珠春公司实地采访谢延信。

6月4日,《工人日报》社会周刊在头版头条刊发了李元浩、赵国堂采写的《谢延信:演绎"非亲也是俺爹娘"动人故事》文章并配发短评《他是一面镜子》,这篇通讯引起了中央各级领导和媒体的广泛关注。

6月6日,《河南日报》3版刊登记者王泽远、谭勇,通讯员赵国堂采写的,介绍谢延信事迹的通讯《真爱人生》。

6月8日,中站区委领导到西苑社区家中看望谢延信,并送上慰问金2000元。

6月26日,河南省人大常委会副主任、总工会主席李志斌对在《河南工会》第48期刊载的《矿工谢延信:平凡事迹实践社会主义荣辱观》一文作出重要批示:"普通矿工演绎非凡故事,谢延信同志的事迹十分感人,有很强的时代性,值得宣传和学习。"

6月,《当代矿工》刊登鑫珠春公司宣传科科长赵国堂采写的通讯《好女婿32年真爱感天地》。

7月10日,中国煤炭报新闻部主任封雪松在中国煤炭报社驻河南记者刘宏陪同下到鑫珠春公司对谢延信进行深度采访和报道,采写了《好女婿谢延信的恬淡生活》长篇通讯在《中国煤炭报》7月19日6版刊登,全面介绍谢延信工作、生活、人生态度等情况。

7月13日,《阳光》杂志社主编及寻找感动的中国矿工副秘书长刘俊到鑫珠春公司及谢延信家中看望谢延信,再次被谢延信的事迹深深感动。

7月14日,《焦作日报》刊登记者邓少勇采写谢延信的长篇通讯《三十三年的承诺》。

7月14日,鑫珠春公司召开"学习谢延信先进事迹座谈会",谢延信夫妇、工友、邻居,中站区委和朱村办事处领导20余人参加,《阳光》杂志社主编刘俊应邀参加座谈。

7月18日,《人民日报》驻郑州记者曲昌荣到鑫珠春公司和家中采访谢延信,采写了长篇通讯《谢延信:一诺至孝三十载》,8月31日在《人民日报》第五版《人生境界》专栏刊登。

8月14日,谢延信、谢延信老伴谢粉香、大女儿刘变英到焦作市迎宾馆作报告。

8月16日,焦作市委书记、市人大常委会主任铁代生,市委常委、宣传部部长王长松,焦作市总工会主席任平原,焦煤集团党委副书记谢金朝看望慰问谢延信。

8月17日,《焦作日报》在1版头条刊登记者董柏生采写文章《弘扬传统美德 构建和谐社会》(铁代生看望慰问谢延信)一文。

8月23日,为了弘扬宣传谢延信的事迹,鑫珠春公司成立了谢延信事迹报告团,从《大孝至爱谢延信》《笑对生活的谢延信》《我的父亲谢延信》《我心目中的谢延信》4个方面全面介绍谢延信的事迹。8月23日下午3时30分，首场谢延信先进事迹报告会在鑫珠春公司电教中心举行，200余名干部员工聆听。

8月30日，《东方今报》6版刊登记者何中有的通讯《这样好男人 我们该学习》。

8月30日，焦煤集团党委宣传部副部长薛长明、鑫珠春公司宣传科科长赵国堂赴京参加"兖矿杯·寻找感动中国的矿工"初评会议，同时向组委会汇报近段时间以来河南省、焦作市、焦煤集团学习宣传谢延信事迹的相关情况，受到活动组委会的肯定。

8月31日，河南省委书记徐光春看到8月31日第五版《人民日报》刊登的《谢延信：一诺至孝三十载》先进事迹报道后作出重要批示："读了这篇报道，心灵受到极大震撼，大孝至爱的谢延信以其崇高的道德境界揭示了做人的真谛，是我们学习的榜样。"同日，河南省委常委、宣传部部长孔玉芳也作出批示，要求安排宣传好谢延信的感人事迹。

9月1—6日，河南日报、河南电视台、大河报、东方今报、河南工人日报、河南商报、青年导报、今日安报等省内主流媒体，按照河南省委宣传部的统一安排，深入鑫珠春公司区队、班组，社区，谢延信家中进行集中采访报道，在河南省掀起了第一轮学习、宣传谢延信的高潮。

9月5日，《大河报》刊登记者郭长秀的长篇通讯《一诺三十余载 好女婿谢延信感动中国》。

9月5日，《东方今报》刊登记者何中有，通讯员靳建国的通讯《大爱无声》。

9月5日，《河南工人日报》刊登记者赵丹采写谢延信的通讯《没有大家，我撑不起这个小家》，并配发评论《互动的和谐》。

9月5日，《河南商报》刊登记者奚春山，实习生王慧聪、郭现中的通讯《矿工老谢照顾亡妻家人32年》。

9月5日，《今日安报》刊登记者鲍捷、通讯员赵国堂采写的通讯《32年孝心演绎大爱亲情》。

9月6日，《青年导报》刊登记者李昕采写介绍谢延信事迹的通讯《好人谢延信》。

9月6日，《河南日报》头版头条刊登记者万川明、王泽远介绍谢延信事迹的长篇通讯《谢延信：大孝至爱》，并配发张学文的今日社评《信义无价撼人心》。

9月7日，《焦作日报》刊登叶春龙的文章《徐光春同志重要批示引起强烈反响　谢延信再次成为全国媒体关注焦点》。

9月8—10日，中央电视台《夕阳红》栏目记者邢浩到鑫珠春公司采访谢延信，这是中央电视台第一个报道谢延信的栏目，10月20日播出了《三十二年的承诺》采访报道。

9月10日，《中国煤炭报》驻河南记者刘宏到鑫珠春公司再次深入挖掘采访谢延信，在一版刊发长篇通讯《谢延信：平凡矿工给人最多感动》，并配发了评论员文章。

9月11日，焦作市精神文明建设委员会下发文件，作出向谢延信同志学习的决定，号召全市居民向谢延信同志学习，弘扬中华民族传统美德，构建社会主义和谐社会。

9月13日晚上22时，焦作市委副书记贾春明，鑫珠春公司董事长、党委书记张长明，谢延信及家人等做客《焦作日报》网络直播间，进行与网友面对面交流，焦作市10余家网站并网直播。

9月13日，河南电视台记者张媛到鑫珠春公司进行为期5天的采访，制作出了学习宣传谢延信专题片。

9月14日，焦作市慈善总会接受多氟多为谢延信一家捐助的3000元善款，并把善款送到西苑社区谢延信家中。

9月15日，《焦作广播电视》刊登记者陆芸霞的通讯《大孝至爱谢延信》。

9月17日，中国能源化学工会煤矿工作部部长赵小康一行3人，在焦煤集团党委副书记张生赋和河南省煤矿工会副主席王振芳的陪同下到西苑社区看望慰问谢延信。

9月21日，中央电视台《共同关注》栏目记者牛巧刚、庞海森到鑫珠春公司及滑县半坡店对谢延信及其家人、邻居进行了为期3天的深入采访。10月12日，中央电视台新闻频道《共同关注》栏目播出了《上门女婿老谢》。

9月22日，《焦作广播电视》刊登记者赵爽和通讯员赵国堂采写的通讯《真爱写就的精彩人生》。

9月28日，谢延信入围"中原二十四孝贤"。

9月28日，谢延信先进事迹报告团在焦作市会议中心为市直机关工作人员作报告，焦作市五大班子领导及600余名干部参加。

9月29日，新华社驻河南分社副总编辑刘雅鸣在鑫珠春公司总经理谢文明陪同下到谢延信家进行采访，她采写的文章在新华社《国内动态小样》上刊登后，受到中央关注。

10月9日，谢延信被全国敬老、爱老、助老主题教育活动组委会授予"中华孝亲敬老之星"荣誉称号。

10月12日，中共中央政治局常委李长春读到新华社《国内动态

八、送别谢延信

小样》后作出重要批示，中共中央政治局委员、书记处书记、中宣部部长刘云山对学习宣传谢延信也作出重要批示，要求"媒体应予宣传"。

10月21日，《经济日报》7版刊发记者党涤寰的通讯《谢延信：用爱心燃亮无悔的人生》。

10月29日，谢延信荣获"河南省敬老楷模特别奖"，颁奖大会在河南省人民礼堂举行，河南省人大常委会副主任、省总工会主席李志斌为谢延信颁奖，称赞谢延信是我们河南职工的骄傲。

10月29日，中共焦作市委、焦作市人民政府下发文件通知，作出"关于开展向谢延信同志学习的决定"，号召全市人民向谢延信同志学习。

11月1日，《焦作日报》开辟了《学习谢延信　践行荣辱观》专栏。

11月9日，河南卫视《今日关注》栏目连续两天在黄金时段播出《大孝至爱谢延信》专题片。

11月10日，鑫珠春公司在职工礼堂召开全体员工大会，1100余名干部职工参加，对学习、宣传谢延信先进事迹再动员。

11月10日，焦作剧作家杨林为创作大型现代豫剧《好人谢延信》，并深入公司、谢延信家中体验生活，与谢延信面对面交流，力争拿出一部对得起30余年侍奉岳父母的谢延信、对得起焦作人民的好作品。

11月14日，《焦作日报》发表评论员文章《爱老敬老　大孝至爱》。

11月15日，谢延信先进事迹报告团到江苏淮安参加由中华全国

一生言信

总工会组织的"学习实践社会主义荣辱观经验交流会",并在会上报告了谢延信的先进事迹,受到了与会代表的高度评价,中华全国工会副主席黄彦蓉接见了谢延信及报告团成员。

11月15日,焦作市各界妇女开展了《学习谢延信 体现时代精神》座谈会。

11月21日,《焦作矿工报》刊发记者唐希用、孔小海的通讯《谢延信:普通矿工演绎人间真情》,并配发评论员文章(再论学习谢延信《时代的楷模 百姓的典范》)。

11月21日,中央电视台《道德观察》栏目记者崔建国到鑫珠春公司、社区、焦作市区采访谢延信事迹和群众对学习宣传谢延信的看法和感受。12月27日,中央电视台"社会与法"频道《道德观察》栏目播出《一个生者对逝者的承诺》,把谢延信誉为继焦作优质无烟"香砟"煤、世界地质公园云台山之后,焦作市的第三张名片。

11月22—23日,焦作市总工会组织谢延信事迹报告团到焦作电厂、风神轮胎厂、平光等企业作报告4场,参加观众3000余人。

11月26日,河南省委宣传部新闻处副处长方启雄到鑫珠春公司安排部署中央新闻媒体采访谢延信有关事宜,并到西苑社区看望了谢延信。

11月30日,在河南省民政局等10余部门开展的评选中原孝贤活动中,谢延信入围中原"二十四孝贤"。

12月4日,谢延信被共青团焦作市委授予"焦作市青年志愿者爱心形象大使",焦作市委常委、宣传部部长王长松颁发奖牌。

12月5日,《大河报》刊发首席记者张志立的通讯《一诺至孝 三十年谢延信背后的故事〈妻子儿媳演绎孝心接力〉》。

八、送别谢延信

12月5日，由焦作市妇联举办的"焦作市各界妇女学习谢延信弘扬家庭美德"签字仪式在焦作市百货大楼东停车场隆重举行，鑫珠春公司员工王巧玲的长篇诗朗诵《谢延信，一座道德的丰碑》深深打动了参加活动的1000余名群众。

12月8日，河南省委常委、宣传部部长、副省长孔玉芳，河南省文明办副主任全红军冒雪在焦作市、焦煤集团、中站区及鑫珠春公司领导陪同下专程来到公司看望慰问谢延信，并就下一步如何做好谢延信先进事迹的学习宣传工作作出了具体要求和部署。

12月8日，《中国煤炭报》刊发记者崔涛的通讯《平凡矿工给人最多的感动》。

12月9日，滑县县委副书记、县长张金泉，县委常委、宣传部部长刘平、副部长高瑞峰一行10人，在鑫珠春公司领导崔龙富、张明军陪同下到西苑社区家中慰问谢延信，并带来了家乡父老乡亲的问候，还参观了谢延信事迹展览馆。

12月13日，焦作市委宣传部、市总工会在焦作市会议中心联合举办"焦作市职工学习谢延信诗歌朗诵会"，河南省委宣传部副部长常法武，焦作市领导铁代生、王太峰、刘建华、王长松、李中哲、贾武堂、秦海彬、宫素清、穆玉华和焦煤集团领导与来自各企业的600余名干部职工参加。人民网、新华网、央视国际网、光明网、中国广播网、大河网等网络媒体记者也参加了活动。

12月13日，人民网、新华网、央视国际网、光明网、中国广播网、大河网6家主流网络媒体莅焦集中采访谢延信，焦作市、焦煤集团领导在东方宾馆看望了采访记者。14日将赴鑫珠春公司、滑县开展采访活动。

一生言信

12月17日,谢延信夫妇应邀到河南电视台《梨园春》栏目做客,并观看了《梨园春》节目。

12月20日,谢延信、谢粉香、大女儿刘变英及鑫珠春公司董事长、党委书记张长明做客新华网、人民网,与广大网民进行在线交流。

12月27日,《河南日报》新闻视点年终特别奉献·系列之二《2006,走进平民英雄时代》栏目,谢延信与金牌矿工吴如、被网友誉为"中国最美女记者"曹爱文等13位平民誉为"平民英雄"。

12月27日,中央电视台《道德观察》栏目播出《一个生者对逝者的承诺》,介绍谢延信信守承诺、32年伺候亡妻家人的事。

2007年

1月4日,谢延信大孝至爱事迹被评为"2006年度焦作市十大新闻"。

1月5日,中共河南省委、河南省人民政府作出《关于在全省开展向谢延信同志学习活动的决定》。决定中说,学习谢延信同志,要学习他诚实守信、尊老敬老的高尚品质;学习他乐观向上、自强不息的拼搏精神;学习他爱岗敬业、忠于职守的优秀品质,号召全省广大党员干部要以谢延信同志为榜样,模范践行以"八荣八耻"为主要内容的社会主义荣辱观,求真务实,扎实工作,与时俱进,开拓创新,为建设和谐中原,实现中原崛起而努力奋斗!

1月6日,中央电视台第七频道《生活五六七》栏目记者刘小娟到鑫珠春公司、滑县采访谢延信及谢延信邻居、同学、老师。1月

八、送别谢延信

23日晚上本栏目播出了谢延信的先进事迹。

1月9日,谢延信到河南电视台参加"2006年度感动中原人物"颁奖活动,并荣获提名奖。

1月10日,在河南省委、省政府开展向谢延信同志学习的通知下发后,焦作市委在市会议中心第六会议室举行了学习宣传谢延信座谈会。焦作市委副书记贾春明,市委常委、宣传部部长秦海彬,焦煤集团党委副书记谢金朝,各县市区主管政工的负责人和主管宣传的副部长以及市直机关负责人参加了座谈会。

1月13日,焦作市委书记、市人大常委会主任铁代生,焦煤集团董事长、党委书记杜工会,在鑫珠春公司董事长、党委书记张长明,党委副书记、纪委书记崔龙富,党委副书记、工会主席张明军陪同下来到谢延信家中,提前给他一家人拜年,同时把长篇小说《谢延信》赠予他。

1月21日,18集电视剧《好人谢延信》新闻发布会在阳光大酒店举行,焦煤集团党委副书记谢金朝为筹备组成立揭牌,鑫珠春公司领导张长明、张明军参加揭牌仪式。

1月22日,《焦作日报》刊发记者李相宜的通讯《老百姓眼中的谢延信"宛如平常一段歌"》。

1月22日,由中宣部、全国总工会、全国妇联组织的53家媒体,92名记者参加的"中央新闻单位谢延信事迹采访团",在中宣部新闻局副局长刘汉俊的带领下抵豫。

1月22日晚上6时30分,焦作市委市政府举行欢迎宴会,欢迎中央新闻单位谢延信事迹采访团莅焦。焦作市领导铁代生、贾春明、赵功佩、王长松、秦海彬以及焦煤集团领导谢金朝、郭根法、刘守良，鑫珠春公司领导张长明、张明军出席欢迎仪式。同时，中央新闻单位谢延信事迹采访团举行新闻协调会，采访团团长、中宣部新闻局副局长刘汉俊对采访活动作出详细安排，采访团将在焦作、安阳和滑县进行为期一周的深入采访。

1月23日上午，"中央新闻单位谢延信事迹采访团"在焦煤集团东方宾馆召开记者见面会，会上听取了谢延信事迹报告团的精彩报告，谢延信一家人与各大媒体记者见面并回答记者提问。

1月23日下午，河南省委书记、省人大常委会主任徐光春，省委常委、宣传部部长、副省长孔玉芳，在省委贵宾厅亲切接见"中央新闻单位谢延信事迹采访团"部分成员和谢延信一家人。

1月27日，中央电视台《面对面》栏目著名主持人王志到谢延信家中采访录制节目，并于2月11日播出访谈内容。

2月4日，由焦煤集团宣传部副部长薛长明，鑫珠春公司党委副书记、工会主席张明军带队，谢延信进京参加中央电视台《新闻会客厅》节目录制，中央新闻媒体、网络媒体等20余名记者在北京采访了谢延信，访谈节目于2月12日播出。

2月7日，焦作市委宣传部、市文化局联合举办了2007年春节联欢晚会，特邀谢延信夫妇和两个女儿参加，并对谢延信现场采访。

2月8日，焦煤集团在第一会议室举行谢延信先进事迹报告会，焦煤集团领导及基层各单位300余名副处级以上领导干部和机关工作人员聆听了报告。

2月10—16日，全国各大新闻媒体宣传报道大孝至爱谢延信典型事迹。中央级媒体有：新华社、人民日报、光明日报、经济日报、科技日报、工人日报、中国青年报、中国妇女报、农民日报、法制日报、中国纪检监察报、中国煤炭报；广播电视栏目有：中央电视台《新闻联播》《焦点访谈》《面对面》《新闻会客厅》，中央人民广播电台《新闻报摘》《新闻纵横》；网络媒体有：人民网、新华网、光明网、央视国际网、中国广播网；都市类媒体有：京华时报、北京晚报、新京报、北京青年报、燕赵都市报、山西晚报、新安晚报、江南都市报、三湘都市报、楚天都市报、武汉晚报、南方周末、南方都市报、华商报以及《家庭》《知音》杂志；河南省省内媒体22家。这次集中宣传报道进一步扩大谢延信事迹在全国的影响力，有力推动全国和谐社会建设。同日晚上，焦作市各界集中收看中央电视台在《新闻联播》和《焦点访谈》节目播出谢延信典型事迹的报道。

2月13日，焦作市委书记、市人大常委会主任铁代生在焦煤集团领导的陪同下到朱村工人村梅苑社区谢延信家中慰问。

2月14日，河南煤炭工业管理局局长李恩东等在焦煤集团党委常委、工会主席郭根法及鑫珠春公司领导陪同下到谢延信家中慰问。

3月1日，由中共中央宣传部新闻局编写，学习出版社出版的《大孝至爱谢延信》向全国公开发行。

3月2—4日，中央电视台《共同关注》栏目对谢延信先进事迹进行第二次深入采访，并在12日播出长达30分钟的采访节目《"名人"老谢》。

3月4日，谢延信事迹报告团在河南理工大学作报告，500余名师生聆听，并与谢延信进行了面对面的交流。同时，谢延信被该校聘为"荣誉辅导员"。

3月5—20日，焦煤集团开展谢延信先进事迹巡回报告，分别到

一 生 言 信

集团公司所属基层单位报告20余场，观众达8000余人。

3月6—13日，中央电视台《新闻联播》播出新闻，全国两会代表委员高度评价谢延信，并建议将谢延信事迹编入青少年思想品德教科书。

4月6日，焦作市委在市会议中心召开"深入学习谢延信建设和谐新焦作动员大会"，焦作市委书记铁代生作重要讲话，中站区、焦煤集团、鑫珠春公司等单位代表在动员大会上作典型发言。

4月9日，焦作市委宣传部组织谢延信先进事迹报告团到解放区、山阳区、武陟县、修武县、沁阳市、孟州市巡回报告，13.5万余人聆听了报告。

4月10日，焦作市党校组织春季县级领导干部进修班学员到鑫珠春公司谢延信事迹展览馆参观学习。

4月14日，《河南日报》刊发焦作市委书记铁代生的文章《中原崛起呼唤谢延信精神》。

4月15日，由国家煤矿安全监察局、中国煤炭工业协会、中国煤矿文化艺术联合会、中国能源化学工会全国委员会联合举办的"兖矿杯——寻找感动中国的矿工"活动中，谢延信被评为"感动中国的矿工——十大杰出人物"。颁奖仪式在京西宾馆隆重举行，瞿玄和、柴静主持颁奖仪式。国家安监总局局长李毅中等领导亲切接见了谢延信。

4月16日，中国煤矿文联召开2007年度工作会议，谢延信事迹报告团在会上报告了谢延信的先进事迹，引起与会领导的极大共鸣。

4月23日，谢延信进京领取"全国五一劳动奖章"。

5月22日，由河南省委宣传部、省民政厅、省煤炭工业管理局和焦作市委宣传部联合组织的谢延信先进事迹报告团在河南农业大学举行首场报告会，1000余名师生和各界人士参加，河南省委常委、宣传部部长、副省长孔玉芳接见报告团成员并出席报告会。随后，报告团赴开封、商丘、洛阳、平顶山、南阳、三门峡、鹤壁7个省辖市作巡回报告，5000余名干部群众参加聆听。

5月22日，由河南省委书记徐光春题写书名，省委常委、宣传部部长、副省长孔玉芳和焦作市委书记铁代生作序的长篇小说《谢延信》在河南人民会堂举行首发式。

6月6日，18集电视连续剧《好人谢延信》，在北京人民大会堂举行剧本研讨会。

6月11日，焦煤集团"学习谢延信，争当安全先锋"演讲比赛在鑫珠春公司电教中心举行，200余名干部职工参加。

6月26日，焦作日报社在焦作市会务中心举行《谢延信》一书赠书仪式，将5000余册书籍赠送给各焦作县区、市直、大中型企业。焦作市委常委、宣传部部长秦海彬参加活动。

7月31日，《人民日报》刊发记者曲昌荣，通讯员赵国堂采写的通讯《谢延信风采依旧》。

9月4日，由中央文明办、全国总工会、共青团中央、全国妇联等四部门联合开展的全国道德模范评选活动拉开帷幕，谢延信被确定为"全国十大孝老爱亲模范"候选人。

9月12日，谢延信事迹展览馆举行隆重开馆仪式，焦作市领导铁代生、贾春明、秦海彬等出席，铁代生作重要讲话，焦煤集团、鑫珠春公司领导、谢延信及员工500余人参加仪式。展馆面积600余平方米，展出照片182幅，实物200多件。焦作市职工思想道德教育基地、青少年思想品德教育基地、家庭美德教育基地和大学生思想道德教育基地同日在谢延信事迹展览馆挂牌。

9月15日，18集电视连续剧《好人谢延信》剧组主创人员进驻鑫珠春公司，做好拍摄前的筹备工作。

9月17日，河南省委宣传部、省文明办、省总工会、团省委、省妇联评出"河南省十大道德楷模"，谢延信位列其中。

9月17日，河南省委副书记陈全国、省委常委、宣传部部长、副省长孔玉芳在河南省委看望谢延信等9位赴京参加全国道德模范表彰大会的代表。

9月18日，由中央文明办、全国总工会、共青团中央、全国妇联等四部门联合开展的全国道德模范评选活动揭晓，谢延信当选"全国十大孝老爱亲模范"。18日下午3时30分，在北京人民大会堂西大厅，谢延信等新当选的全国道德模范受到中共中央总书记胡锦涛等党和国家领导人的亲切接见。晚上8时，在中央电视台演播大厅举行了隆重的颁奖仪式，中共中央政治局常委李长春为谢延信颁奖。

9月19日，谢延信与当选的全国道德模范、全国道德模范提名奖获得者一起，在中宣部的统一安排下参观了天安门、奥运会鸟巢、水立方等。

9月20日，全国第四届公民道德论坛在北京京西宾馆举行，谢延信与部分刚刚当选的全国道德模范参加，全国人大常委会副委员长何鲁丽接见了谢延信。

9月21日，河南省精神文明建设指导委员会召开学习全国道德模范，加强社会主义道德建设座谈会。河南省委书记、省人大常委

八、送别谢延信

会主任徐光春等领导出席会议并亲切接见谢延信等河南省全国道德模范及"全国道德模范提名奖"获得者。

10月7日,《人民日报》刊发记者曲昌荣,通讯员赵国堂采写的通讯《大孝至爱 感动人心》。

10月13日,谢延信进京参加北京电视台拍摄的系列电视剧《一生的承诺》首映式,该剧依据真人真事编剧,谢延信是该剧主人公之一。该剧首映式后,按照中宣部的统一安排,在全国各省卫视台播出。

10月19日,谢延信荣获全国老龄委举办的第四届"全国十佳孝贤"荣誉称号。

10月21日,谢延信荣获"河南省十大道德楷模"。

10月24日,由河南省委组织部、宣传部联合举办的庆祝党的十七大胜利召开"十月放歌"大型文艺晚会在河南电视台1500米演播大厅举行,谢延信与驻豫部分全国道德模范和感动中国人物参加。

11月6日,《河南日报》刊发河南省著名诗人王怀让采写的长篇诗《仁者》。

11月20日,18集电视连续剧《好人谢延信》正式开机,在焦煤集团鑫珠春公司举行开机仪式暨新闻发布会,焦作市委书记铁代生宣布开机并为电视剧揭镜,著名演员吴军扮演剧中谢延信。新华社、中央人民广播电台、农民日报、中国煤炭报、河南日报、河南电视台、大河报、东方今报、焦作电视台、焦作日报、大河网、云台网等中央、省、市多家新闻媒体记者参加了开机仪式。

12月6日,河南省委常委、宣传部部长、副省长孔玉芳专程来到鑫珠春公司拍摄现场看望《好人谢延信》全体剧组人员,焦作市领导铁代生、贾春明、秦海彬、霍金花，焦煤集团领导及鑫珠春公司领导张长明、艾克中、张明军陪同。

12月25日，18集电视连续剧《好人谢延信》完成前期拍摄，顺利杀青。

2008年

1月2日，河南省豫剧三团演职人员17人进驻鑫珠春公司，实地排演大型现代豫剧《谢延信》，该剧由焦作市著名编导杨林主创。10日，演职人员到谢延信家中体验生活。

1月8日，全国"平安家庭"创建活动揭晓，焦作市中站区朱村街道办事处西苑社区谢延信家庭等50个家庭被评为"全国'平安家庭'创建活动先进示范户"。

1月14日，谢延信参加河南电视台主办的"2007年度感动中原十大年度人物"颁奖活动，河南省委常委、宣传部部长，副省长孔玉芳，省人大常委会副主任贾连朝出席颁奖仪式并接见谢延信。

1月17日，中央文明办为谢延信投10万元养老保险，河南省委宣传部常务副部长、省文明办主任马正跃将保单亲自送到谢延信手中。

1月18日，谢延信荣获"2007年度感动焦作特别奖"。

1月24日，谢延信与著名演员吴军在北京做客中国网，与广大网民在线交流。

1月29日，中央文明办和中央政治局常委李长春给谢延信发来慰问信和拜年信，向他和他的家人致以新春的祝福。

八、送别谢延信

1月30日,河南省委常委、政法委书记李新民、焦作市领导铁代生,带着慰问品和慰问金在焦煤集团、鑫珠春公司领导陪同下看望全国道德模范谢延信。

2月1日,由河南省豫剧三团排演的大型现代豫剧《谢延信》经过一个月的精心排练,于1月底杀青。2月1日晚7时30分在焦作举行首场汇报演出。《谢延信》剧本由国家一级编剧牛冠力、中国曹禺戏剧文学奖、文化剧作奖获得者杨林(执笔)联合编剧,剧中主要人物谢延信由省豫剧三团副团长、国家一级演员孟祥礼扮演,岳母冯季花由青年演员、省青年戏曲大赛一等奖获得者陈晓兰扮演,妻子谢粉香由国家一级演员、梅花奖获得者张春玲扮演,焦作市、焦煤集团、鑫珠春公司领导及700余名群众观看。次日《谢延信》剧组到鑫珠春公司和社区进行了慰问演出。

2月3日,谢延信从电视上得知南方遭遇雪灾后,向焦作市红十字会捐款1000元。同时,谢延信被聘为焦作市"红十字会爱心大使",焦作市副市长霍金花为其颁发了证书。

2月6日,"全国孝老爱亲模范"谢延信在2008年中央电视台春节联欢晚会上亮相,并为全国人民送去新春的祝福,成为当年春晚的一大亮点,7次出现直播镜头,令人印象深刻。同日下午,中央电视台《一年又一年》栏目采访谢延信并直播。

2月17日,由中央电视台举办的"2007年度感动中国人物"评选活动揭晓,谢延信当选"2007年度感动中国人物"并进京参加领奖活动。

2月25—27日,韩国SBS电视台《地球村》栏目到鑫珠春公司、西苑社区、滑县采访谢延信及其家人,节目于3月5日在韩国播出,感动了众多韩国民众。

3月1日，谢延信进京参加中央电视台全国人代会、政协"两会"特别节目《我建议》大家看法节目录制。

3月5日，谢延信到郑州参加由河南省委宣传部、团省委等部门联合在紫金山广场举办的"中原唱响雷锋歌"活动。

3月11日，谢延信赴京参加由全国政协十一届一次会议秘书处、《人民政协报》和中央电视台联合举办的《同一首歌》特别节目《相约在春天》，谢延信的孝行感动了参加全国政协会议的代表。

3月30日，焦煤集团宣传部副部长薛长明、鑫珠春宣传科科长赵国堂、谢延信一行3人到天津大学为学生作谢延信先进事迹报告。

4月16日，河南省文明办邀请谢延信与其他三位"全国道德模范"一起参加第29届北京奥运会开幕式。

4月18日，河南省国资委副主任、机关党组书记郑伯阳一行70人在焦煤集团领导的陪同下，到鑫珠春公司参观谢延信事迹展览馆，观看了电视剧《好人谢延信》。

4月20日，谢延信参加河南电视台《梨园春》节目，著名表演艺术家孟祥礼等表演了大型现代豫剧《女婿》选段。

4月23日，河南煤炭系统先进集体和劳动模范表彰大会在郑州黄河迎宾馆召开，谢延信作为特邀代表参加，河南省委书记徐光春等领导同志亲切接见了谢延信。

5月1日，谢延信在河南煤化焦煤集团鑫珠春公司正式退休。

5月14日，谢延信参加由中宣部、中央文明办、共青团中央、教育部联合举办的全国道德模范与"沧州好人"座谈会，谢延信在会上向四川汶川地震灾区捐款500元。

八、送别谢延信

5月15日，焦煤集团为谢延信最小的女儿安排到千业水泥厂工作。

6月13日，焦煤集团在东方宾馆召开"焦作煤矿与谢延信研讨会"。河南省科联主席王耀、省委党校副校长焦国栋、省委宣传部研究室主任刘国明、《领导科学》杂志总编辑冯振广、省社科院研究员李太淼、郑州大学教授孙桓友、省委党校副教授廖富洲等省内外专家参加。

6月21日，焦煤集团建矿110周年庆祝大会在焦作人民会堂举行，谢延信与鑫珠春公司126人方队参加。

6月22日，中国煤矿文工团演员在团长瞿玄和带领下到鑫珠春公司看望了谢延信，并参观谢延信事迹展览馆。

7月24日，焦作市副市长霍金花在焦作市体育馆分别为谢延信和其他三位北京奥运火炬手送行。

7月27日，谢延信在洛阳参加奥运火炬传递活动，谢延信传递第207棒，上午9点50分，谢延信将圣火传递给最后一棒"兵妈妈"乔文娟。

8月5日，在郑州登封市举办的第五届"全国十佳孝贤"评选活动中，谢延信荣获"全国十佳孝贤"。

8月6日上午，鑫珠春公司举行"点燃激情，传递梦想"奥运火炬传递活动，谢延信与1200余名员工参加，并将奥运火炬存放在谢延信纪念馆珍藏。

8月6日下午，谢延信启程赴北京参加北京第29届奥运会开幕式。开幕式期间受到了中共中央政治局委员、书记处书记、中宣部部长刘云山的亲切接见。

一生言信

　　8月10日，中国散文家协会会员，焦作大学原党委书记郭文杰到鑫珠春公司采访谢延信，撰写了长篇报告文学《血性男儿》。

　　9月17日，中共中央政治局委员、全国人大常委会副委员长、全国总工会主席王兆国在河南省委书记、河南省人大常委会主任徐光春、省长郭庚茂陪同下，在河南省工会大厦接见了谢延信等英模人物。

　　9月26日，18集电视连续剧《好人谢延信》在北京长峰假日酒店举行了新闻发布会，北京电视台、河南省委宣传部、焦作市委、焦煤集团、鑫珠春公司领导应邀参加，国内60余家媒体70余名记者报道了新闻发布会盛况。

　　9月30日，18集电视连续剧《好人谢延信》在央视八套黄金强档播出。

　　10月6日，焦煤集团举行电视连续剧《好人谢延信》观后座谈会，谢延信与焦煤集团、基层单位领导和退休职工代表参加了座谈会。

　　10月，由中央文明办、中国作家协会出版的记录"全国道德模范"先进事迹《大爱无疆》一书出版发行。中共中央政治局委员、书记处书记、中宣部部长刘云山作序，该书收录了由焦作市中国作家协会会员郭文杰撰写的反映谢延信感人事迹的长篇报告文学《血性男儿》。

　　10月27日，谢延信把在家中存放14年岳父的骨灰安放到焦作市龙山陵园，让岳父入土为安，了却了他多年的心愿。

　　10月30日，谢延信事迹展览馆被共青团河南省委命名为"河南省青少年思想道德建设教育基地"。

　　11月6日，焦煤集团在东方宾馆举行电视连续剧《好人谢延信》

主题歌赏析座谈会。

11月8日，谢延信受邀参加由中宣部、中央文明办、文化部、全国文联在湖北武汉举办第六届"四进社区"文艺展演活动。

11月19日，河南省政协社会和法制工作委员会副主任张传文，在焦作市委常委、宣传部部长甘茹华，焦煤集团党委副书记、纪委书记谢金朝陪同下参观谢延信事迹展览。

12月5日，应河南省文明办的邀请，谢延信赴新乡参加由中央文明办举办的"我推荐，我评议身边好人"暨"中国好人榜"河南颁奖仪式，有38名河南人荣耀当选，谢延信为河南好人颁奖。

12月11日，谢延信入选改革开放30年中原潮涌看怀川《焦作三十年大事》之一。

2009 年

1月13日，中央文明办和中央政治局常委李长春向谢延信发来慰问信和拜年信，祝谢延信及家人新春愉快！

1月20日，河南省委常委、省纪委书记叶青纯，副省长徐济超在焦作市领导陪同下到鑫珠春公司西苑社区家中慰问谢延信，叶青纯亲自把李长春的慰问信交到谢延信手中。

2月6日，鑫珠春公司首届"谢延信杯"职工子女才艺大赛在职工大礼堂举行，80余名职工子女报名参赛，活动取得了圆满成功，并对荣获一、二、三等奖的前十位选手颁发了证书和奖品。

4月11日，河南省第一届"河南省孝文化促进会"成立大会在郑州召开，谢延信应邀参加。

一生言信

4月28日，谢延信应邀赴郑州参加河南省劳动模范表彰大会，受到了河南省委书记徐光春等领导的亲切接见。

6月12日，在中宣部、中组部等11部门举办的新中国成立60周年"双百"评选活动中。河南煤化集团下发文件，推荐谢延信为"100位新中国成立以来感动中国人物"候选人，拉开了"双百"人物推荐活动的帷幕。

7月20日，谢延信被全国"双评"组委会推荐为150位"100位新中国成立以来感动中国人物"候选人之一。

8月15日，谢延信与30余名焦作市民参加了在谢延信事迹展览馆举行的"与祥云火炬亲密接触"活动。

8月15日，由中宣部、中组部等11个部门联合组织开展的"100位为新中国成立以来作出突出贡献的英雄模范人物和100位新中国成立以来感动中国人物"评选结束。最后经过专家评审，谢延信被评为"100位新中国成立以来感动中国人物"，他是新中国成立以来唯一一位入围的全国煤矿职工代表。

9月13日，谢延信赴京参加"双百"感动中国人物座谈会。出发前，在河南省委办公大楼第一会客厅隆重举行了欢送"双百"感动中国人物座谈会。河南省委书记、省人大常委会主任徐光春，省委常委、组织部部长叶冬松，省委常委、统战部部长刘怀廉，省人大常委会副主任、省总工会主席刘新民，省军区副政委张守喜等为赴京参加"双百"人物送行。谢延信、史来贺、任长霞、吴金印、常香玉、焦裕禄当选100位新中国成立以来感动中国人物。

9月14日下午3点30分，在人民大会堂东大厅召开"双百"人物座谈会，中共中央政治局常委李长春，中共中央政治局委员刘延东参加，李长春发表了重要讲话。会后，李长春走到谢延信跟前，握着谢延信的手说向其他领导介绍："这是谢延信，孝老爱亲模范，不容易。"短短的14个字，是领导对谢延信践行中华民族传统美德的褒扬，是对谢延信30余年大孝至爱的一种赞许。

9月22日，由中宣部主办，中国伦理学会、河南省委宣传部协办，郑州市委承办，主题为"弘扬爱国主义精神、推进公民道德建设"第六届中国公民道德论坛，22日上午在郑州黄河迎宾馆隆重举行。中共中央政治局委员、中央书记处书记、中宣部部长刘云山致信祝贺，河南省委书记、省人大常委会主任徐光春代表河南省委、省政府致辞并介绍了河南省公民道德建设情况。河南省委常委、宣传部部长、副省长孔玉芳主持，谢延信与部分全国道德模范及"双百"人物参加。

9月21日，《中国煤炭报》刊发赵国堂采写的报道《谢延信参加"双百"人物代表座谈会侧记〈我只是一名普通的煤矿工人〉》。

9月22日，河南省委副书记、省长郭庚茂，到鑫珠春公司井下调研安全生产，升井后，参观了谢延信事迹展览馆，并亲切看望慰问了谢延信。

9月26日，河南煤化集团董事长、党委书记，河南煤化集团总经理贾学勤，党委常委、工会主席柴绍忠，党委副书记谢金超，焦煤集团总经理张延明，焦煤集团党委常委、矿区工会主席郭根法，鑫珠春公司董事长、党委书记张长明，在河南煤化办公大楼四楼会议室举行欢送仪式，为赴京参加国庆观礼活动的谢延信送行。

10月1日，谢延信在京参加了新中国成立60周年国庆观礼活动，在京期间，还参观了新中国成立60周年以来成果图片展。

一生言信

10月26日，河南省老龄委、河南省民政局、河南人民广播电台，在河南省上蔡县举行的"中国·上蔡第七届重阳文化节"上，表彰了河南省老龄委工作先进单位和个人及第二届河南省"十大敬老楷模"。谢延信荣耀当选河南省第二届"十大敬老楷模"。

10月26日，由中国文学联合会、中共宁波市委市政府、中国民间艺术家协会、中国伦理学会等联合举办的寻找当代中华最感人的十大慈孝人物中，谢延信荣耀当选"当代中华最感人的十大慈孝人物"称号。

12月1日，由鑫珠春公司董事长、党委书记张长明主编，学习出版社出版的《大孝至爱谢延信（先进事迹材料选编）》一书出版，并在全国公开发行。

12月26日，新华社记者陆欢、魏莘采写《人民英雄谢延信》。

2010年

1月3日，焦煤集团、鑫珠春公司在梅苑社区为谢延信一家解决了一楼94平方米的住房，缓解了谢延信一家住房紧张的局面。

1月4日，《中国煤炭报》刊发记者刘宏、通讯员赵国堂采写的通讯《谢延信：用平常心续画爱的圆》。

1月8日，由中国煤炭工业协会、国家能源局煤炭司、中国煤炭报社联合评出的"2009年度煤炭行业十大新闻"揭晓。谢延信事迹被评为"十大新闻之一"。

1月13日，中央文明办和中央政治局常委李长春向谢延信发来慰问信和拜年信，祝谢延信及家人新春愉快。

八、送别谢延信

1月15日，由新华通讯社、中共中央党史研究室联合摄制的百集史志性电视纪录片《感动中国——共和国100位人物志》，谢延信被收录其中。中共中央政治局常委李长春对该纪录片给予高度评价，并对纪录片中的平民典型谢延信给予高度赞誉。

2月1日，焦煤集团总经理张延明，焦煤集团党委常委、工会主席郭根法在鑫珠春公司领导张长明、余荣强、刘金良陪同下，到西苑社区谢延信家中慰问。

2月16日，由新华通讯社、中共中央党史研究室联合摄制的百集史志性电视纪录片《感动中国——100位人物志》，一诺千金的谢延信被收录其中。

2月18日，鑫珠春公司第二届"谢延信杯"职工子女才艺大赛在职工礼堂举行，70余名职工子女报名参赛，鑫珠春公司领导与谢延信为荣获一、二、三等奖的选手颁发了荣誉证书和奖品。

4月16日，庚寅年黄帝故里拜祖大典在新郑黄帝故里隆重举行，谢延信应邀参加，河南省政协主席王全书等接见了谢延信等参加拜祖大典的部分全国道德模范。

4月21日，青海玉树发生7.1级地震后，谢延信向玉树灾区人民捐款300元。

7月23日，中国思想政治工作研究会秘书长、中宣部思想政治工作研究所所长王学勤，《思想政治工作研究》杂志社总编辑吴祖平，中国思想政治工作研究会主任赵新源，《思想政治工作研究》杂志社编辑曹剑，河南省委宣传部副部长全红军，河南省委宣传部宣传处处长徐慧玲，焦作市委宣传部副部长张爱华，在焦煤集团党委副书记、纪委书记孙春晓，鑫珠春公司领导张长明、余荣强、张明军、

一生言信

刘金良陪同下参观了谢延信事迹展览馆，并与谢延信亲切座谈。

9月14日，全国敬老爱老主题教育活动组委会副秘书长孟鑫到鑫珠春公司调研孝老爱亲工作，并专程到西苑社区谢延信家中看望，与谢延信亲切交谈。

10月9日，由河南省豫剧三团排演，经多次修改、完善，以谢延信为原型创作的大型现代豫剧《女婿》，在河南电视台"香玉大舞台"隆重上演。此前，该剧已在全国各地上演100余场，成为河南省豫剧三团继《朝阳沟》之后又一经典力作。

10月10日，按照中宣部统一安排和部署，河南电视台新闻部受中央电视台委托，10月10日分别到鑫珠春公司、谢延信家中采访谢延信。12日，中央电视台新闻频道播出了谢延信的先进事迹。同时，新华社、人民日报、光明日报、经济日报等众多中央媒体和地方媒体刊发了《谢延信大孝至爱》《重孝守诺谢延信》等文章，又一次掀起了宣传学习谢延信的热潮。

10月13日，人民日报记者曲昌荣采写通讯《谢延信：大孝至爱》。

10月15日，谢延信参加了由中央文明办主办，湖北省文明办、中国文明网、孝感市文明办承办的"道德的传承·孝感动天——全国道德模范与身边好人现场交流活动"，部分全国道德模范和湖北省入选"中国好人榜"的典型人物就"讲道德做好人"进行了交流。

10月16日，2010年重阳节，中央文明办组织谢延信等全国21名全国孝老爱亲模范联名向全社会发出敬老爱老倡议书，倡导爱老尊老，践行中华民族传统美德。

11月10日，由中国伦理学会、新浪网、河北省和谐文化促

八、送别谢延信

进会、长城网、河北省民俗文化协会等单位联合举办的"新中华二十四孝"评选活动，谢延信入选"中华新二十四孝"。这次活动收到全国各地1万余份评选资料。

11月28日，《党建》杂志社总编辑刘汉俊一行看望谢延信，并参观了谢延信事迹展览馆。

12月2日，2010年感动中原人物巡回报告会在赵固二矿举行，感动中原人物谢延信、王百姓、吴新芬与500余名职工参加。

12月9日，河南省第四批爱国主义教育示范基地考核组领导实地查看了谢延信事迹展览馆，并对展览馆的建设、资料收集和整理等给予了高度评价。

12月25日，山东卫视《天下父母——寻找我身边的孝子》栏目组一行5人，25日到鑫珠春公司谢延信展览馆、基层单位、朱村工人村梅苑社区谢延信家中拍摄谢延信30余年来侍奉岳父母一家的先进事迹。

12月27日18时10分，谢延信内弟无疾而终。谢延信内弟患有癫痫等众多疾病，医生说，这种病一般寿命不长，但在谢延信的照顾下，活到了57岁。

2011年

1月5日，焦作市委常委、宣传部部长甘茹华代表市委，在焦煤集团党委书记于顺德，党委常委、宣传部部长刘守良，鑫珠春公司领导张长明、余荣强、张明军陪同下到朱村工人村梅苑社区谢延信家中慰问。

一生言信

1月12日，中央文明办和中央政治局常委李长春向谢延信发来慰问信和拜年信，祝谢延信及家人新春愉快。

1月13日，河南煤矿工会副主席王振芳代表河南省煤矿工会到朱村工人村梅苑社区谢延信家中慰问。

1月30日，谢延信赴郑州参加河南省委、省政府举办的春节团拜会。

2月，《党建》杂志刊登董柏生、赵国堂采写的《还是那个谢延信》一文。

2月5日，谢延信陪同女儿、儿子一家到鑫珠春公司谢延信事迹展览馆参观，并教育子女孝敬父母、关爱他人、感恩社会。

2月26日，按照焦作市文明办的通知精神，上报中央文明办"谢延信大孝至爱"事迹案例。"谢延信大孝至爱"企业文化案例获焦作市、河南煤化集团企业文化优秀案例奖。

4月2日，百度网把9年来荣获"感动中国人物"事迹编撰为大中小学生作文素材大全，谢延信被收录其中。

4月13日，由焦作市委宣传部、市文明办主办的"一群好人，一城感动——全国道德模范与身边好人现场交流活动"在焦作市人民公园举行，谢延信应邀参加，并带头宣读了《道德倡议书》。

4月23日，谢延信应河南电视台邀请赴禹州神垕镇参加《河南人》拍摄。

5月5日，受河南省监狱的邀请，谢延信事迹报告团成员赵国堂、谢延信、王巧玲、赵娟一行4人，到河南省新郑监狱为1000余名干警和服刑人员作谢延信事迹报告。

5月21日，河南理工大学阳光公益协会邀请谢延信参加"爱之

八、送别谢延信

天籁 让爱飞翔"大型公益晚会。

8月31日，由焦作市委宣传部、文明办主办的"道德模范故事会巡演"首场演出在鑫珠春公司电教中心举行，以谢延信事迹编写的群口快板《承诺》受到观众好评。

11月10日，谢延信事迹宣讲团应邀到河南科技专修学院作报告，该院1000余名师生参加了报告会。

11月25日，由河南省委宣传部、河南省广播电影电视局、河南日报报业集团主办，郑州市委宣传部协办的感动中原人物《相约感动，传递力量》巡回报告会走进郑州市金水区，活动在金水区庙李医院举行，谢延信应邀参加，该区卫生系统的400余名医护人员参加。

11月27日，焦作市百名记者"走基层、转作风、改文风"活动在鑫珠春公司举行，焦作日报、焦作电视台、焦作广播电视报、焦作网络媒体记者走进朱村工人村梅苑社区谢延信家中进行面对面交流、采访活动。

12月10日，新华社记者双瑞在记者"走基层、转作风、改文风"活动中，深入朱村工人村梅苑社区谢延信家中面对面与谢延信的邻居、谢延信及家人交流，采写出了《谢延信：伺候最后一个"宝"》文章，中央及地方报刊纷纷刊登。

12月19日，新华社、光明日报等新闻媒体记者按照中宣部安排，回访全国道德模范谢延信。

2012年

1月17日，焦煤集团副董事长、党委书记谢述新到朱村工人村

一 生 言 信

梅苑社区谢延信家中慰问。

1月20日，中央文明办和中央政治局常委李长春向谢延信发来慰问信和拜年信，祝谢延信及家人新春愉快。

2月4日，人民日报记者刘璐"走基层·典型回访"，4年后重访谢延信，采写出了《侍候老岳母不"退休"》一文，在《人民日报》刊登。

5月9日，为大力弘扬传统美德，积极营造学习道德模范、倡树文明新风的浓厚氛围，焦作监狱邀请谢延信报告团为干警和服刑人员作报告。

6月20日，受河南省委宣传部统一安排，中国美术家协会会员、商丘市美术家协会主席王清健到谢延信家中采风，创作了以谢延信侍奉岳母为题材的大型国画，党的十八大期间在北京人民大会堂展出。

6月20日，《阳光》杂志社社长徐迅，中国煤矿文联秘书长刘俊，中国当代知名作家、中国煤矿文联主席、北京市作协副主席刘庆邦等参观谢延信事迹展览馆，并与谢延信亲切交谈。

6月21日，由焦作市委宣传部、文明办开展的全国道德模范宣讲进基层活动，首场报告在焦作师专举行，谢延信应邀参加，焦作市委宣传部领导与800余名师生参加活动。

6月29日，中国煤矿作家协会主席刘庆邦，中国煤矿文联秘书长、《阳光》杂志社社长徐迅，中国煤矿文化网站站长刘俊一行到鑫珠春公司调研，并回访了谢延信。

7月8日，郑州俪睿党支部20余名老党员专程到鑫珠春公司参观谢延信事迹展览馆，亲身感受大孝至爱谢延信的感人事迹。

8月12日，由焦作日报记者范光编写的《谢延信》一书，荣获由国家煤矿安全监察局、中国煤炭工业协会、中国煤矿文化艺术联合会、中国能源化学工会全国委员会、中国煤矿文化宣传基金会联合主办的第四届中国煤矿艺术节平庄煤业杯·全国煤矿文艺作品成果展中荣获"优秀图书奖"。

9月13日，由焦作市宣传部、焦作市文联等联合举办的艺术家"走基层、转作风、改文风"活动中，在鑫珠春公司举行了大型慰问演出活动。中国书法家协会会员，河南省书法家协会副主席，中国煤矿书协副秘书长、解放军铁军书画院艺术顾问，焦作市书协主席米闹为谢延信现场书写了"大爱无疆"四个大字。同时，焦作市艺术家还为谢延信现场素描了肖像。

9月26日，首届"十大当代孟母"颁奖表彰大会在北京举行，谢延信应邀为当代孟母代表颁奖。

11月23日，谢延信及谢延信事迹报告团赴安阳参加"感动中原"走进安阳文峰区四中、二十中先进事迹报告。谢延信与王百姓、李灵参加了活动。

12月11日，谢延信及谢延信事迹报告团到焦作市解放区参加"感动中原"走进科霖达公司先进事迹报告。谢延信与感动中国人物王百姓参加了活动。

12月31日，谢延信患脑梗住院，鑫珠春公司高度重视，积极安排治疗。

12月，由范光著，吉林出版社发行的100位新中国成立以来感动中国人物《谢延信》出版发行，全书128页，10万余字介绍了谢延信的事迹。

一生言信

2013 年

1月10日上午，焦作市委常委、宣传部部长甘茹华代表焦作市委到焦煤中央医院慰问谢延信。

1月20日早上7时20分，谢延信90岁的岳母无疾而终，鑫珠春公司高度重视，安排专人负责安排后事，入葬焦作市龙山陵园。

2月6日，河南省工信厅副厅长、党组成员陈党义，省煤矿工会主席王振芳到朱村工人村梅苑社区家中慰问谢延信。

10月10日，谢延信事迹报告团成员赴许昌学院参加"道德讲堂"宣讲活动。

2014 年

1月22日，《经济日报》刊登记者许跃芝采写的《谢延信：奉献孝心不分亲疏》，介绍谢延信的先进事迹。

2月4日，新华网记者李鹏采写的《好人谢延信：40年坚守见证人间大爱》，全面介绍了谢延信大孝至爱的先进事迹。

2月7日，光明日报记者崔志坚，通讯员王水涛采写介绍谢延信的通讯《谢延信：处实不华》在第三版刊登。

3月24日，谢延信参加焦作日报及腾讯网开展的"三微联动"上线仪式，焦作市委常委、宣传部部长甘茹华参加。

4月29日，谢延信应邀参加由中共焦作市委宣传部、焦作文广新局、焦作市体育局、焦作市文联联合主办，焦作广播电视台、焦作影视城承办的焦作市"春之声"美丽焦作·七彩生活文化节在焦作影视城隆重开幕。

5月16日，谢延信及谢延信宣讲团参加了焦作市文明办主办的"百名好人"进基层宣讲活动。

8月22日，谢延信及谢延信事迹宣讲团到焦作市地税局开展道德模范宣讲活动。

8月14日，由团河南省委组织的"践行社会主义核心价值观'青春汇'"红毯秀活动中，谢延信与4名参加过抗日战争、解放战争、抗美援朝、对越自卫反击战的老兵代表，5名革命建设时期、改革开放时期的劳模代表，5名当代涌现的见义勇为青年英雄代表，健步走过红毯，走向爱国主义风采展示台，和青年学子们共绘中国梦。

2015年

2月13日，焦煤集团董事长、党委书记谢述新等到谢延信家中慰问。

4月13日，谢延信到焦煤集团鑫珠春公司医院进行每年两次15天的保养治疗。

7月7日，谢延信参加焦作市文明办举行的第三届全国"道德模范"投票启动仪式，并投上了自己庄严的一票。

2016年

7月13日，河南省省直机关工委范晓音、省委宣传部宣传处姚

一生言信

毅一行在焦煤集团宣传部部长张嘉林，鑫珠春公司工会主席刘金良陪同下参观谢延信事迹展览馆。

2017 年

1月21日，河南能源化工集团党委书记、董事长马富国等领导，在焦煤集团党委书记、董事长杨建增、鑫珠春公司党委书记、董事长许成富等领导陪同下，到朱村工人村梅苑社区谢延信家中看望慰问。

2018 年

1月23日，由中国报告文学学会主办的"第八届徐迟报告文学奖"揭晓，河南作家王剑冰凭借《生命的重量》上榜，《生命的重量》讲述了好人谢延信大孝至爱的故事。

1月29日，中央文明办、中国文明网副总编辑周黎明，中国文明网杨志，中国文明网新媒体组编辑邵紫晖代表中宣部、中央文明办专程到焦煤中央医院看望慰问谢延信。河南省文明办专职副主任王飞，焦作市委常委、宣传部部长，副市长宫松奇陪同慰问。

2019 年

1月12日，焦煤集团党委书记、董事长杨建增，总经理魏世义，党委副书记许平凡、纪委书记靳宪增一行到焦煤中央医院询问谢延信的病情和治疗情况，杨建增嘱咐医院领导和医护人员要照顾好老谢，谢延信是"焦煤宝贵的精神财富"。

1月13日，中央文明办一局副巡视员陈进在河南省文明办副主任葛卫华，焦作市委副书记刘涛，市委常委、宣传部部长宫松奇陪同下，到焦煤集团中央医院看望慰问谢延信。

2020年

1月14日，焦作市委常委、宣传部部长宫松奇到朱村工人村梅苑社区谢延信家中看望慰问。

1月20日，焦煤集团工会主席曹其跃在鑫珠春公司领导陪同下到朱村工人村梅苑社区谢延信家中慰问。

1月24日，焦煤集团党委书记、董事长魏世义，主持经理层工作的副总经理赵社会，党委常委、工会主席曹其跃到朱村工人村梅苑社区谢延信家中看望慰问。

2021年

2月5日，焦煤集团党委书记、董事长魏世义，党委常委、工会主席曹其跃到朱村工人村梅苑社区谢延信家中看望慰问。

12月16日，《潇湘晨报》刊登介绍谢延信的文章《延展爱心信守承诺》。

2022 年

2月22日，焦作市委宣传部副部长、文明办主任千怀贵到朱村工人村梅苑社区谢延信家中看望慰问谢延信。

8月25日，焦煤集团党委书记、董事长魏世义，鑫珠春公司领导等到焦煤中央医院16楼看望慰问病重的谢延信。

8月28日上午10时36分，病重中的谢延信经抢救无效逝世，终年70岁。

9月1日，谢延信遗体告别仪式在焦作市殡仪馆举行。焦煤集团主持经理层工作的副总经理赵社会主持仪式，党委书记、董事长魏世义致悼词。焦作市委常委、宣传部部长宫松奇，市委宣传部副部长、市文明办主任范杰，市总工会党组成员、副主席吕明亮，中站区委常委、宣传部部长牛二永，焦煤集团党委副书记陶鹏，党委常委、工会主席曹其跃，组织部部长黄鑫，宣传部部长张嘉林，办公室主任韩栋，鑫珠春公司党委书记、董事长赵光青，总经理靳贞浩，工会主席张连江，谢延信的亲属和社会各界人士参加追悼和送别。

后 记

谢延信精神的丰富内涵、价值意蕴及时代传承

◆ 张嘉林　白海霞

谢延信，一个平凡而伟大的煤矿工人，一诺千金、重情重义，面对亡妻嘱托，他四十年如一日信守承诺，延展爱心，在焦作百里矿区谱写了一曲可歌可泣、感人肺腑的时代赞歌；

谢延信，一个铁汉柔情的煤海骄子，赤诚担当、言出必行，面对家庭变故，毅然将生活的重担挑在肩头，在怀川这片热土上续写了一篇荡气回肠、感天动地的动人乐章；

谢延信，一个执着而勇毅的铮铮男儿，孝老爱亲、诚善至纯，面对生活劫难，他饱受磨难而自强不息，历经曲折而矢志不渝，在中原大地树立起一座大孝至爱、重信守诺的道德丰碑……

谢延信原是焦煤集团鑫珠春公司机电科的一名普通矿工，多年来，他仁义忠孝，至诚至信，无怨无悔照顾岳父岳母和痴傻的内弟，在平凡的生活中作出了极不平凡的事迹，用自己的实际行动诠释了

一 生 言 信

中华民族的传统美德，感动了千千万万人，先后荣获首届全国道德模范、感动中国"双百"人物、2007年"感动中国"十大人物、中华孝亲爱老之星等荣誉称号，他的精神不仅是焦煤集团，更是全社会的宝贵精神财富。

一、"谢延信精神"的丰富内涵

1. 重诚守诺，恒志笃行。谢延信原名刘延信。1973年4月，刘延信与河南省安阳市滑县同乡谢兰娥喜结良缘，婚后第二年，妻子谢兰娥诞下一女，后因罹患产后风生命垂危。在生命的最后时刻，谢兰娥将年迈的父母和痴傻的弟弟托付刘延信照顾，刘延信含泪许诺。就是这句承诺，让刘延信挑起了一副原本可以放下的重担，而且这个重担一挑就是四十载。谢兰娥走后，她身后的家庭没有什么财产，却有一个身患疾病、丧失了基本劳动能力的岳母，一个先天呆傻、连生活都难以自理的内弟。谢兰娥的父母当时因过分悲恸而陷入绝望，为了打消老人的顾虑，刘延信再次立誓，并毅然将姓氏由"刘"改为"谢"，更名"谢延信"，以实际行动担负起照顾亡妻一家的责任。谢延信的岳父谢召玉原在朱村矿（后改名鑫珠春公司）上班，为了方便照顾岳母和内弟，他将二人接到自己家，一边务农挣工分，一边照顾两人和年幼女儿的衣食起居。1979年，谢延信的岳父不幸中风偏瘫，家庭的重担全部压在了谢延信一个人身上。面对这一病一瘫一傻一幼的家庭窘境，他狠心将年幼的女儿送回老家，由自己的父母抚养，自己则带着岳父岳母一家来到焦作，在焦煤集团朱村矿当了一名掘进工，在煤矿职工家属招待所两间9平方米的屋子里，一边工作一边照顾二老和内弟，凭借坚强的意志和勤劳的双手撑起了这个残破的家。

2. 爱老敬老，大孝至爱。孝道是中华民族的传统美德，卧冰求鲤、黄香温床是我们自小耳熟能详的故事，但这些故事大都是侍奉于己有生养之恩的亲生父母，作为女婿能将岳父母视为亲生父母孝顺的并不多见，谢延信就是其中一个。岳父谢召玉瘫痪后，生活不能自理，家里每天都有几大盆衣服床单需要换洗，谢延信的岳母因患肺气肿、胃溃疡、低血压等多种疾病，怕风怕凉，不能操劳，谢延信便每天换洗衣物，烘烤被褥；为减轻老人的病症，他依照药方找冬瓜皮，从地里挖茅草根，到山上抓蝎子，制成中药坚持给老人服用；老人腿部浮肿、关节僵硬，他天天给老人热敷、按摩，活动肢体；老人因病心情烦躁，他便亲自走到市里，花了半个月工资买了一部收音机给老人解闷，还时常抽空亲自念报纸、读杂志给岳父听。屋漏偏逢连夜雨。谢召玉又先后罹患肝硬化、癫痫等疾病。谢召玉生病住院期间，谢延信在医院日夜陪护了整整 3 个月，累了困了就和衣睡在病房地板上。出院后，为缓解老人病痛，他遍寻药方，亲种草药，还每天坚持给老人泡脚、翻身、擦背……谢召玉瘫痪在床 18 年，从未生过褥疮、湿过衣服，房间里也从来没有难闻的气味。

1996 年，谢召玉离世。送走岳父后，谢延信把主要精力转到岳母和内弟的照顾上，为了让岳母安心，谢延信把工资交给了岳母掌管。后因平房拆迁，谢延信一家搬到了 50 平方米的楼房内。为了让多病的岳母经常晒太阳，他把朝阳房间让给岳母住；为了抵御冬天的严寒，他特意给岳母房间装上暖气；为了给老人补充营养，平时逢年过节才吃肉的谢延信，经常买来羊肉、羊杂让岳母吃，而他自己却节衣缩食，10多年没舍得吃水果，4元钱一双的塑料凉鞋一穿就是6年，一件衬衣一穿就是10年……多年来，是他用爱心、孝心和耐心让这个原本风雨飘摇的家庭变得温暖又有爱。

3. 自强不息，心怀感恩。 生活的艰辛和苦难磨砺了谢延信自强不息、坚韧顽强的品格。为了渡过经济关，他捡菜叶、拾煤渣、打零工，想方设法挣钱补贴家用，节衣缩食维持着这个没有血缘关系的特殊家庭；为了渡过医疗关，他坚持用醋泡花生、黑豆降血压，一吃就是10多年，省下的钱为老人看病买药减轻病痛；为了感恩企业、回报社会，他立足岗位作贡献，脏活累活抢着干、苦活险活冲在前，每年坚持出勤300个工时以上，以实实在在的工作业绩保质保量完成了生产任务。1990年谢延信患了高血压，组织上调他到井上瓦斯泵房工作，工作期间，他没有脱过一次岗，没有发生过一次事故，机电设备完好率年年都在90%以上，连年被评为先进工作者和"四有"职工。工友评价他："谢延信就像是颗螺丝，只要把他拧紧了，就永远不会松动。"清贫的生活造就了谢延信"特别能吃苦、特别能忍耐、特别能感恩"的精神品格，当他所在的工作单位朱村矿给他送救济款时，谢延信严词拒绝，把救助的机会留给了更多需要帮助的家庭。

二、"谢延信精神"的根脉探源

谢延信是在焦煤集团的关心和培育下成长起来的新一代先进典型，是新世纪焦作煤矿工人的杰出代表，是全国人民学习的道德楷模。"谢延信精神"是对谢延信的言行和事迹所表现出来的先进思

后记 谢延信精神的丰富内涵、价值意蕴及时代传承

想、道德观念和崇高品质的理论概括和总结。这一精神的产生有着深刻的历史、现实及文化根源。

1. "谢延信精神"根植于焦作煤矿百年文化沃土。 焦作煤矿堪称中国煤炭工业的活化石,始建于1898年,历经3个世纪120多年的沧桑岁月,积淀了厚重的历史文化底蕴。焦作煤矿是一座兼容并蓄、开放包容的煤矿。19世纪末,伴随"维新变法、实业救国"的思潮,河南豫丰公司与英国福公司签订了《豫丰公司与福公司议定河南开矿制铁以及转运各色矿产章程》,使英商福公司获得了焦作煤矿的采矿权,拉开了焦作煤矿大工业开采的序幕。大生产吸引了一大批失地农民来到焦作,焦作煤矿成为这些流离失所穷苦难民赖以生存的生计依靠。新民主主义革命时期,为了维护焦作矿工的利益,焦作煤矿工会成立,积极争取工人的生命健康权益和自身利益;抗日战争时期,为了捍卫和保护国家煤炭资源与煤炭设备,焦作煤矿工人历尽艰辛,长途跋涉近万里,完成了举世罕见的煤矿大转移,厚植爱国主义情怀,磨砺了钢铁般的意志;新中国成立后,焦作煤矿高度重视安全生产,积极改善企业生产条件和工人生活条件,极大激发了工人的工作热情,创造出煤炭安全、成本、效率等多个全国第一,成为全国重要的能源基地……企业辉煌灿烂的百年历史,逐步演变形成了焦作煤矿尊重职工、理解职工、关爱职工的浓厚文化氛围,吸引着谢延信等一大批优秀人才来到焦作煤矿,为"谢延信精神"的形成奠定了坚实的基础。

2. "谢延信精神"是"特别能战斗"精神的时代传承。 焦作煤矿是"特别能战斗"精神的发源地之一。1925年7月,为声援五卅运动,1万多名焦作煤矿工人在中国共产党的领导下举行大罢工,罢工

一生言信

历时8个月，以工人的胜利而告终，在中国工运史上留下了光辉的一页。毛泽东在1925年12月发表的《中国社会各阶级的分析》一文中，盛赞以焦作矿工为代表、觉醒了的中国工人阶级"特别能战斗"。从此，"特别能战斗"精神薪火相传、历久弥新，成为焦作煤矿最宝贵的精神财富。"谢延信精神"与"特别能战斗"精神一脉相承。面对生活的苦难，谢延信以超乎常人的坚强毅力，义无反顾地担负起爱人的临终重托，无怨无悔照顾岳父岳母和天生痴傻的内弟四十载，彰显出大孝至爱、重诺守信、勇于担当、自强不息的崇高道德品质，是焦作煤矿"特别能战斗"精神的延伸和发展。

3."谢延信精神"是焦煤人优秀品质的集中体现。焦作煤矿是一座英雄的煤矿。煤矿生产苦脏累险的生产环境，造就了焦作煤矿工人勤劳勇敢、吃苦耐劳，热爱生活、乐观豁达的精神品质；帝国主义的压迫和剥削，造就了焦作煤矿工人听党话、感党恩、跟党走的坚定信念；烽火岁月的革命熔炉，造就了焦作煤矿工人团结互助、无私奉献的优秀品格；社会主义革命和建设的热潮，造就了焦作煤矿工人勇于担当、顽强拼搏的务实作风。焦作煤矿横跨3个世纪，回首百年风雨历程，广大焦煤人秉承优良传统、砥砺奋进力量，始终与国家同道，与民族并肩，创造出了无愧于时代的光辉业绩。矿工泰斗孙越崎、革命烈士冯金堂、抗日县长程明升、新中国第一代劳模刘九学、矿山铁汉丁百元、医者典范黄宜厚等一大批闪耀焦煤历史长河的杰出人物，持续传承和发扬这些优秀品质，为新中国建设、我国能源事业及医疗事业的发展作出了重要贡献。"谢延信精神"根植于焦作煤矿深厚的文化底蕴，是代代相传的焦作煤矿工人优秀精神品质在新世纪的投射衍生和集中体现。

三、"谢延信精神"的时代价值

1."谢延信精神"是新时期"特别能战斗"精神的时代体现,是打造精神文明高地的重要内容。"特别能战斗"精神生生不息,代代相传。谢延信身上不仅凸显了新时代焦作煤矿工人"特别能担当、特别能创新、特别能创效、特别能奉献"精神特质,而且感染和带动着一大批人以他为榜样,践行美德、争做好人。近年来,在"谢延信精神"的带动下,焦煤集团先后涌现出矿山老抠儿刘金玉、技能大师李满意、感动中原赵固矿区抗洪抢险集体、中央医院援鄂护理队等一大批先进个人和集体,文明之花处处盛开,榜样力量处处彰显,推动"焦煤好人"成为怀川大地的崭新名片,不断刷新着企业精神文明建设的新高度。

党的二十大报告指出:"中国式现代化是物质文明和精神文明相协调的现代化。物质富足、精神富有是社会主义现代化的根本要求。物质贫困不是社会主义,精神贫乏也不是社会主义。"党的二十大为我国全面建设社会主义现代化国家指明了方向,精神文明建设被摆在了更加突出的位置。物质富足、精神富有是社会主义现代化的根本要求,只有将精神文明建设贯穿中国式现代化全过程,坚定不移走中国特色社会主义文化发展道路,才能把我国建成富强民主文明和谐美丽的社会主义现代化强国。"谢延信精神"是精神文明建设在怀川大地、焦作煤矿的集中映射,反映了人民群众建设美好家园,创造美好生活的热切愿望,是"特别能战斗"精神的时代延伸,是助推社会发展的道德力量,只有充分发挥谢延信精神的示范带动作用,才能形成"人人学习好人""人人争做好人""人人关爱好人"的良好环境和崇德尚善、见贤思齐的浓厚氛围，助推各项事业蓬勃健康发展。

2. "谢延信精神"是中华民族传统美德的集中体现，是增强社会主义核心价值观引领力的重要方式。社会主义核心价值观是兴国之魂，是社会主义先进文化的精髓，凝聚了人民群众的价值追求，是我们精神上的旗帜。培育和践行社会主义核心价值观，既是中国特色社会主义凝魂聚气、强基固本的战略工程，也是促进社会全面进步、实现人的全面发展的基础工程。近年来，随着改革开放的全面深化，社会利益格局的演变愈发激烈，人们的思想道德观念呈现出多元化和功利化的发展倾向，一些领域出现拜金主义、道德失范、诚信缺失的现象，对社会主义核心价值观造成冲击。党的二十大报告强调，要"提高全社会文明程度，实施公民道德建设工程，弘扬中华传统美德，加强家庭家教家风建设，推动明大德、守公德、严私德，提高人民道德水准和文明素养，在全社会弘扬劳动精神、奋斗精神、奉献精神、创造精神、勤俭节约精神"。这一重要观点，聚焦实现中华民族伟大复兴的历史使命，进一步明确了社会主义核心价值观建设的出发点和落脚点，为我们在实践中培育和践行社会主义核心价值观提供了重要遵循。"谢延信精神"代表着社会的道德理想，反映着公民的道德水准，具有引领人们崇德尚义、向上向善的强大力量，是社会主义核心价值观的生动体现。

当前我国开启了全面建设社会主义现代化国家、向第二个百年奋斗目标进军的新征程，我们比历史上任何时期都更加接近实现中华民族伟大复兴的宏伟目标。在新的历史条件下，深挖"谢延信精神"的丰富内涵，倡导孝老爱亲的优良传统，礼赞践诺守约的诚信文化，有助于适应时代进步和社会发展需要，进一步激发人们心中蕴藏的美好思想品德，焕发人们参与道德建设的积极性，解决道德领域突出问题，匡正道德失范，矫正诚信缺失，提升社会道德水平，增强社会主义主流价值观的凝聚力和向心力，推动和谐社会的构建。

3."谢延信精神"是社会道德典范的突出代表，是巩固壮大主流意识形态的重要抓手。伟大时代呼唤伟大精神，崇高事业需要榜样引领。中华民族的优秀传统文化需要一代代的先进典型来传承赓续，这既是进一步铸牢中华民族共同体意识的重要方式，也是建设具有强大凝聚力和引领力的社会主义意识形态的重要抓手。习近平总书记曾在多次讲话中提到，先进典型人物的榜样力量及其对实现中华民族伟大复兴事业的重要作用。在第五届全国道德模范座谈会上，习近平总书记强调，"道德模范是道德实践的榜样。要深入开展宣传学习活动，创新形式、注重实效，把道德模范的榜样力量转化为亿万群众的生动实践，在全社会形成崇德向善、见贤思齐、德行天下的浓厚氛围"。榜样的力量是无穷的，宣传先进典型，弘扬典型精神，能持续壮大主流意识形态，为中国特色社会主义事业的发展凝聚起强大的精神力量。

先进典型只有植根于人民群众，才能获得强大的生命力。谢延信是从普通的焦作煤矿工人群体中走出来的突出典型代表，成长在职工群众身边，他的事迹真实感人、激励人心，具有广泛持久的示范带动作用，持续宣传和弘扬谢延信的精神有助于引导广大市民群众自觉做中华民族传统美德的传承者、社会主义道德规范的实践者和良好社会风尚的创造者，激励大家以更大的热情投入工作、服务他人、奉献社会，积极投身社会主义现代化强国的伟大事业。

四、"谢延信精神"在焦煤集团的生动实践

1. 打好底子，建立先进典型培树机制。焦作煤矿是中国近现代工业的重要见证者和参与者，具有光荣的先进典型教育传统，在不同历史时期曾树立过许多在全国闻名遐迩的先进典型形象，对企业持续健康稳定发展产生了深远的影响。究其原因，在于焦作煤矿注重精神文明建设，长期以来形成了一套较为完整科学的评优推先机制。

焦作煤矿把典型选树作为企业精神文明建设和思想政治工作的重要抓手，建立健全先进典型选树机制，确定指导思想、选树原则、选树标准、选树范围、选树方法和保障措施，逐级制订培养计划和成长路线，明确责任分工，形成了党委书记亲自抓、分管领导配合抓、职能部门具体抓的工作格局。在先进典型的评选标准上，严格把关，不搞平衡，不搞照顾，做到了少而精，少而优，宁缺毋滥，有效提高了先进典型的含金量。在这样的典型选树培育机制下，焦作煤矿厚植文明沃土，弘扬文明新风，形成了崇尚先进、尊重先进、争当先进的浓厚氛围，朱村矿职工谢延信就这样走入焦作煤矿职工群众的视线中。

1997年焦作矿务局（焦煤集团前身）举办家庭美德演讲比赛，谢延信的事迹经过初赛、入围决赛，在广大干部职工中引起强烈反响。在焦作矿务局的推介下，10月28日，在焦作市总工会、市妇联举办"家庭美德"演讲比赛中，谢延信的先进事迹再次受到焦作市人民的广泛关注，引起人们思想上的震动，荣获演讲比赛一等奖。

后记　谢延信精神的丰富内涵、价值意蕴及时代传承

1998年1月，谢延信大孝至爱的先进事迹感动河南人民，谢延信的家庭荣获河南省总工会"文明家庭"荣誉称号。2006年4月，焦煤集团党委经研究决定推荐谢延信参评"兖矿杯"感动中国矿工评选，2007年4月，谢延信被评为"感动中国的矿工——十大杰出人物"。期间和此后，企业持续扩大"谢延信精神"的宣传推介路径，主动对接上级党委政府，主动汇报展示谢延信这一先进典型形象，最大限度争取支持。谢延信先后荣获"感动焦作特别奖"、"河南省敬老楷模特别奖"、"中原二十四孝贤"、"2006年度感动中原人物"提名奖、"全国五一劳动奖章"、"河南省十大道德楷模"、"全国十大孝老爱亲模范"、第四届"全国十佳孝贤"、"2007年感动中国十大人物"等荣誉。时任焦作市委书记铁代生，河南省委书记徐光春，中央政治局常委李长春、中央政治局委员、书记处书记、中宣部部长刘云山等领导多次就学习宣传谢延信作出重要批示。中共河南省委、河南省人民政府，河南省煤炭工业局党组，中共焦作市委、焦作市人民政府，焦作市精神文明建设委员会、河南省总工会，焦作矿区工会等先后下发向谢延信同志学习的决定，在全省、市、区及企业内部掀起学习"谢延信精神"的高潮。谢延信当选"全国十大孝老爱亲模范"时，在北京人民大会堂受到了时任中共中央总书记胡锦涛等党和国家领导人的亲切接见。

2. 叫响牌子，形成宣传报道强大声势。谢延信这一先进典型推出伊始，焦煤集团就将其作为企业文化品牌建设的一张响亮名片着重打造。在河南省委省政府、焦作市委市政府的关心和支持下，企业联合中央级、省部级及焦作市各级媒体，策划开展了谢延信系列宣传报道，在中原大地乃至全国叫响了"谢延信精神"。

一生言信

　　一是企业推介，崭露头角。1997年9月12日，焦煤集团率先在《焦作日报》刊登谢延信先进事迹文章《爱心弥合一个破碎的家》。随后《焦作矿工报》、《河南工人日报》、《工人报》社会周刊、《中国煤炭报》、《阳光杂志》、《人民日报》等相继刊登谢延信先进事迹，形成了"谢延信精神"宣传推介的第一次高潮。二是集中报道，再掀热潮。2006年6月29日，焦作市委书记、市人大常委会主任铁代生在看到谢延信的事迹后作出重要批示："要安排对谢延信同志的感人事迹进行深度采访，制订具体宣传计划，在重要版面、时段进行集中宣传。"随后，焦作日报、焦作电视台、焦作人民广播电台、焦作广播电视报等媒体深入鑫珠春公司区队、谢延信家中进行了集中采访报道。2006年8月31日，时任河南省委书记徐光春看到《人民日报》刊登的《谢延信：一诺至孝三十载》先进事迹报道后，作出重要批示："读了这篇报道，心灵受到极大震撼，大孝至爱的谢延信以其崇高的道德境界揭示了做人的真谛，是我们学习的榜样。"同日，河南省委常委、宣传部部长孔玉芳也作出批示，要求安排宣传好谢延信的感人事迹。9月1日至6日，河南日报、河南电视台、大河报、东方今报、河南工人日报、河南商报、青年导报、今日安报等省内主流媒体，按照河南省委宣传部的统一安排，深入鑫珠春公司区队、班组、社区，谢延信家中进行集中采访报道，在河南省掀起了学习宣传"谢延信精神"的高潮。10月12日，中共中央政治局常委李长春读到新华社《国内动态小样》后作出重要批示，中共中央政治局委员、书记处书记、中宣部部长刘云山对学习宣传谢延信也作出重要批示，要求"媒体应予宣传"。随后谢延信的事迹再度引起高层媒体的关注，中央电视台《夕阳红》栏目、《共同关注》栏目、《道德观察》栏目、《经济日报》、人民网、新华网、央视国际网、光明网、中国广播网、新华社河南分社、大河网、《中国煤炭报》等主流媒体跟进报道谢延信事迹及精神。2007年1月22日，由中宣部、全国总工会、全国妇联组织的53家媒体，92名记者参加的"中央新闻单位谢延信事迹采访团"，走进焦煤集团再次集中采访报道谢延信大孝至爱的感人故事。其中，中央电视台《面对面》栏目和《新闻会客厅》《新闻联播》《焦点访谈》先后报道谢延信事迹。此外，这一时期，全国各大新闻媒体集中宣传报道大孝至爱谢延信典型事迹。中央级媒体有：新华社、人民日报、光明日报、经济日报、科技日报、工人日报、中国青年报、中国妇女报、农民日报、法制日报、中国纪检监察报、中国煤炭报；广播电视栏目有：中央电视台《新闻联播》《焦点访谈》《面对面》《新闻会客厅》，中央人民广播电台《新闻报摘》《新闻纵横》；网络媒体有：人民网、新华网、光明网、央视国际网、中国广播网；都市类媒体有：京华时报、北京晚报、新京报、北京青年报、燕赵都市报、山西晚报、新安晚报、江南都市报、三湘都市报、楚天都市报、武汉晚报、南方周方、南方都市报、华商报以及《家庭》《知音》杂志；河南省省内媒体22家。这次集中宣传报道进一步扩大了谢延信事迹在全国的影响力，有力推动了和谐社会建设。

3. 拓宽路子，打造学习宣传创新平台。焦煤集团将传承和弘扬"谢延信精神"作为加强企业精神文明建设的重要内容，创新方式，搭建平台，丰富载体，持续推动谢延信精神入脑入心、走深走实。一是编撰书籍，深挖"谢延信精神"内涵。近年来，相继编撰出版《大孝至爱——谢延信先进事迹材料选编》《歌赋延信》《谢延

一生言信

信画册》《谢延信精神大家谈》等系列书籍，从不同角度深挖谢延信精神的丰富内涵，记录并还原了谢延信平凡而伟大的一生，使谢延信这一道德楷模深深扎根在每一个焦煤职工心中。二是进行文艺创作，持续扩大"谢延信精神"影响力。焦煤集团依托谢延信厚重的文化精神，积极吸引并组织协调影视单位和文艺骨干深入矿区进行采风拍摄及文艺创作工作。相继拍摄连续剧《好人谢延信》《一生的承诺》，创作长篇小说《谢延信》及报告文学《生命的重量》，编排现代豫剧《女婿》《谢延信》，其中，18集电视连续剧《好人谢延信》在中央电视台第八频道黄金强档播出；报告文学《生命的重量》获得第八届徐迟报告文学奖。通过以上系列文艺作品，进一步扩大了"谢延信精神"在全国的影响力。三是举办事迹报告会，掀起学习"谢延信精神"热潮。焦煤集团组建谢延信先进事迹报告团，先后在焦煤集团企业内部、河南煤业化工集团（河南能源集团前身）、省内六大煤炭集团、焦作市各县（市）、河南省煤炭工业管理局、河南理工大学、河南农业大学、天津大学等多地进行巡回报告，累计20万余人现场聆听了报告，在全市、全省、全社会掀起了向谢延信学习的高潮。四是举办研讨会，丰富发展"谢延信精神"。2008年，焦煤集团举办"焦作煤矿精神与谢延信研讨会"，围绕"如何学习谢延信精神、如何争做时代好人"开展交流研讨，以好人精神引领大家崇德向善。五是建设事迹展览馆，将"谢延信精神"纳入常态化学习教育。建设谢延信事迹展览馆，展览内容由大孝至爱、平民典型、组织关怀、媒体关注、学习宣传、百花争艳及媒体报道、报告会场次和荣誉称号3个一览表等8个部分组成，并辅以24个实物展柜，共展出照片182幅，实物200多件，累计参观人数达数百万人。谢延信展览馆相继获评焦作市职工思想道德教育基地、青少年思想品德教育基地、家庭美德教育基地和大学生思想道德教育基地等。近年来,随着党史学习教育的持续深入,焦煤集团将谢延信的先进事迹同步纳入中共焦作煤矿党史陈列馆、"特别能战斗"精神纪念馆展览内容,组织党员干部参观学习,引导广大干部职工在学思践悟中争做焦煤好人。六是注重氛围营造,涵养崇德向善文明新风。企业通过宣传展板、宣传墙等学习阵地,将谢延信的先进事迹以图文并茂的形式向广大职工群众展示,使文明新风在百里矿区广为弘扬,在公司上下形成了赞模范、学模范、比模范的良好风尚。

五、传承好、弘扬好"谢延信精神",为企业高质量发展注入强大精神动力

1. 思想根基更加稳固,企业凝聚力提升。崇尚英雄才会产生英雄,争做英雄才能英雄辈出。谢延信是在广大平凡职工群众中涌现出的平民英雄、道德楷模。如今在"谢延信精神"的带动下,焦煤集团以党的二十大精神为引领,积极打造新时期企业"特别能战斗"先进典型英雄谱系,涌现出田江林、张大江、刘亚军、姚德军等一大批基层优秀先进典型,推动形成了一支契合新时代焦作煤矿"特别能担当、特别能创新、特别能创效、特别能奉献"精神的新时期焦作煤矿队伍,企业团结奋进、昂扬向上的主基调更加鲜亮,焦煤集团在奋进第二个百年发展目标的新征程上正能量更加充盈。当前,焦煤集团已步入第二个百年焦煤建设的新征程,在新的赶考

一生言信

路上，风险与挑战并存，机遇与困难同在，越是往前走、向上攀，越需要谢延信式的榜样引领。焦煤集团将把传承和弘扬"谢延信精神"作为学习宣贯党的二十大精神、常态化开展党史学习教育的重要抓手，教育引导全体干部职工心往一处想，劲儿往一处用，持续提升企业凝聚力和向心力，积极为建设高质量高水平现代化焦作贡献焦煤力量。

2. 干事创业氛围浓厚，企业发展动能增强。尽管在生活中面临重重困难，但谢延信从不抱怨生活的艰辛，在工作中，他兢兢业业、任劳任怨，接受任务不讲条件、执行任务不找借口、完成任务不打折扣。他的这种"三不"精神是锻造企业队伍过硬作风和精良执行力的重要体现。纵观20世纪以来焦煤集团的发展变革，"谢延信精神"一直贯穿企业发展始终，在这一精神的带动下，焦煤集团进一步强化实干导向，不断激发干部职工干事创业的热情和攻坚克难的激情，企业发展取得新突破性，实现了跨越式发展。

20世纪末，国企改革进入攻坚阶段，焦煤按照"抓住机遇，落实政策，先保存下来；推进改革，分路突围，想法冲出去；确立主攻方向，寻找新的经济增长点，使企业再发展起来"的工作思路，先后对7个资源枯竭矿井实施破产重组，对12家地面单位进行改制；扩建演马电力，投产冯营电厂，在百里矿区建立起500公里自主供电网络。相继开工建设了年产240万吨的赵固一矿和180万吨的赵固二矿，两条日产5000吨的大型干法水泥生产线投入运行。积极推广综合机械化采煤技术，打破了焦煤不能上综采的论断，矿井产量从年产不足300万吨逐步攀升，百年焦煤再次焕发出勃勃生机。时任河南省委书记的徐光春同志为焦作煤矿建矿110周年题词："百年老矿,生机盎然"。2008年,按照河南省委、省政府的统一安排部署,焦作矿务局与省属其他4家大型煤炭和化工企业组建河南煤业化工集团。焦煤抓住这次战略重组带来的人才、技术、信息等优势,承上启下、快速发展,于2009年实现了产量突破1000万吨、生产经营总额突破100亿元的历史新高。2013年,焦作煤矿成为河南能源化工集团的重要成员单位。2016年,随着国家供给侧结构性调整及国企改革的持续深入推进,焦煤集团持续发扬"谢延信精神",加快转型升级步伐,关闭退出矿井9对,"三供一业"分离移交25家单位90个家属区、3.9万户,约11万人,退休人员属地化管理移交退休人员3.8万余人,并处置僵尸企业、盘活不良资产,实现了瘦身健体、轻装上阵,企业生产经营形势明显好转,收入、利润大幅提升。

3. 创新活力不断释放,企业转型成效显著。谢延信重诺守信、自强不息的宝贵精神品质,是企业有效应对新一轮科技革命和产业变革的重要法宝。当前,在"双碳"目标和深化国企改革的背景下,焦煤集团持续传承弘扬"谢延信精神",以高端化、绿色化、智能化、融合化为发展方向,明确了以能源和绿色建材产业为主业,现代物贸和文旅康养产业为辅业的"两主两辅"产业发展布局,全面打造大型综合性现代化企业。大力实施创新驱动、科技兴企战略,坚定不移推进"三优三减"和"四化"建设,谋划实施光伏、储能等新能源项目,持续推动能源产业升级上档。以焦作打造千亿级新材料园为契机,坚持做强做精水泥、砂石、商砼既有优势业务,积极挖掘石灰石、城市危废等资源潜能,加快实施千业"碳中和"智慧矿山、海绵城市生态透水砖等项目,推动绿色建材产业成链发展、集群发展。主动融入焦作打造豫晋区域物流枢纽城市整体规划，充分利用地理区位、物流场地和配套设施等优势，按照"一核三园"空间布局，加快谋划推进焦作市东部综合物流园项目，不断加深与地方空间规划的衔接度、融入度，形成联动发展、融合发展，持续凸显文旅康养产业优势，增强百年焦煤发展后劲。

企业所属单位赵固二矿建成了河南省首个大埋深高矿压复杂地质条件下的大采高智能化采煤工作面和河南省第一个远程可视化掘进工作面，煤炭高效生产水平显著提升；企业拥有2家建材单位，水泥、精品骨料、商砼等产品销售网络覆盖豫北六市、豫东商丘和山西省，是豫北地区最大的水泥和骨料生产企业之一；积极发展文旅产业，建成了"西大井1919"文旅景区，该景区现为国家3A级景区，并先后被授予全国煤炭系统红色教育基地、焦作市中共党史学习教育基地、"焦作市社会资源旅游访问点"、焦作市爱国主义教育示范基地、焦作市红色资源旅游访问示范点，全国首批"大思政课"实践教学基地，并成功入选"黄河文化保护传承弘扬之沿黄生态保护和高质量发展项目储备库"。蓄力发展化工产业，围绕50亿元产业发展目标，开展氯碱延链补链强链规划，并加快落地项目建设实施，其中三氯氢硅装置盘活、6000吨盐酸乙醚4000吨氰基乙酯、加氢站等项目已进入实施阶段，多元发展迈出坚实步伐。

当前，正值我们党团结带领全国各族人民奋力开启全面建设社会主义现代化国家新征程、向第二个百年奋斗目标进军的重要时期。面向未来，持续传承好、弘扬好"谢延信精神"，有助于架起企业核心价值理念内化于心、外化于行、教化于众的桥梁，凝聚起团结奋进新征程，齐心共创新伟业的强大合力，有助于举精神之旗、立精神支柱、建精神家园，锻造打动人心的焦煤精神。相信在"谢延信精神"的带动和影响下，必将进一步凝聚起广大焦煤人攻坚克难、踔厉奋发的强大力量，顺利开启第二个百年焦煤建设新篇章！